Anton Sterbling

Zuwanderungsschock - Deutschland und Europa in Gefahr?

D1669113

Anton Sterbling

Zuwanderungs-schock

Deutschland und Europa in Gefahr?

Probleme der Zuwanderung
und Integration

KRÄMER

Sterbling, Anton:

Zuwanderungsschock – Deutschland und Europa in Gefahr?

Probleme der Zuwanderung und Integration

Hamburg: Krämer, 2016

ISBN 978-3-89622-121-6

Umschlaggestaltung: Reinhold Krämer Verlag

Printed in Germany

ISBN 978-3-89622-121-6

INHALT

Der Zuwanderungsschock
Einführung in die Fragestellungen und Anliegen des Bandes

Der hohe globale Migrationsdruck und die Massenzuwanderungen der letzten Monate waren für Migrationsforscher wie auch für mit der Sache einigermaßen vertraute Politiker absehbar und wurden in einschlägigen Fachkreisen seit Jahren diskutiert. Bereits angesichts der massiven internationalen Wanderungsbewegungen Anfang der 1990er Jahre wurden entsprechende Migrationsszenarien entworfen, wurden historische Vergleiche angestellt, wurde von einer „Festung Europa" gesprochen und wurden Ursachen, Motive, Erscheinungsformen sowie Auswirkungen, Folgeprobleme und Rückwirkungen des globalen und europäischen Migrationsgeschehens eingehender analysiert und reflektiert.[1] Dennoch scheinen die Massenzuwanderungen in der zweiten Hälfte des Jahres 2015 die Europäische Union und die deutsche Gesellschaft weitgehend überrascht und zumindest zeitweilig auch in einen Schockzustand versetzt zu haben. Überrascht, teilweise ratlos und zugleich vielfach auch sprachlos waren viele Bürger vor allem über die Entscheidung der deutschen Bundesregierung, in Absprache mit der österreichischen Regierung, europäisches und auch deutsches Recht politisch willkürlich und eigenmächtig außer Kraft zu setzen und damit nicht nur eine bereits in Gang gekommene unkontrollierte Zuwanderung ungehindert zu ermöglichen, sondern dieser – mit einer raschen medialen und informellen Verbreitung entsprechender Informationen rund um den Glo-

---

[1] Siehe zum Beispiel: Sassen, Saskia: Migranten, Siedler, Flüchtlinge. Von der Massenauswanderung zur Festung Europa, Frankfurt a. M. ³2000; Münz, Rainer/Korte, Hermann/Wagner Gert (Hrsg.): Internationale Wanderungen. 28. Arbeitstagung der Deutschen Gesellschaft für Bevölkerungswissenschaft 16.-18.2.1994 in Bochum, Berlin 1994; Angenendt, Steffen (Hrsg.): Migration und Flucht. Aufgaben und Strategien für Deutschland, Europa und die internationale Gemeinschaft, Bonn 1997; Zach, Krista/Solomon, Flavius/Zach, Cornelius R. (Hrsg.): Migration im südöstlichen Mitteleuropa. Auswanderung, Flucht, Deportation, Exil im 20. Jahrhundert, München 2005 Sterbling, Anton (Hrsg.): Migrationsprozesse, Probleme von Abwanderungsregionen, Identitätsfragen. Beiträge zur Osteuropaforschung 12, Hamburg 2006.

bus – einen mächtigen Auftrieb zu geben. Der Druck des weiterhin unge-
lösten Zuwanderungsproblems hat sich in der Zwischenzeit zu einer erheblichen Gefahr für den demokratischen Grundkonsens und den inneren Frie-
den in der Bundesrepublik Deutschland und ebenso als eine veritable Herausforderung für die Stabilität und den Fortbestand der Europäischen
Union entwickelt, wie heute von nahezu allen Seiten mit einer gewissen
Ratlosigkeit und großer Sorge eingeräumt wird. Erkennbarer Schaden ist
darüber hinaus wohl auch im Hinblick auf das Vertrauen in staatliche und
europäische Institutionen und in die politische und institutionelle Problem-
lösungsfähigkeit maßgeblicher verantwortungstragender Akteure eingetreten.

Ich reagierte auf die sich im Laufe des Jahres 2015 abzeichnenden Entwicklungen bereits in einer Rede am 20. Juni 2015 im Bayerischen Landtag, wobei ich insbesondere vor den schwer bewältigbaren sozialen Integra-
tionsproblemen einer unbegrenzten Massenzuwanderung warnte; und sodann auch mit einem in der ersten Septemberhälfte 2015 in kurzer Zeit fer-
tiggestellten und in den Druck gegebenen Büchlein[2] zur Zuwanderungs-
und Integrationsproblematik. Dabei ging es mir nicht um feuilletonistischen
Alarmismus, sondern um sozialwissenschaftlich fundierte, auf gesichertes
Wissen zurückgreifende Stellungnahmen, die ich mithin auch als aufkläre-
de Ratschläge an die praktische Politik verstand. Diese Bemühungen und
Anliegen werden in dieser Buchveröffentlichung erneut aufgegriffen und
entsprechend weitergeführt.

Der vorliegende Band versammelt demnach Beiträge, die nicht zuletzt
unter dem Eindruck der aktuellen Zeitgeschehnisse im Zeichen umfangrei-
cher Zuwanderungen nach Europa und nach Deutschland entstanden sind.
Im ersten Beitrag „Zuwanderungsprobleme als Herausforderung der „Vernunftdemokratie" im europäischen Kontext" wird die Zuwanderungsproblematik insbesondere als Herausforderung des demokratischen Grundkonsensus in der Bundesrepublik Deutschland wie auch als gravierende Belas-
tung und Krisenerscheinung der Europäischen Union behandelt. Im folgen-

---

[2] Siehe: Sterbling, Anton: Zuwanderung, Kultur und Grenzen in Europa, Aachen
2015. Bei dem darin enthaltenen Beitrag: Beispielhafte Integration der Banater
Schwaben und Integrationsprobleme anderer Migrantengruppen (S. 31-46), handelt
es sich um eine etwas längere Fassung meiner am 20. Juni 2015 im Bayerischen
Landtag gehaltenen Rede.

den Aufsatz „Massenzuwanderung und Integrationsfragen. Dilemmata und kritische Nachfragen" erfolgt eine kritische Betrachtung der Dilemmata und der Integrationsprobleme der massiven Zuwanderungen im Jahr 2015 aus einer migrations- und integrationssoziologischen Sicht.

In einer ausholenden Perspektive werden im anschließenden Aufsatz „Historisch-soziologische Fragen der Grenzen in Europa" die Relevanz und der Wandel des Stellenwertes staatlicher Grenzen in der europäischen Geschichte thematisiert. Dabei geht es auch und nicht zuletzt um die historischen Besonderheiten des Nationalstaates und seiner Grenzen im Kontext des Modernisierungsgeschehens. Ebenfalls eher grundlegender Art sind die „Reflexionen über Kultur und Interkulturalität" im folgenden Beitrag. Sie zielen vor allem auf die Herausarbeitung der maßgeblichen Bedeutung von Wertordnungen als Kernbereich der Unterschiede zwischen Kulturen und gesellschaftlichen Gesamtordnungen. Im anschließenden Text „Abendländische Rationalisierung, Kunst, Integration" soll gezeigt werden, dass westliche Kulturen – nicht zuletzt erkennbar am Stellenwert der Kunst als Moment des „Nichtidentischen" in ihrem Selbstverständnis – in ihrer pluralistischen Verfassung in einem hohen Maße für Angehörige fremder Kulturkreise offen und aufgeschlossen erscheinen und mithin auch über weitreichende Integrationskapazitäten verfügen. Diese Integrationsoffenheit hat allerdings dann und darin unüberschreitbare Grenzen, wenn sich die Grundwerte westlicher Kulturen und des abendländischen Rationalismus selbst in Frage gestellt oder bedroht finden.[3] Insofern ist das Festhalten an der abendländischen „Leitkultur" und mithin an den zentralen Werten „offener Gesellschaften" wie den Wertideen der Freiheit,[4] Gleichheit, Chancengleichheit, allgemeinen Sicherheit, Demokratie und Rechtsstaatlichkeit auch eine unabdingbare und unverhandelbare Voraussetzung der Integration von Zuwanderern, aus welchen Kulturkreisen sie auch immer kommen

---

[3] Siehe: Weber, Max: Wirtschaft und Gesellschaft. Grundriss der verstehenden Soziologie, Tübingen [5]1976.

[4] Der Wert der „Freiheit" in all seinen spezifischen Implikationen und Wechselbeziehungen mit anderen Grundwerten erscheint für westliche Gesellschaften fundamental. Für den abendländischen Rationalismus wiederum ist das damit eng zusammenhängende Prinzip der „Kritik" unabdingbar: Siehe: Sterbling, Anton: Über Freiheit. Allgemeine Reflexionen und Stellungnahmen, in: Sterbling, Anton: Krisen und Wandel, Hamburg 2009 (S. 87-113); Popper, Karl R.: Die offene Gesellschaft und ihre Feinde, Tübingen [7]1992 (2 Bde).

und welchen Religionen sie auch angehören mögen. Wie jede staatlich verfasste Gesellschaft haben natürlich auch die westlichen Gesellschaften, einschließlich der deutschen, das unverbrüchliche Recht, die kulturellen und normativen Voraussetzungen der Aufnahme von Zuwanderern und damit letztlich auch der Weiterentwicklung ihrer eigenen Kultur, Zivilisation und politischen Verfassung souverän selbst zu bestimmen.

In dem Beitrag „Sozialwissenschaftliche Anmerkungen zur sozialen Integration" werden aus sozialwissenschaftlicher Sicht wesentliche Dimensionen, Aspekte und Bereiche sozialer Integration zu erfassen und systematisch darzulegen versucht. Dabei soll erkennbar werden, dass eine erfolgreiche soziale Integration von Migranten einen allemal aufwändigen, oftmals recht schwierigen und zugleich voraussetzungsreichen Gesamtvorgang bildet, der nur dann gelingen kann, wenn der Umfang der Zuwanderung die gegebenen integrativen Kapazitäten nicht übersteigt. In dem abschließenden Beitrag „Zur Asymmetrie der internationalen Abhängigkeit der Bundesrepublik Deutschland und die Kernpunkte einer Alternative" wird im Sinne einer grundsätzlichen politischen Analyse angestrebt, die Ursachen, Erscheinungsformen und Wirkungen der Asymmetrie[5] der internationalen Abhängigkeiten Deutschlands, auch und gerade in der gegenwärtigen Zuwanderungsproblematik, herauszuarbeiten und die weiteren, diesbezüglich möglichen Entscheidungspfade der Politik aufzuzeigen. Dabei geht es auch und nicht zuletzt um den Grundgedanken, dass sich rationale Politik nicht in eine Lage fehlender „Alternativen" drängen lassen darf, sondern stets alternative Optionen vorrätig halten muss; und dass dann, wenn der Weg der Problemlösungen und der Änderungsmöglichkeiten auf einem bestimmten Entscheidungspfad aussichtslos oder versperrt wirkt, nur der „Austritt" („Exit") oder der Wechsel zu einem alternativen Entscheidungsweg neue Handlungsperspektiven eröffnet und daher auch geboten erscheint.[6] Der Niedergang und die Überwindung der kommunistischen Herrschaft in Europa haben dies, nach einem langen und immer aussichtsloseren Beharren der herrschaftstragenden Eliten auf einem ideologiebestimmten Irrweg, ein-

---

[5] Zur Grundidee asymmetrischer internationaler Beziehungen, insbesondere auf gewaltsam ausgetragene Konflikte bezogen, siehe auch: Münkler, Herfried: Der Wandel des Krieges. Von der Symmetrie zur Asymmetrie, Weilerswist 2006.

[6] Siehe dazu: Hirschman, Albert O.: Exit, Voice and Loyalty. Responses to Decline in Firms, Organizations, and States, Cambridge Mass. 1970.

drucksvoll gezeigt.[7] Die Bundesrepublik Deutschland und die Europäische Union sind gegenwärtig wohl in einer ähnlichen „historischen Schlüsselsituation", namentlich in der der Gefahren des Scheiterns des „Projektes Europa", und daher wahrscheinlich in vielen Hinsichten zu einem „Paradigmenwechsel" des eingefahrenen politischen Entscheidungspfades aufgefordert oder gezwungen.[8] Diesen Prozess kritisch-reflexiv zu begleiten und dabei nicht nur einen „Schockzustand" und seine Ursachen zu beschreiben sowie Probleme und Gefahren aufzuzeigen, sondern auch grundsätzliche Alternativen erkennbar zu machen, ist das Hauptanliegen dieses Buches.

Sicherlich wird nicht alles, das ich auf mein in nahezu fünf Jahrzehnten erworbenes sozialwissenschaftliches Wissen und meine zeitlich noch weiter zurückreichenden Lebenserfahrungen gestützt, in diesem Band vertrete, ungeteilte Zustimmung finden. Kritischen Widerspruch hervorzurufen und Möglichkeiten des Irrtums diskussionsfähig zu machen, ist in meinem Verständnis allerdings die vornehmste und legitimste Aufgabe wissenschaftlicher Erkenntnistätigkeit und intellektueller Stellungnahmen zum Zeitgeschehen. In diesem Sinne erwarte und hoffe ich auch auf Kritik, insbesondere, wenn diese empirisch belegt und theoretisch überzeugend begründet ist, mich und andere daher zu belehren vermag und damit das Wissen über die Welt, insbesondere in ihrer gegenwärtigen Verfassung, bereichert und zu einer besseren geistigen Orientierung über die heute vorherrschenden menschlichen Daseinsgegebenheiten verhilft.[9]

Der aufmerksame Leser wird erkennen, dass es zwischen einzelnen Beiträgen dieses Bandes vielfältige Anschlüsse und teilweise auch wiederaufgenommene Gedanken und Ausführungen gibt. Zur besseren und unabhängigen Lesbarkeit der einzelnen Texte wurde darauf verzichtet, diese in jedem Fall akribisch zu eliminieren und durch Querverweise zu ersetzen. Das mag vielleicht etwas langatmig und redundant wirken, soll aber zu einem

---

[7] Siehe auch: Balla, Bálint/Sterbling, Anton (Hrsg.): Zusammenbruch des Sowjetsystems – Herausforderung für die Soziologie, Hamburg 1996.

[8] Siehe auch: Busse, Nikolas: Die schöne und die hässliche Lösung, in: Frankfurter Allgemeine Zeitung, vom 29. Januar 2016, online: http://www.faz.net/aktuell/politik/fluechtlingskrise/fluechtlingskrise-angela-merkels-loesung-bietet-vorteile-1403 9728.html (Abgerufen: 29.1.2016).

[9] Siehe auch: Sterbling, Anton: Zum Prinzip der Kritik im modernen europäischen Denken, in: Sterbling, Anton: Wege der Modernisierung und Konturen der Moderne im westlichen und östlichen Europa, Wiesbaden 2015 (S. 7-37).

besseren Verständnis der Einzelaufsätze, für sich genommen wie auch in ihrem übergreifenden Zusammenhang, beitragen.

Literatur

Angenendt, Steffen (Hrsg.): Migration und Flucht. Aufgaben und Strategien für Deutschland, Europa und die internationale Gemeinschaft, Bonn 1997

Balla, Bálint/Sterbling, Anton (Hrsg.): Zusammenbruch des Sowjetsystems – Herausforderung für die Soziologie, Hamburg 1996

Busse, Nikolas: Die schöne und die hässliche Lösung, in: Frankfurter Allgemeine Zeitung, vom 29. Januar 2016, online: http://www.faz.net/aktuell/politik/fluechtlingskrise/fluechtlingskrise-angela-merkels-loesung-bietet-vorteile-14039728.html (Abgerufen: 29.1.2016)

Hirschman, Albert O.: Exit, Voice and Loyalty. Responses to Decline in Firms, Organizations, and States, Cambridge Mass. 1970

Münkler, Herfried: Der Wandel des Krieges. Von der Symmetrie zur Asymmetrie, Weilerswist 2006

Münz, Rainer/Korte, Hermann/Wagner Gert (Hrsg.): Internationale Wanderungen. 28. Arbeitstagung der Deutschen Gesellschaft für Bevölkerungswissenschaft 16.-18.2. 1994 in Bochum, Berlin 1994

Popper, Karl R.: Die offene Gesellschaft und ihre Feinde, Tübingen [7]1992 (2 Bde)

Sassen, Saskia: Migranten, Siedler, Flüchtlinge. Von der Massenauswanderung zur Festung Europa, Frankfurt a. M. [3]2000

Sterbling, Anton (Hrsg.): Migrationsprozesse, Probleme von Abwanderungsregionen, Identitätsfragen. Beiträge zur Osteuropaforschung 12, Hamburg 2006

Sterbling, Anton: Über Freiheit. Allgemeine Reflexionen und Stellungnahmen, in: Sterbling, Anton: Krisen und Wandel, Hamburg 2009 (S. 87-113)

Sterbling, Anton: Zum Prinzip der Kritik im modernen europäischen Denken, in: Sterbling, Anton: Wege der Modernsierung und Konturen der Moderne im westlichen und östlichen Europa, Wiesbaden 2015 (S. 7-37)

Sterbling, Anton: Beispielhafte Integration der Banater Schwaben und Integrationsprobleme anderer Migrantengruppen, in: Sterbling, Anton: Zuwanderung, Kultur und Grenzen in Europa, Aachen 2015 (S. 31-46)

Sterbling, Anton: Zuwanderung, Kultur und Grenzen in Europa, Aachen 2015

Weber, Max: Wirtschaft und Gesellschaft. Grundriss der verstehenden Soziologie, Tübingen [5]1976

Zach, Krista/Solomon, Flavius/Zach, Cornelius R. (Hrsg.): Migration im südöstlichen Mitteleuropa. Auswanderung, Flucht, Deportation, Exil im 20. Jahrhundert, München 2005

Görlitz, 31. Januar 2016   Prof. Dr. Anton Sterbling

Zuwanderungsprobleme als Herausforderung der „Vernunftdemokratie" im europäischen Kontext

> „Der Unterschied zwischen der Gesinnungs-
> ethik und der Verantwortungsethik liegt darin,
> dass man für Erstere keinen Sachverstand
> braucht."[1]

Ausgangspunkte: Politische Irrtümer und Rückkehr eines ideologischen Zeitalters?

Es genügt eigentlich schon im September 2015 die Leserkommentare von als seriös geltenden deutschen Tageszeitungen und Zeitschriften, wie etwa „Frankfurter Allgemeine Zeitung", „Die Zeit", „Die Süddeutsche Zeitung", „Der Spiegel" oder „Der Tagesspiegel", zu Artikeln, die die Problematik der Zuwanderung und der Asylbewerber betreffen, zu lesen oder auch festzustellen, bei welchen Beiträgen gleich gar keine Kommentare mehr zugelassen sind, um zu erkennen, wie tief die „öffentliche" Meinung in Deutschland in diesen die Zukunft dieses Landes betreffenden Sachfragen gespalten ist. Dass auch in diesem Falle ein erheblicher Unterschied zwischen der „öffentlichen" und „veröffentlichten" Meinung im Sinne der von Elisabeth Noelle-Neumann festgestellten „Schweigespirale" besteht,[2] lässt bereits eine schlichte ideologiekritische Analyse eines großen Teils der damals aktuellen Medienberichterstattung, insbesondere auch der Fernsehberichte öffentlich-rechtlicher Rundfunk- und Fernsehanstalten,[3] erkennen.

---

[1] Siehe: Sinn, Hans-Werner: Ein Rückblick auf ein halbes Jahrhundert, in: Frankfurter Allgemeine Zeitung, vom 16. Dezember 2015, online: http://www.faz.net/aktuell/wirtschaft/wirtschaftswissen/hans-werner-sinn-ein-rueckblick-auf-ein-halbes-jahrhundert-13967874-p5.html, vgl. Teil 5 (Abgerufen: 16.12.2015).

[2] Zum Unterschied zwischen der hauptsächlich durch die Massenmedien hergestellten „veröffentlichten Meinung" und der „öffentlichen Meinung" der Bevölkerung siehe: Noelle-Neumann, Elisabeth: Die Schweigespirale – Öffentliche Meinung unsere soziale Haut, München 1980. Siehe dazu auch: Sterbling, Anton: Anmerkungen zur „Informationsgesellschaft", in: Sterbling, Anton: Modernisierung und soziologisches Denken. Analysen und Betrachtungen, Hamburg 1991 (S. 292-313).

[3] Hierbei stellt sich – insbesondere, wenn man auch ausländische Medien zu Rate zieht – die Frage nach der journalistischen Objektivität, Professionalität und Qualität wie auch, ob ein solcher Tendenzjournalismus noch mit dem öffentlich-rechtli-

Noch größere Bedenklichkeit löst aus, wenn man mit verschiedenen Angehörigen des öffentlichen Dienstes, insbesondere im östlichen Teil Deutschlands, über dieses Thema spricht. Neben denjenigen, die sich offen und dezidiert gegen die Politik der Zuwanderung aussprechen, und denjenigen, die die entsprechenden politischen Entscheidungen mit voller persönlicher Überzeugung befürworten, trifft man – meiner Erfahrung nach in der Mehrheit – auf Personen, die in diesen Fragen eine „strategische" Kommunikation bevorzugen,[4] die sich also entweder in strikter Zurückhaltung der eigenen Meinung oder sogar in einer Tabuisierung des Themas üben, oder aber mit einer „eindeutigen Doppeldeutigkeit" äußern, wie sie aus meiner persönlichen Erfahrung für das ideologische Zeitalter unter kommunistischer Herrschaft typisch war.[5]

Wenn man nur etwas Sensibilität für die Sprache und für Meinungsäußerungen eines ideologisch eingefärbten und in erheblichem Maße auch weiterhin ideologieanfälligen Zeitgeistes aufbringt, muss man gegenwärtig nicht nur über die angesprochene Spaltung und Polarisierung der politischen Meinungen und die beklemmende Irrationalität der geistigen Stimmungslage, sondern auch über die untrüglichen Anzeichen der Ausbreitung eines gesinnungsbestimmten und ideologisch aufgeladenen Zustandes des

---

chen Auftrag der Sender im Einklang steht. Ein Beispiel der Manipulation der Wirklichkeit durch die emotionale Aufladung und Wirkung der Bilder lieferte die tagelange Berichterstattung und Kommentierung von der serbisch-ungarischen Grenze, die in der Emotionalisierung der Situationsdarstellungen vielfach recht einseitig verfuhr und zudem die gegebene rechtliche Lage weitgehend ausblendete. In der Zwischenzeit und insbesondere seit der Jahreswende 2015/16 hat sich allerdings wieder eine differenziertere mediale Darstellung der Geschehnisse erkennen lassen. Hinzu kommt, dass sich viele bekannte Wissenschaftler und Intellektuelle in den zurückliegenden Monaten vernehmbar klar und kritisch öffentlich zu Wort meldeten. Hinweise auf einige solcher Stellungnahmen finden sich in diesem Band aufgegriffen. Siehe zu der Problematik und zur kritischen Stellungnahme des Europarates zum Journalismus in Deutschland und zur Forderung einer „ehrliche(n) Darstellung unbequemer Wahrheiten" auch: Hanfeld, Michael: Die Wahrheit und sonst nichts, in: Frankfurter Allgemeine Zeitung, vom 29. Januar 2016, online: http://www.faz.net/aktuell/feuilleton/debatten/wieso-europarats-abgeordnete-den-deutschen-die-leviten-lesen-14039702.html (Abgerufen: 29.1.2016).

[4] Siehe auch: Goffman, Erving: Strategische Interaktion, München-Wien 1981; Habermas, Jürgen: Theorie des kommunikativen Handelns, Frankfurt a. M. 1981 (2 Bde).

[5] Siehe dazu auch: Sterbling, Anton: Stalinismus in den Köpfen, in: Orbis Linguarum, Band 27, Wroclaw/Breslau 2004 (S. 23-38).

öffentlichen Meinungsbildes stark besorgt sein.[6] Diese Entwicklung der politischen Kultur ist nicht nur für sich genommen ein gefährliches Indiz eines schwindenden Grundkonsensus, auf dem bislang die Legitimität und das solide Funktionieren demokratischer Institutionen in der Bundesrepublik Deutschland beruhten, sondern ist auch erkennbar mit der Gefahr eines Umschlags der vorwiegend interessenbezogenen und interessengeleiteten „Vernunftdemokratie" in eine unberechenbare „Stimmungsdemokratie", um es in den Worten Karl Mannheims aus den frühen 1930er Jahren auszudrücken,[7] verbunden. Gibt es für diese Entwicklung eine plausible Erklärung oder gar eine Rechtfertigung?

Aus der komplexen und sicherlich auch schwierigen Gemengelage möchte ich einige kardinale Fehleinschätzungen und Irrtümer der gegenwärtigen deutschen und europäischen Politik ansprechen. Das erste und gravierendste ist die zumindest partielle Aufhebung der „verantwortungsethischen" Rationalität des politischen Entscheidungshandelns und Ersetzung durch „gesinnungsethische" Motive und Grundsätze. Mit der bekannten, „gesinnungsethisch" begründeten Positionierung der Bundesregierung in der Flüchtlings- und Zuwanderungsfrage, insbesondere Anfang September 2015, und auch durch die in ihren unmittelbaren und mittelbaren medialen Wirkungen und Konsequenzen wohl recht unbedachten Äußerungen der Bundeskanzlerin erfolgte eine fragwürdige „gesinnungsethische" Auslegung verfassungsrechtlicher Normen, nicht zuletzt der normativen Fassung des Asylrechts, das in diesem Lichte nicht nur weit überinterpretiert erscheint,[8] sondern in dieser Weise eigentlich nur unter Einschränkung an-

---

[6] Zum Prinzip der Kritik und der ideologiekritischen Funktion der Sozialwissenschaften siehe auch: Sterbling, Anton: Wege der Modernisierung und Konturen der Moderne im westlichen und östlichen Europa, Wiesbaden 2015, insb. Teil I, S. 7 ff.

[7] Siehe: Mannheim, Karl: Die Gegenwartsaufgaben der Soziologie. Ihre Lehrgestalt, Tübingen 1932.

[8] Udo di Fabio stellte ganz in diesem Sinne fest: „In Deutschland scheint das Missverständnis zu herrschen, das der vom europäischen Recht adaptierte völkerrechtliche Flüchtlingsbegriff in Art. 16 a GG hinein zu lesen ist und der dort garantierte individuelle Grundrechtsschutz damit verbreitert und um die mit der vom Asylkompromiss getroffenen Verfassungsentscheidung zur Begrenzung der Asylzahlen außer Kraft gesetzt ist. In Wirklichkeit müssen der Bundesgesetzgeber, die Bundesverwaltung und vermutlich auch die Rechtsprechung eine systematisch folgerichtige Entscheidung treffen: entweder es bleibt beim quantitativ unbegrenzten individuellen Recht auf Asyl, bei dann auch individueller Prüfung einer drohenden politischen Verfolgung sowie der Einschränkung des Asylrechts beim Weg über sichere Dritt-

derer Verfassungsnormen und Rechtsgütern ausgelegt werden kann.[9] Und es ergab eine Begründung der Grundrichtung politischer Entscheidungen, die – wie großzügig und anerkennungswürdig diese im Sinne universalistischer humanistischer Werte auch erscheinen mag – mehrere äußerst problematische Voraussetzungen und Konsequenzen erkennen lässt. Dabei sollte man in verantwortungstragenden politischen Kreisen eigentlich längst wissen, „gesinnungsethisches" politisches Handeln mag unter bestimmten historischen Umständen und Herrschaftsverhältnissen legitim und in extremen Ausnahmesituationen möglicherweise auch „alternativlos" erscheinen, es ist – folgt man Max Weber – allerdings das Gegenteil von „verantwortungsethischer" Politik, die stets gründlich und umsichtig, mit „Leidenschaft – Verantwortungsgefühl" und eben auch mit „Augenmaß", den Voraussetzungen wie auch und insbesondere den wahrscheinlichen Folgen und Nebenwirkungen des politischen Entscheidungshandelns Rechnung zu tragen und dieses Handeln von daher rational zu reflektieren und in seinen praktischen Belangen zu begründen hat.[10] Weder sind die gesellschaftlichen und insbesondere die europäischen Voraussetzungen des maßgeblichen po-

---

staaten oder aber es gilt der weite Flüchtlingsbegriff, der von der europäischen Staatenpraxis und vom Handbuch des UNHCR zugrunde gelegt wird, der aber dann klare Kontingentierung, wirksame Verteilungsmechanismen und die Formulierung und Durchsetzung von Kapazitätsgrenzen erfordert. Siehe: Fabio, Udo di: Migration als föderales Verfassungsproblem. Gutachten im Auftrag des Freistaates Bayern, Bonn 2015, vgl. S. 92. Siehe dazu auch: Kaube, Jürgen: Rechtsbruch oder gar nichts Besonderes?, in: Frankfurter Allgemeine Zeitung, vom 18. Januar 2016, online: http://www.faz.net/aktuell/feuilleton/ist-angela-merkels-fluechtlingspolitik-verfassungsgemaess-14019329.html (Abgerufen: 18.1.2016).

[9] Der bekannte Sozialphilosoph Elmar Holenstein begründete sehr überzeugend, dass es ein uneingeschränktes Menschenrecht auf Niederlassungsfreiheit in einer staatlich geordneten Welt nicht geben kann, da dessen Realisierung notwendig mit anderen fundamentalen Menschenrechten kollidiert. Insofern ist dieser Kollisionsmöglichkeit bei der praktischen Ordnung des Zuwanderungs- und Niederlassungsrechts, wie auch des Asylrechts als Sonderfall solcher Rechte, stets umsichtig Rechnung zu tragen. Wenn eine Situation entsteht, bei der das Zuwanderungs- oder Asylrecht fundamentale Menschenrechte der autochthonen Bevölkerung erheblich einschränkt, liegen ein solcher normativer Konflikt und gleichsam auch ein entsprechendes Staatsversagen vor. Siehe: Holenstein, Elmar: Kulturphilosophische Perspektiven. Schulbeispiel Schweiz. Europäische Identität auf dem Prüfstand. Globale Verständigungsmöglichkeiten, Frankfurt a. M. 1998.

[10] Siehe: Weber, Max: Politik als Beruf, in: Weber, Max: Gesammelte Politische Schriften, Tübingen [5]1988 (S. 505-560), vgl. S. 545 f; Sterbling, Anton (Hrsg.): Zeitgeist und Widerspruch. Soziologische Reflexionen über Gesinnung und Verantwortung. Herrn Professor Karlheinz Messelken zum sechzigsten Geburtstag, Hamburg 1993.

litischen Entscheidungshandelns realistisch bedacht, noch sind die unmittelbaren und die weiterreichenden Auswirkungen in Rechnung gestellt worden, von den wissenschaftlich antizipierbaren und auch bald deutlich erkennbaren „Seiteneffekten" und „Kollateralschäden" ganz abgesehen.

Zur weitgehenden Ignorierung der Erkenntnisse der internationalen Migrationsforschung

Zu den fragwürdigen Voraussetzungen einer solchen „gesinnungsethisch" begründeten Politik zählt aus meiner Sicht gegenwärtig zum einen die weitgehende Ignorierung elementarer wissenschaftlicher Erkenntnisse der Migrationsforschung, insbesondere des spezifischen Zusammenwirkens von „push"- und „pull"-Faktoren und der „Eigendynamik" bei internationalen Wanderungsprozessen.[11] Wenn man in der internationalen Migrationsforschung zwischen „push"-Faktoren (Staatsverfall, wirtschaftliche Krisen, Gewaltkonflikte, Diskriminierung, Wohlstandsgefälle usw.) und „pull"-Faktoren (wirtschaftliche, sozialstaatliche, politische, kulturelle Attraktivität usw. der Zielgesellschaften) unterscheidet, so liegt in der Konsequenz dieser Unterscheidung natürlich nahe, dass bei der gegenwärtigen Lage in vielen Teilen der Welt „push"-Faktoren in der Größenordnung eines Wanderungspotenzials von Hunderten Millionen (seriöse Schätzungen gehen von etwa zwei Drittel der Menschheit[12] aus) vorliegen. Zwar

---

[11] Siehe zum Beispiel: Esser, Hartmut: Aspekte der Wanderungssoziologie. Assimilation und Integration von Wanderern, ethnischen Gruppen und Minderheiten. Eine handlungstheoretische Analyse, Darmstadt-Neuwied 1980; Sassen, Saskia: Migranten, Siedler, Flüchtlinge. Von der Massenauswanderung zur Festung Europa, Frankfurt a. M. ³2000; Weber, Georg u.a.: Emigration der Siebenbürger Sachsen. Studien zu Ost-West-Wanderungen im 20. Jahrhundert, Opladen 2003, insb. S. 32 ff; Sterbling, Anton (Hrsg.): Migrationsprozesse, Probleme von Abwanderungsregionen, Identitätsfragen. Beiträge zur Osteuropaforschung 12, Hamburg 2006.

[12] Bereits 1994 wurde festgestellt: „Die Diskrepanzen der Lebensstandards im Weltmaßstab schaffen innerhalb von 75% der Menschheit ein gewisses Wanderungspotential." Siehe: Schmid, Josef: Migration und Konflikt. Ansätze zum Paradigmenwechsel in der Wanderungsforschung, in: Münz, Rainer/Korte, Hermann/Wagner Gert (Hrsg.): Internationale Wanderungen. 28. Arbeitstagung der Deutschen Gesellschaft für Bevölkerungswissenschaft 16.-18.2.1994 in Bochum, Berlin 1994 (S. 129-140), vgl. S. 134. Für den islamischen Raum siehe auch: Heinsohn, Gunnar: Es gibt in der islamischen Welt keine ‚girl friends', in: Die Welt, vom 15. Januar 2016, online: http://www.welt.de/vermischtes/article151043934/Es-gibt-in-der-islamischen-Welt-keine-girl-friends.html. (Abgerufen: 15.1.2016).

sind entsprechende Wanderungsströme, nicht zuletzt auf Grund begrenzter Ressourcen vieler potenzieller Migranten, der empirischen Beobachtung und Erfahrung nach oft auf den heimatnahen regionalen Raum begrenzt, aber gerade dies hat sich in der Zeit der fortschreitenden Globalisierung und der für dieses Zeitalter charakteristischen Mobilität und Mobilisierbarkeit auch traditionaler Bevölkerungsgruppen deutlich gewandelt.[13] Dieser Aspekt wird in einer „gesinnungsethischen" Begründung, die jede „Obergrenze" der Aufnahme von verfolgten Flüchtlingen und sonstigen, das Asylrecht zunächst für sich in Anspruch nehmenden Migranten als irrelevant erklärt, natürlich unbedacht vernachlässigt.

Gleichzeitig wird ignoriert, dass von den „pull"-Faktoren eine Lenkung der internationalen Migrationsströme – auch der der Kriegsflüchtlinge und der mit guten Gründen Asylsuchenden – ausgeht, die auch und nicht zuletzt nach dem Prinzip der „selektiven Anreize" wirkt.[14] Die Bundesrepublik Deutschland ist insofern ein sehr attraktives Zielland der Wanderungsprozesse jeder Art – also auch der massiven Wanderungen aus primär oder ausschließlich wirtschaftlichen Motiven –, weil hier, auch im Vergleich zu anderen EU-Staaten, spezifische „selektive Anreize", nicht nur in der Gestalt hoher Standards der Freiheit und Rechtsstaatlichkeit (auf die wir stolz sein können und die wir uns tunlichst erhalten müssen), sondern auch des wirtschaftlichen Wohlstands und insbesondere der sozialstaatlichen materiellen Absicherung gegeben sind. Darauf machen Politiker anderer EU-Staaten und europäischen Staaten, die sich solche Standards nicht leisten können oder wollen, zu Recht aufmerksam.

Eher langfristig als „selektive Anreize", für die in erster Linie nachlässige und säumige Politiker, aber auch involvierte staatliche Institutionen die Verantwortung tragen, wirken die seit vielen Jahren in Deutschland zu

---

[13] Anthony Giddens spricht in diesem Sinne unter den Bedingungen der Globalisierung von einer fortschreitenden „raumzeitlichen Entbettung" und „Handeln auf Distanz". Siehe: Giddens, Anthony: The Consequences of Modernity, Oxford 1990; Balla, Bálint/Sterbling, Anton (Hrsg.): Globalisierung, Europäisierung, Regionalisierung – unter besonderer Berücksichtigung ihrer Erscheinungsformen und Auswirkungen im östlichen Europa, Beiträge zur Osteuropaforschung 16, Hamburg 2009.

[14] Allgemein zur Theorie des kollektiven Handelns unter der Wirkung „selektiver Anreize" siehe: Olson, Mancur L.: Die Logik des kollektiven Handelns: Kollektivgüter und die Theorie der Gruppen, Tübingen 2004.

konstatierenden gravierenden Kontroll- und Vollzugsdefizite des geltenden Ausländer-, Asyl-, Bleibe- und Abschiebungsrechts usw. Es ist ein offenes Geheimnis, dass auch abgelehnte Flüchtlinge und Asylbewerber (nicht zuletzt auf Grund der Möglichkeit der missbräuchlichen Nutzung langer zusätzlicher Rechtswege, des Abtauchens, fehlender Identitätssicherheit, nicht gegebener Bereitschaft der Herkunftsländer zur Rücknahme ihrer Bürger, aber auch aus schlichten Gründen des Aufwandes und der Abschiebungskosten) nur in einem begrenzten und gewissermaßen auch willkürlich erscheinenden Teil der Fälle tatsächlich abgeschoben wurden. Deutschland gilt in einschlägigen Kreisen zudem auch als ein komfortabler Aufenthalts- und Rückzugsraum für kriminelle Ausländer – auch Angehöriger der Europäischen Union –, die nicht selten illegal oder mit falscher Identität hier leben und wohnen.[15] Bereits elementare lerntheoretische Erklärungsprinzipien menschlichen Verhaltens besagen indes, dass das Ausbleiben oder der Verzicht auf regelmäßige Verhaltenskontrollen und Sanktionsreaktionen im Sinne geltender rechtlicher Normen bei bestimmten Verhaltensdispositionen und Verhaltensneigungen wie positive Anreize oder Verstärker wirksam sind.[16] Dies erklärt mithin auch die weite Verbreitung entsprechender Personenkreise in der Bundesrepublik Deutschland.

Zur „Eigendynamik" von Migrationsprozessen

Sodann wird gegenwärtig auch noch eine zweite unbestreitbare Erkenntnis der Migrationsforschung mit einer unglaublichen Leichtfertigkeit ignoriert: die „Eigendynamik" internationaler Migrationsvorgänge. Unter „eigendy-

---

[15] Entsprechende Vollzugsdefizite in der Bundesrepublik Deutschland kritisierte neuerdings sogar die EU-Kommission. Siehe: „EU-Kommission rügt laschen Umgang mit abgelehnten Asylbewerbern", in: Frankfurter Allgemeine Zeitung, vom 27. September 2015, online: http://www.faz.net/aktuell/politik/fluechtlingskrise/fluechtlinge-eu-kommission-ruegt-laschen-umgang-mit-abgelehnten-asylbewerbern-138260 37.html (Abgerufen: 27.9.2015).

[16] Dies ist eine oft leichtfertig übersehene Tatsache, ganz unabhängig davon, ob ausbleibende Sanktionsreaktionen das Ergebnis einer allzu liberalen Rechtspolitik oder einer effektiven Überforderung und Kontrollverlustes der Sanktionsinstanzen sind. Dabei wissen wir, dass Normen ohne Sanktionsunterstützung ihre verhaltenssteuernde Wirksamkeit verlieren. Siehe dazu auch: Wiswede, Günter: Soziologie. Grundlagen und Perspektiven für den wirtschafts- und sozialwissenschaftlichen Bereich, Landsberg am Lech ³1998, insb. S. 129 ff.

namischen" Prozessen versteht man nach Renate Mayntz und Brigitta Nedelmann[17] solche Vorgänge, die ihre Ursachen oder Handlungsmotive selbst hervorbringen oder die sich zumindest verstärkend auf entsprechende Handlungsneigungen auswirken. Haben Wanderungsprozesse – welcher Art auch immer – quantitativ gewisse Schwellenwerte überschritten, so tendieren sie dazu, einen eigendynamischen Verlauf zu entwickeln,[18] der – sobald er ein gewisses Ausmaß erreicht hat – politisch nur noch begrenzt kontrollierbar oder steuerbar erscheint. Hierbei sind insbesondere drei eigendynamische Teilprozesse relevant: Erstens der Familien-, Verwandtschafts- oder Angehörigennachzug, bei dem fast jeder einzelne Migrationsvorgang zu Familientrennungen und jede Familientrennung zu weiteren Familiennachzügen – also oft zu vielfachen und weitgreifenden Kettenwanderungen – führt, wobei auch Erweiterungsprozesse der Familien von Migranten durch Heiratsbeziehungen mit Angehörigen aus dem Herkunftsmilieu nicht selten zu beobachten sind.

Zweitens der Rückfluss von relevanten Informationen – natürlich auch von „strategischem" migrationsrelevantem Wissen über erfolgversprechende Migrations- und Fluchtwege, Umgehungsmöglichkeiten von Hindernissen und Kontrollen, Migrationsmotive- und Identitätsdarstellungen usw. – in die Herkunftsmilieus, die neue Migrationsmotive erzeugen, Migrationsneigungen verstärken oder auch Migrationsentscheidungen beschleunigen. Dabei stehen Migranten oft nicht nur unter dem Erwartungsdruck von Unterstützungs- und Solidaritätsleistungen seitens ihrer Angehörigen, sondern nicht selten auch unter dem psychischen und sozialen Druck, ihre Migrationsentscheidung diesen gegenüber zu rechtfertigen, wobei sie dies vielfach dazu veranlasst, ein selektives und zumeist auch beschönigtes Bild ihrer Lage und ihrer Aussichten in der Aufnahmegesellschaft zu vermitteln. Im Zeitalter der globalen digitalen Kommunikation sind diesen, gleichsam persönlich verbürgten Informationsrückflüssen natürlich nahezu keine tech

---

[17] Siehe: Mayntz, Renate/Nedelmann, Birgitta: Eigendynamische soziale Prozesse. Anmerkungen zu einem analytischen Paradigma, in: Kölner Zeitschrift für Soziologie und Sozialpsychologie, 39. Jg., Opladen 1987 (S. 648-668), insb. S. 648 f.

[18] Siehe dazu auch: Sterbling, Anton: Auswanderungsregion Südosteuropa – Ursachen und Folgeprobleme, in: Allmendinger, Jutta (Hrsg.): Gute Gesellschaft? Verhandlungen des 30. Kongresses der Deutschen Gesellschaft für Soziologie in Köln 2000, Teil A, Opladen 2001 (S. 686-699).

nischen Grenzen gesetzt. Entsprechende Phänomene kennt man aber bereits seit langem aus der Gastarbeiter- und Aussiedlerforschung.

Drittens sind – vor allem in einer mittelfristigen Zeitperspektive – die strukturellen Auswirkungen und Folgeprobleme massiver Migrationsprozesse auf die kleinräumigen Herkunftsmilieus nicht zu vernachlässigen. Sie stellen sich durch den Weggang der Motivierten, Leistungsstarken und Durchsetzungsfähigen als fortschreitender wirtschaftlicher, sozialer und kultureller Niedergang und in der Folge dessen als zunehmende Verschlechterung der Alters- und Bildungsstruktur des Herkunftsmilieus, als um sich greifender Verfall der Infrastruktur, als kulturelle Verödung[19] usw. ein und veranlassen damit auch einen weiteren Teil der im Herkunftsgebiet Verbliebenen und zunächst unentschiedenen, dem Migrationsweg zu folgen.[20]

Gegenwärtig kommen als Verstärkung der eigendynamischen Komponenten nicht selten der eigennützige Einfluss und das skrupellose Zutun der Anwerber und Schlepper wie auch das in guter Absicht, aber oft mit problematischen Wirkungen erfolgende Handeln der selbsternannten Helfer und Unterstützer hinzu. Auch diesbezüglich ist leider häufig zu beobachten, dass „gut gemeint" keineswegs immer „gut gelungen" bedeutet, dass zum Beispiel Erwartungen geweckt werden, die auf Dauer nicht erfüllbar sind, oder, dass komplexe Handlungsverkettungen ausgelöst werden, die zu unerwünschten nichtintendierten Folgen und Kollateralwirkungen führen, mit denen zunächst niemand gerechnet hat.[21]

---

[19] Siehe: Sterbling, Anton: Kulturelle Verödung. Das Beispiel peripherer Räume Südosteuropas, in: Sterbling, Anton: Kultur und Interkulturalität. Das Banat, Donauraum, Balkanimpressionen, Rothenburger Beiträge. Polizeiwissenschaftliche Schriftenreihe, Rothenburg/Oberlausitz 2015 (S. 337-348).

[20] Es entsteht eine spezifische psychische Situation des Aufbruchs, die schon bei den Amerikaauswanderungen um die Wende zum 20. Jahrhundert beobachtet wurde. Siehe dazu auch: Frank, Tibor: Ethnicity, Propaganda, Myth-Making. Studies on Hungarian Connections to Britain and America 1848-1945, Budapest 1999.

[21] Es ist eine zentrale Aufgabe sozialwissenschaftlicher Erkenntnistätigkeit und Aufklärung, gerade auf solche nichtintendierte und teilweise auch unerwünschte Strukturwirkungen und „paradoxe Effekte" des intentionalen menschlichen Handelns aufmerksam zu machen, um damit besser umgehen zu können. Siehe dazu: Eichner, Klaus/Habermehl, Werner (Hrsg.): Probleme der Erklärung sozialen Verhaltens, Meisenheim am Glan 1977; Boudon, Raymond: Widersprüche sozialen Handelns, Darmstadt-Neuwied 1979; Esser, Hartmut: Soziologie. Allgemeine Grundlagen, Frankfurt a. M.-New York 1993.

Die gegenwärtigen „Völkerwanderungen" nach Europa und in die Bundesrepublik Deutschland im Besonderen sind nicht zuletzt getragen von den „eigendynamischen" Verursachungen und Wirkungen solcher Migrationsströme, die weitgehend außer politischer und institutioneller Kontrolle geraten erscheinen und bei 800.000 oder einer Million oder zwei oder fünf Millionen Zuwanderern natürlich keine automatische Stoppschwelle finden, sondern sich voraussichtlich – insbesondere wenn man an die außereuropäischen Migrationspotenziale der Krisenregionen in Afrika, dem Vorderen Orient und Zentralasien denkt – wohl weiter entfalten werden. Von den möglichen zukünftigen massiven Flüchtlingsströmen der noch etwas näher gelegenen Krisenherde Ukraine oder der Türkei, bei ungünstigen politischen Entwicklungen in diesen Ländern, mal ganz abgesehen.[22]

Bei einigermaßen realistischen Annahmen über das „trichterförmige" Zusammenwirken der gegenwärtig global gegebenen „push"- und „pull"-Faktoren und die eigendynamischen Komponenten von internationalen Migrationsvorgängen, wenn diese einmal gewisse quantitative Schwellenwerte überschritten haben, müsste man nicht nur rasch zu der Erkenntnis der angedeuteten Größenordnung des bereits mobilisierten oder in absehbarer Zeit mobilisierbaren Zuwanderungspotenzials gelangen, sondern auch zu der naheliegenden Einsicht, dass solche Vorgänge, einmal in einen bestimmten eigendynamischen Modus eingetreten, ihren sozialen Eigengesetzlichkeiten folgen und politisch kaum noch – oder nur unter Einsatz sehr massiver repressiver Mittel und sehr aufwändiger Gegenmaßnahmen – einigermaßen steuerbar erscheinen. Wenn man unter solchen Bedingungen, „gesinnungsethisch" motiviert, die „pull"-Faktoren durch selektive Anreize zusätzlich verstärkt und die eigendynamischen Wirkungszusammenhänge entsprechender Wanderungsvorgänge systematisch ignoriert, hat man sicherlich die Sachgrundlage „verantwortungsethischer" Politik verlassen, ob dies nun aus einzugestehender „Ratlosigkeit"[23] – von der Graf Kielmansegg

---

[22] Die Lage in der Ostukraine ebenso wie die sich immer wieder zuspitzenden Konflikte mit den Kurden in der Türkei erscheinen nach wie vor so gefährlich und besorgniserregend, dass davon ausgelöste Flüchtlingsströme, in einer Größenordnung von Millionen, in die Europäische Union keineswegs auszuschließen sind.

[23] Siehe: Kielmansegg, Peter Graf: Flüchtlingspolitik. Was die Empörung ignoriert, in: Frankfurter Allgemeine Zeitung, vom 29. April 2015, online: http://www.faz.net/aktuell/feuilleton/debatten/fluechtlingspolitik-was-die-empoerung-ignoriert-135643 55.html (Abgerufen: 3.9.2015).

sprach – geschieht oder aus anderen Beweggründen, sei zunächst dahin gestellt.

Das problematische Missverständnis über Ost-, Ostmittel- und Südosteuropa in der Europäischen Union

Ein weiterer Komplex an Ursachen und Auswirkungen, der in der „gesinnungsethischen" Kurzsichtigkeit der gegenwärtigen deutschen Politik im europäischen Kontext völlig falsch eingeschätzt wurde und wird, ist die nationalstaatliche bis nationalistische Orientierung eines überwiegenden Teils der Bevölkerung vieler Staaten Ost- und Südosteuropas und ihrer Politiker, die sich auch als Mitglieder der Europäischen Union, einen kostspieligen „universalistischen Humanismus" nicht aufzwingen lassen wollen. Sie bedienen sich zwar gelegentlich einer abstrakt humanistischen Rhetorik, die übrigens in der eigenen Bevölkerung allenfalls in kleinen Intellektuellenkreisen positiv aufgenommen wird,[24] allerdings nur dann, wenn dies machtpolitisch unschädlich erscheint.[25] Von vielen Ost- und Südosteuropaforschern wurde darauf wie auch auf die damit zusammenhängenden Schwierigkeiten demokratischer Konsolidierung[26] immer wieder aufmerksam gemacht. Selbst wenn es uns nicht passt, so liegt es doch auf der Hand, dass die ost-, ostmittel- und südosteuropäischen Staaten,[27] die sich nach Jahrhunderten der Fremdherrschaft und der oft nicht gerade erbaulichen Erfahrungen unter der Herrschaft von Vielvölkerimperien oder Hegemonialmächten erst vor nicht allzu langer Zeit nationalstaatlich emanzipieren konnten, sich nicht erneut in unberechenbare soziale und politische Zustän-

---

[24] Siehe auch: Sterbling, Anton: Eliten, Intellektuelle, Institutionenwandel. Untersuchungen zu Rumänien und Südosteuropa, Hamburg 2001.

[25] Siehe dazu auf Südosteuropa bezogen: Balla, Bálint/Dahmen, Wolfgang/Sterbling, Anton (Hrsg.):Demokratische Entwicklungen in der Krise? Politische und gesellschaftliche Verwerfungen in Rumänien, Ungarn und Bulgarien, Beiträge zur Osteuropaforschung 19, Hamburg 2015.

[26] Nicht nur die ehemals kommunistischen Staaten Südosteuropas, sondern auch Griechenland hat uns in jüngster Zeit gezeigt, wie stark die Innenpolitik dieser Länder von nationalen und nationalistischen Motiven und Interessen bestimmt wird.

[27] Siehe auch: Balla, Bálint/Sterbling, Anton (Hrsg.): Ethnicity, Nation, Culture. Central and East European Perspectives, Beiträge zur Osteuropaforschung 2, Hamburg 1998.

de einer ausgeprägten Multiethnizität begeben wollen. Zumindest aus ihrer Sicht und historischen Erfahrung sind die „multiethnische" Gesellschaft und ihre Herrschaftsordnung das eigentliche Problem und keineswegs die Problemlösung, wie manche im Westen dies unentwegt glauben.

Hinzu kommen noch weitere Hintergrundmotive. Etwa in den südosteuropäischen Staaten die insbesondere während der kommunistischen Herrschaft ideologisch stark betonte und sich von daher fortschreibende historische Erinnerung an die osmanische Fremdherrschaft sowie in manchen Fällen, wie beispielsweise im Falle Bulgariens,[28] die schwelenden Auseinandersetzungen mit der türkischen und anderen muslimischen Minderheiten, die eine weit verbreitete und starke Abneigung muslimischen Zuwanderern gegenüber begründen. Die Annexion der Krim, die Ereignisse in der Ostukraine und die provokativen militärischen Machtdemonstrationen Russlands in der letzten Zeit haben in vielen Staaten Osteuropas, vom Baltikum über Polen bis nach Rumänien, erneut tiefsitzende Ängste hervorgerufen oder verstärkt. In einer solchen Lage, in der eine Eskalation der gewaltsamen Konflikte in der Ukraine und deren unmittelbaren Folgen wie auch andere ernsthafte Aggressionen keineswegs ausgeschlossen sind, noch eine weitere unberechenbare Komplikation der Verhältnisse durch einen massiven Zuzug von außereuropäischen Flüchtlingen herbeizuführen, würde angesichts der ohnehin angespannten Stimmung in der Bevölkerung gegen jede Staatsraison sprechen. Hinzu kommt in den meisten Fällen auch die recht ungünstige wirtschaftliche, soziale und sozialpolitische Lage, etwa die niedrigen Einkommen, der oft hohe Rentneranteil und die relativ geringen Durchschnittsrenten in den EU-Mitgliedstaaten Südost-, Ostmittel- und Osteuropas, die zusätzliche finanzielle Belastungen für die Unterbringung und soziale Integration einer größeren Zahl von Flüchtlingen und sonstigen Zuwanderern nur schwer bewältigbar erscheinen lassen. Und natürlich sollte man auch die Sorge um die Arbeitsmigranten aus den eigenen Ländern in Westeuropa nicht vergessen, deren Chancen und Lebenslagen sich durch massive außereuropäische Zuwanderungen und den damit zunehmenden

---

[28]   Siehe dazu: Telbizova-Sack, Jordanka: Gibt es einen ‚radikalen Islamismus' in Bulgarien? Instrumentalisierung vs. Realität, in: Balla, Bálint/Dahmen, Wolfgang/ Sterbling, Anton (Hrsg.): Demokratische Entwicklungen in der Krise? Politische und gesellschaftliche Verwerfungen in Rumänien, Ungarn und Bulgarien, Beiträge zur Osteuropaforschung 19, Hamburg 2015 (S. 241-266).

Konkurrenzdruck auf den Arbeits- und Wohnungsmärkten usw. natürlich nicht unbedingt verbessern.[29] Auch dafür sehen sich Politiker des östlichen Europas in einer gewissen Verantwortung, wie sich immer wieder zeigt. Das sollte man als „verantwortungsethischer" europäischer Politiker im Westen eigentlich wissen und dem sollte man auch realistischerweise Rechnung tragen, ist die Integration der neuen, östlichen Mitglieder der Europäischen Union doch noch keineswegs ein überzeugender oder gar nachhaltiger Erfolg.[30] Auch diesbezüglich kann man mit einer diese tatsächlichen Ausgangsbedingungen und Gegebenheiten ignorierenden „gesinnungsethischen" Politik nichts anderes erreichen, als den schwachen Wert- und Interessenkonsens, auf dem die Europäische Union ohnehin bislang nur beruht, weiteren harten Belastungen auszusetzen und damit das „Projekt Europa"[31] in absehbarer Zeit möglicherweise zu einem „Scherbenhaufen" werden zu lassen. Dabei ist natürlich auch an die Euro- und Griechenlandkrise als weitere schwerwiegende Hypothek der Europäischen Union und insbesondere des Euro-Raums zu denken,[32] ist diese Krise doch noch keineswegs befriedigend gelöst, sondern durch die bisherigen konfliktreichen Entscheidungen lediglich in die nähere oder fernere Zukunft verlagert worden.

---

[29] Zum Beispiel im Falle Rumäniens geht man davon aus, dass 2 bis 3 Millionen der etwas über 20 Millionen rumänischen Staatsangehörigen im westlichen Ausland leben und arbeiten. Diese haben auch einen beachtlichen Einfluss auf die Politik in Rumänien. Siehe: Sterbling, Anton: Klientelismus in Rumänien und Südosteuropa, in: Südosteuropa Mitteilungen, 55. Jg., Heft 5, München 2015 (S. 28-39).

[30] Siehe: Bach, Maurizio/Sterbling, Anton (Hrsg.): Soziale Ungleichheit in der erweiterten Europäischen Union, Beiträge zur Osteuropaforschung 14, Hamburg 2008; Balla, Bálint/Sterbling, Anton (Hrsg.): Europäische Entwicklungsdynamik, Beiträge zur Osteuropaforschung 17, Hamburg 2009; Sterbling, Anton: Unterschiedliche Modernisierungsverläufe in Ungarn und Rumänien nach 1989? in: Puttkamer, Joachim Jesko von/Schubert, Gabriella (Hrsg.): Kulturelle Orientierungen und gesellschaftliche Ordnungsstrukturen in Südosteuropa, Wiesbaden 2010 (S. 201-220); Sterbling, Anton: Zur Lage in Rumänien. Ein soziologischer Blick auf zentrale Strukturprobleme, in: Südosteuropa Mitteilungen, 54. Jg., Heft 2, München 2014 (S. 6-19); Balla, Bálint/Dahmen, Wolfgang/Sterbling, Anton (Hrsg.): Demokratische Entwicklungen in der Krise? Politische und gesellschaftliche Verwerfungen in Rumänien, Ungarn und Bulgarien, Beiträge zur Osteuropaforschung 19, Hamburg 2015.

[31] Siehe: Wagner, Gerhard: Projekt Europa. Die Konstruktion europäischer Identität zwischen Nationalismus und Weltgesellschaft, Berlin-Hamburg 2005.

[32] Siehe auch: Sinn, Hans-Werner: Der Euro. Von der Friedensidee zum Zankapfel, München 2015.

Die „gesinnungsethische" Gefährdung der „Vernunftdemokratie"

Den Pfad „verantwortungsethischer" Politik zu verlassen und auf „gesinnungsethische" Wertorientierungen und Rechtfertigungen des politischen Handelns zu setzen, hat noch eine andere wichtige und für eine demokratische Gesellschaft äußerst problematische Konsequenz: nämlich die mittelbare oder unmittelbare politische Aktivierung und die Reaktion anderer „gesinnungsethischer" Wertüberzeugungen, Einstellungen und Weltanschauungen. Es ist gemeinhin die große Kunst einer „verantwortungsethisch" begründeten „Vernunftdemokratie", auf der einen Seite Wertdissens und kollektive Identitätskonflikte und entsprechende Einstellungen und Gesinnungen, die in jeder Gesellschaft in ihrer religiösen und kulturellen Vielfalt und Tiefenstruktur zwar gegeben, aber zugleich nicht vollständig politisch konsensfähig sind, zu „privatisieren" oder sie durch andere institutionelle Vorkehrungen zu befrieden und so aus den normalen politischen Auseinandersetzungen möglichst weitgehend auszuschließen. Und auf der anderen Seite vor allem rationalisierbare Interessen- und verhandelbare Verteilungskonflikte in den Vordergrund des politischen Wettbewerbs zu stellen.[33] Zwar kann diese politische Konkurrenz und ihre Dynamik die sozial- und wohlfahrtsstaatlichen Entwicklungen in eine problematische Schieflage immer schwierigerer Finanzierbarkeit und der nicht selten beobachtbaren verantwortungslosen Verschiebung der gegenwärtigen Wohlfahrtskosten in die Zukunft bringen, aber solches Vorgehen befriedet zugleich die Gesellschaft insofern, als Wert- und Identitätskonflikte weitgehend in den Hintergrund gestellt und „entpolitisiert" werden.

Eine „gesinnungsethisch" ausgerichtete und begründete Politik stellt indes notwendig solche auf demokratischem Wege vielfach nur schwer vermittelbare oder sogar unlösbar erscheinende fundamentale Wert- und Identitätskonflikte in den Mittelpunkt der politischen Auseinandersetzungen.[34] Damit ist nicht selten das Feld der System- oder Verfassungskonflikte er-

---

[33] Siehe dazu grundlegend: Lepsius, M. Rainer: Interessen, Ideen und Institutionen, Opladen ²2009.

[34] Siehe auch: Lepenies, Wolf: Für Europa ist Deutschland ein moralischer Parvenü, in: Die Welt, vom 26. Januar 2016, online: http://www.welt.de/debatte/kommentare/article151484113/Fuer-Europa-ist-Deutschland-ein-moralischer-Parvenue.html (Abgerufen: 26.1.2016).

öffnet, die wahrscheinlich gegenwärtig auch einige politische Akteurgruppen meinen und anstreben, wenn sie unverkennbar erwartungsvoll davon sprechen, dass sich „Deutschland stark verändern" wird.[35]

Grundlegende Wert- und kollektive Identitätskonflikte „gesinnungsethisch" zu aktivieren, ist allerdings stets ein großes politisches und gesellschaftliches Risiko im demokratischen Alltagsbetrieb, denn damit ist gleichsam auch die Gefahr verbunden, dass selbst eine konsolidierte „Vernunftdemokratie" durchaus in eine unberechenbare, von Gesinnungen und Emotionen angetriebene „Stimmungsdemokratie" umschlagen kann.[36] Dabei sollte uns die Geschichte des 20. Jahrhunderts aber doch hinreichend belehrt haben, wie rasch sich „Stimmungsdemokratien" in autoritäre oder totalitäre Herrschaftssysteme transformieren können. Dies kann leider recht unerwartet und unvermittelt geschehen, insbesondere dann, wenn sich die Geister, die man unbedacht rief, nicht mehr bändigen lassen. Dann kann man sich möglicherweise auch erneut in der Rolle von „Schlafwandlern" wiederfinden, wie Christopher Clark dies sehr überzeugend für die letztlich so verhängnisvollen Geschehnisse im Vorfeld des Ersten Weltkriegs gezeigt hat.[37]

Literatur

„Attentäter sollen absichtlich als Flüchtlinge eingereist sein", in: Frankfurter Allgemeine Zeitung, vom 16. Dezember 2015, online: http://www.faz.net/aktuell/politik/kampf-gegen-den-terror/anschlaege-in-paris-attentaeter-sollen-absichtlich-als-fluechtlinge-einge-reist-sein-13968835.html (Abgerufen: 16.12.2015)

Bach, Maurizio/Sterbling, Anton (Hrsg.): Soziale Ungleichheit in der erweiterten Europäischen Union, Beiträge zur Osteuropaforschung 14, Hamburg 2008

Balla, Bálint/Sterbling, Anton (Hrsg.): Ethnicity, Nation, Culture. Central and East European Perspectives, Beiträge zur Osteuropaforschung 2, Hamburg 1998

---

[35] Siehe auch: Sterbling, Anton: Zuwanderung, Kultur und Grenzen in Europa, Aachen 2015.

[36] Siehe: Mannheim, Karl: Die Gegenwartsaufgaben der Soziologie. Ihre Lehrgestalt, Tübingen 1932.

[37] Siehe: Clark, Christopher: Die Schlafwandler. Wie Europa in den Ersten Weltkrieg zog, München [7]2013. Siehe auch: Sterbling, Anton: „Die Schlafwandler" – eine soziologische Lesart, in: Silesia Nova. Vierteljahrsschrift für Kultur und Geschichte, 11. Jahrgang, Heft 1, Dresden-Breslau 2014 (S. 65-76), insb. S. 76.

Balla, Bálint/Sterbling, Anton (Hrsg.): Globalisierung, Europäisierung, Regionalisierung – unter besonderer Berücksichtigung ihrer Erscheinungsformen und Auswirkungen im östlichen Europa, Beiträge zur Osteuropaforschung 16, Hamburg 2009

Balla, Bálint/Sterbling, Anton (Hrsg.): Europäische Entwicklungsdynamik, Beiträge zur Osteuropaforschung 17, Hamburg 2009

Balla, Bálint/Dahmen, Wolfgang/Sterbling, Anton (Hrsg.): Demokratische Entwicklungen in der Krise? Politische und gesellschaftliche Verwerfungen in Rumänien, Ungarn und Bulgarien, Beiträge zur Osteuropaforschung 17, Hamburg 2015

Boudon, Raymond: Widersprüche sozialen Handelns, Darmstadt-Neuwied 1979

Clark, Christopher: Die Schlafwandler. Wie Europa in den Ersten Weltkrieg zog, München [7]2013

Eichner, Klaus/Habermehl, Werner (Hrsg.): Probleme der Erklärung sozialen Verhaltens, Meisenheim am Glan 1977

Esser, Hartmut: Aspekte der Wanderungssoziologie. Assimilation und Integration von Wanderern, ethnischen Gruppen und Minderheiten. Eine handlungstheoretische Analyse, Darmstadt-Neuwied 1980

Esser, Hartmut: Soziologie. Allgemeine Grundlagen, Frankfurt a. M.-New York 1993

„EU-Kommission rügt laschen Umgang mit abgelehnten Asylbewerbern", in: Frankfurter Allgemeine Zeitung, vom 27. September 2015, online: http://www.faz.net/aktuell/politik/fluechtlingskrise/fluechtlinge-eu-kommission-ruegt-laschen-umgang-mit-abgelehnten-asylbewerbern-13826037.html (Abgerufen: 27.9.2015)

Fabio, Udo di: Migration als föderales Verfassungsproblem. Gutachten im Auftrag des Freistaates Bayern, Bonn 2015

Frank, Tibor: Ethnicity, Propaganda, Myth-Making. Studies on Hungarian Connections to Britain and America 1848-1945, Budapest 1999

Giddens, Anthony: The Consequences of Modernity, Oxford 1990

Goffman, Erving: Strategische Interaktion, München-Wien 1981

Habermas, Jürgen: Theorie des kommunikativen Handelns, Frankfurt a. M. 1981 (2 Bde)

Hanfeld, Michael: Die Wahrheit und sonst nichts, in: Frankfurter Allgemeine Zeitung, vom 29. Januar 2016, online: http://www.faz. net/aktuell/feuilleton/debatten/wieso-europarats-abgeordnete-den-deutschen-die-leviten-lesen-14039702.html (Abgerufen: 29.1.2016)

Heinsohn, Gunnar: Es gibt in der islamischen Welt keine ‚girl friends', in: Die Welt, vom 15. Januar 2016, online: http://www.welt.de/vermischtes/article151043934/Es-gibt-in-der-islamischen-Welt-keine-girl-friends.html. (Abgerufen: 15.1.2016)

Holenstein, Elmar: Kulturphilosophische Perspektiven. Schulbeispiel Schweiz. Europäische Identität auf dem Prüfstand. Globale Verständigungsmöglichkeiten, Frankfurt a. M. 1998

Kaube, Jürgen: Rechtsbruch oder gar nichts Besonderes?, in: Frankfurter Allgemeine Zeitung, vom 18. Januar 2016, online: http://www.faz.net/aktuell/feuilleton/ist-angela-merkels-fluechtlingspolitik-verfassungsgemaess-14019329.html (Abgerufen: 18.1.2016)

Lepenies, Wolf: Für Europa ist Deutschland ein moralischer Parvenü, in: Die Welt, vom 26. Januar 2016, online: http://www.welt.de/debatte/kommentare/article1514841 13/Fuer-Europa-ist-Deutschland-ein-moralischer-Parvenue.html (Abgerufen: 26.1. 2016)

Lepsius, M. Rainer: Interessen, Ideen und Institutionen, Opladen [2]2009

Mannheim, Karl: Die Gegenwartsaufgaben der Soziologie. Ihre Lehrgestalt, Tübingen 1932

Noelle-Neumann, Elisabeth: Die Schweigespirale – Öffentliche Meinung unsere soziale Haut, München 1980

Kielmansegg, Peter Graf: Flüchtlingspolitik. Was die Empörung ignoriert, in Frankfurter Allgemeine Zeitung, vom 29. April 2015, online: http://www.faz.net/aktuell/feuilleton/debatten/fluechtlingspolitik-was-die-empoerung-ignoriert-13564355.html (Abgerufen: 3.9.2015)

Mayntz, Renate/Nedelmann, Birgitta: Eigendynamische soziale Prozesse. Anmerkungen zu einem analytischen Paradigma, in: Kölner Zeitschrift für Soziologie und Sozialpsychologie, 39. Jg., Opladen 1987 (S. 648-668)

Olson, Mancur L.: Die Logik des kollektiven Handelns: Kollektivgüter und die Theorie der Gruppen, Tübingen 2004

Sassen, Saskia: Migranten, Siedler, Flüchtlinge. Von der Massenauswanderung zur Festung Europa, Frankfurt a. M. [3]2000

Schmid, Josef: Migration und Konflikt. Ansätze zum Paradigmenwechsel in der Wanderungsforschung, in: Münz, Rainer/Korte, Hermann/Wagner Gert (Hrsg.): Internationale Wanderungen. 28. Arbeitstagung der Deutschen Gesellschaft für Bevölkerungswissenschaft 16.-18.2.1994 in Bochum, Berlin 1994 (S. 129-140)

„Schuldenstreit: Griechischer Minister droht Europa mit Flüchtlingswelle", in: Spiegel-Online-Politik, vom 10. März 2015, online: http://www.spiegel.de/politik/ausland/griechischer-minister-kammenos-droht-europa-mit-fluechtlingen-a-1022450.html (Abgerufen: 14.12.2015)

Sinn, Hans-Werner: Der Euro. Von der Friedensidee zum Zankapfel, München 2015

Sinn, Hans-Werner: Ein Rückblick auf ein halbes Jahrhundert, in: Frankfurter Allgemeine Zeitung, vom 16. Dezember 2015, online: http://www.faz.net/aktuell/wirtschaft/wirtschaftswis-sen/hans-werner-sinn-ein-rueckblick-auf-ein-halbes-jahrhundert-13967874-p5.html (Abgerufen: 16.12.2015)

Sterbling, Anton: Anmerkungen zur „Informationsgesellschaft", in: Sterbling, Anton: Modernisierung und soziologisches Denken. Analysen und Betrachtungen, Hamburg 1991 (S. 292-313)

Sterbling, Anton (Hrsg.): Zeitgeist und Widerspruch. Soziologische Reflexionen über Gesinnung und Verantwortung. Herrn Professor Karlheinz Messelken zum sechzigsten Geburtstag, Hamburg 1993

Sterbling, Anton: Auswanderungsregion Südosteuropa – Ursachen und Folgeprobleme, in: Allmendinger, Jutta (Hrsg.): Gute Gesellschaft? Verhandlungen des 30. Kongresses der Deutschen Gesellschaft für Soziologie in Köln 2000, Teil A, Opladen 2001 (S. 686-699)

Sterbling, Anton: Eliten, Intellektuelle, Institutionenwandel. Untersuchungen zu Rumänien und Südosteuropa, Hamburg 2001

Sterbling, Anton: Stalinismus in den Köpfen, in: Orbis Linguarum, Band 27, Wroclaw/ Breslau 2004 (S. 23-38)

Sterbling, Anton (Hrsg.): Migrationsprozesse, Probleme von Abwanderungsregionen, Identitätsfragen. Beiträge zur Osteuropaforschung 12, Hamburg 2006

Sterbling, Anton: Unterschiedliche Modernisierungsverläufe in Ungarn und Rumänien nach 1989? in: Puttkamer, Joachim Jesko von/Schubert, Gabriella (Hrsg.): Kulturelle Orientierungen und gesellschaftliche Ordnungsstrukturen in Südosteuropa, Wiesbaden 2010 (S. 201-220)

Sterbling, Anton: Zur Lage in Rumänien. Ein soziologischer Blick auf zentrale Strukturprobleme, in: Südosteuropa Mitteilungen, 54. Jg., Heft 2, München 2014 (S. 6-19)

Sterbling, Anton: „Die Schlafwandler" – eine soziologische Lesart, in: Silesia Nova. Vierteljahresschrift für Kultur und Geschichte, 11. Jahrgang, Heft 1, Dresden-Breslau 2014 (S. 65-76)

Sterbling, Anton: Klientelismus in Rumänien und Südosteuropa, in: Südosteuropa Mitteilungen, 55. Jg., Heft 5, München 2015 (S. 28-39)

Sterbling, Anton: Wege der Modernisierung und Konturen der Moderne im westlichen und östlichen Europa, Wiesbaden 2015

Sterbling, Anton: Zuwanderung und Integration. Kritische Anmerkungen aus soziologischer Sicht, in: Sterbling, Anton: Zuwanderung, Kultur und Grenzen in Europa, Aachen 2015 (S. 9-29)

Sterbling, Anton: Grenzen in Europa, in: Sterbling, Anton: Zuwanderung, Kultur und Grenzen in Europa, Aachen 2015 (S. 79-111)

Sterbling, Anton: Zuwanderung, Kultur und Grenzen in Europa, Aachen 2015

Sterbling, Anton: Kulturelle Verödung. Das Beispiel peripherer Räume Südosteuropas, in: Sterbling, Anton: Kultur und Interkulturalität. Das Banat, Donauraum, Balkanimpressionen, Rothenburger Beiträge. Polizeiwissenschaftliche Schriftenreihe, Rothenburg/Oberlausitz 2015 (S. 337-348)

Sterbling, Anton: Was ist „soziale Integration"? Sozialwissenschaftliche Anmerkungen, in: Dalberg, Dirk (Hrsg.): Immigration und Asyl, Rothenburger Beiträge. Polizeiwissenschaftliche Schriftenreihe, Rothenburg/Oberlausitz 2016 (in Vorbereitung)

Telbizova-Sack, Jordanka: Gibt es einen ‚radikalen Islamismus' in Bulgarien? Instrumentalisierung vs. Realität, in: Balla, Bálint/Dahmen, Wolfgang/Sterbling, Anton (Hrsg.): Demokratische Entwicklungen in der Krise? Politische und gesellschaftliche Verwerfungen in Rumänien, Ungarn und Bulgarien, Beiträge zur Osteuropaforschung 19, Hamburg 2015 (S. 241-266)

Vobruba, Georg: Die Dynamik Europas, Wiesbaden 1995

Wagner, Gerhard: Projekt Europa. Die Konstruktion europäischer Identität zwischen Nationalismus und Weltgesellschaft, Berlin-Hamburg 2005

Weber, Georg u.a.: Emigration der Siebenbürger Sachsen. Studien zu Ost-West-Wanderungen im 20. Jahrhundert, Opladen 2003

Weber, Max: Politik als Beruf, in: Weber, Max: Gesammelte Politische Schriften, Tübingen 51988 (S. 505-560)

Wiswede, Günter: Soziologie. Grundlagen und Perspektiven für den wirtschafts- und sozialwissenschaftlichen Bereich, Landsberg am Lech ³1998

Massenzuwanderung und Integrationsfragen[1]
Dilemmata und kritische Nachfragen

Angesichts massiver Zuwanderungen, wie die Bundesrepublik Deutschland sie insbesondere im Sommer des Jahres 2015 und danach erlebte, ergeben sich nicht nur normale Aufnahme- und Integrationsprobleme von Migranten, sondern auch eine Zuspitzung und emotionale Aufladung der öffentlichen Diskussionen und Auseinandersetzungen über diese Problematik. Wenn die europäische Politik und die deutsche im Besonderen in ihrem eigentlich schon länger vorhersehbaren „Dilemma" oder – in den Worten Graf Kielmanseggs[2] – in ihrer „Ratlosigkeit" in diesem aktuellen Zusammenhang zu nicht viel mehr, als zu einer kontrafaktischen Beschwörung der europäischen Solidarität und des gemeinschaftlichen Handelns und zu einer „volkspädagogischen" Symbolpolitik neigt, ist dies mit dem unübersehbaren Risiko einer weiteren Verschärfung der Lage verbunden und auch mit der Gefahr eines fortschreitenden Vertrauensverlustes in die politische Verantwortungstragenden und ihre Politik. Im Hinblick auf die Zuwanderung über die Außengrenzen der EU handelt es sich bekanntlich nicht um freiwillige Solidaritätsleistungen der Mitgliedstaaten, sondern um paktierte Verpflichtungen, die Georg Vobruba sogar als Hauptantriebskräfte der Dynamik der EU-Erweiterungen ansah.[3]

Vobrubas grundlegende Gedanken knüpfen an das „Zentrum-Peripherie-Modell" und die damit verbundene Vorstellung selektiver Exklusions- und Inklusionsbeziehungen. Die Expansion der EU und ihrer Vorläufer wird mithin als ein fortschreitender Prozess sich sukzessive erweiternder

---

[1] Dieser Beitrag ist in einer ähnlichen Fassung in meinem Band: Sterbling, Anton: Zuwanderung, Kultur und Grenzen in Europa, Aachen 2015, enthalten. Da er bestimmte Problemfacetten behandelt, die in anderen Beiträgen dieses Bandes so nicht oder aber in andere Zusammenhänge gestellt behandelt oder vertieft werden, soll er hier nochmals integral und etwas überarbeitet und aktualisiert einbezogen werden.

[2] Zur gegebenen „Ratlosigkeit" siehe: Kielmansegg, Peter Graf: Flüchtlingspolitik. Was die Empörung ignoriert, in Frankfurter Allgemeine Zeitung, vom 29. April 2015, online: http://www.faz.net/aktuell/feuilleton/debatten/fluechtlingspolitik-was-die-empoerung-ignoriert-13564355.html (Abgerufen: 3.9.2015).

[3] Siehe: Vobruba, Georg: Die Dynamik Europas, Wiesbaden 2005.

„konzentrischer Kreise" verstanden, der von wechselseitigen, aber zugleich asymmetrischen Interessenbeziehungen zwischen einem „wohlhabenden Kern" und einer sich immer weiter nach außen verlagernden „Peripherie" bestimmt wird. Das maßgebliche Interesse des Zentrums liegt in einer möglichst unbehinderten Ausdehnung der Nutzungschancen seiner (ökonomischen) Überlegenheit, aber auch im eigennützigen Anliegen begründet, Instabilität und übergreifende Störeinflüsse der Peripherie unter Kontrolle zu bringen bzw. entsprechende Kosten zu externalisieren; die Interessenbestrebungen „peripherer" Gesellschaften wiederum liegen in einer möglichst uneingeschränkten Eingliederung in den gegebenen, für ihre Bürger attraktiven Wohlstandsraum, in den Partizipationsmöglichkeiten am europäischen Transfer- und Umverteilungssystem und nicht zuletzt in der Nutzung der gesellschaftlich und politisch stabilisierenden Wirkungen dieser Inklusionen. Die schrittweise Eingliederung erfolgt gleichsam im Austausch, d.h. bei gleichzeitiger Erfüllung institutioneller und rechtlicher Anpassungsvorgaben und der Übernahme von Kontroll- und Stabilisierungsaufgaben, insbesondere an den äußeren Grenzen. Die gleiche Motivlage der wohlhabenden Kernländer reproduziert sich nach Vobruba später vielfach auch im Falle der als Vollmitglieder aufgenommenen Staaten im Verhältnis zu ihren zumeist weniger wohlhabenden und instabileren Nachbarländern. Daraus resultiert eine wichtige politische Antriebskraft der fortschreitenden Expansionsdynamik. Nun scheint es allerdings so, dass die Kontroll- und Stabilisierungsleistungen an den Außengrenzen der Europäischen Union nicht mehr erbracht werden und angesichts des Massenandrangs an Zuwandern mit dem bisherigen Grenzregime auch wohl nicht mehr erbracht werden können.

Zusammen mit der Euro-Krise und der Aufweichung der ebenfalls vertraglich vereinbarten, aber dann sukzessive abgeschwächten Stabilitätsbedingungen führt dies natürlich nicht zu einer Stärkung des Vertrauens in die EU, sondern zu wachsender Skepsis in die Tragfähigkeit ihrer vertraglichen Grundlagen. Bei einer weiteren Verlagerung der politischen Auseinandersetzungen in gesinnungsethische Spannungsfelder – wie dies zu beobachten ist – droht eine sich bereits abzeichnende Polarisierung der Anschauungen und unter Umständen auch ein möglicher Umschlag der bisher in Deutschland vorwiegend interessenbezogenen und interessengeleiteten, stabil institutionalisierten „Vernunftdemokratie" in eine in ihrem Ausgang weitgehend unberechenbare „Stimmungsdemokratie", um es in den bedenklichen Worten Karl Mannheims aus den späten 1920er und frühen 1930er Jahren zu formulieren.[4]

Der Verlust an politischer Rationalität und verantwortungsethischer Orientierung[5] in der gegenwärtigen Lage drückt sich nicht zuletzt darin aus, dass die in jahrzehntelanger Forschung gewonnenen Erkenntnisse der internationalen und deutschen sozialwissenschaftlichen Migrations-, Minderheiten- und Integrationsforschung in der letzten Zeit weitgehend vernachlässigt wurden und gegenwärtig anscheinend weitgehend ignoriert werden.[6] Dabei können relevante Erkenntnisse der nicht zuletzt aus vielen Fallstudien hervorgegangenen empirischen Untersuchungen als weitgehend gesichert und damit jederzeit generalisierbar angesehen werden. Im Folgenden soll daher das Anliegen im Vordergrund stehen, an einige wenige einschlägige wissenschaftliche Befunde zu erinnern, deren maßgebliche Berücksichtigung für eine verantwortungsethische politische Betrachtung und Behandlung der anliegenden und drängenden Probleme der Zuwanderung und Integration unabdingbar sein dürften.

Nochmals zur „Eigendynamik" von Migrationsvorgängen

Zunächst soll, weil es als das Wichtigste und zugleich am stärksten Vernachlässigte oder Ausgeblendete im gegenwärtigen Kontext erscheint, nochmals auf die „eigendynamischen" Komponenten von Wanderungspro-

---

[4] Siehe: Mannheim, Karl: Die Gegenwartsaufgaben der Soziologie. Ihre Lehrgestalt, Tübingen 1932; Mannheim, Karl: Die Bedeutung der Konkurrenz im Gebiete des Geistigen, in: Meja, Volker/Stehr, Nico (Hrsg.): Der Streit um die Wissenssoziologie. 1. Band: Die Entwicklung der deutschen Wissenssoziologie, Frankfurt a. M. 1982 (S. 325-370).

[5] Zu Verhältnis von „Gesinnungsethik" und „Verantwortungsethik" siehe: Weber, Max: Politik als Beruf, in: Weber, Max: Gesammelte Politische Schriften, Tübingen [5]1988 (S. 505-560); Sterbling, Anton (Hrsg.): Zeitgeist und Widerspruch. Soziologische Reflexionen über Gesinnung und Verantwortung. Herrn Professor Karlheinz Messelken zum sechzigsten Geburtstag, Hamburg 1993.

[6] Siehe dazu beispielsweise auch: Petersdorff, Winand von: „Eine Million Flüchtlinge sind gewiss zu viel". Interview mit dem Migrationsforscher George Borjas, in: Frankfurter Allgemeine Zeitung, vom 26. Januar 2016, online: http://www.faz.net/ aktuell/wirtschaft/wirtschaftspolitik/migrationsforscher-george-borjas-eine-million-fluechtlinge-sind-gewiss-zu-viel-14031850.html (Abgerufen: 26.1.2016).

zessen aufmerksam gemacht werden. Diese Überlegungen wurden von mir am Fallbeispiel der Aussiedlung der Deutschen aus Rumänien bereits 1994 auf der Jahrestagung „Internationale Wanderungen" der Deutschen Gesellschaft für Bevölkerungswissenschaft vorgetragen[7] und fanden dort weitgehende Zustimmung. Unter „eigendynamischen" Prozessen versteht man solche Vorgänge, die ihre Ursachen oder Handlungsmotive selbst hervorbringen.[8] Haben Wanderungsprozesse – welcher Art auch immer – quantitativ gewisse Schwellenwerte erreicht und überschritten, so tendieren sie vielfach dazu, einen eigendynamischen Verlauf zu entwickeln, der – sobald er ein gewisses Ausmaß der Selbstreproduktion und Verstärkung erreicht hat – politisch nur noch begrenzt kontrollierbar oder steuerbar erscheint. Dabei stellen sich insbesondere drei eigendynamische Teilprozesse als maßgeblich heraus: Erstens der Familien-, Verwandtschafts- oder Angehörigennachzug im weitläufigeren Sinne, bei dem fast jeder einzelne Migrationsvorgang zu Trennungen und jede Trennung zu weiteren Nachzügen – also oft zu einer längerfristig stetig fortgesetzten und nicht selten auch immer weiter ausgreifenden Kettenwanderung führt. Zweitens der Rückfluss von relevanten, natürlich auch von „strategischen" migrationsrelevanten Informationen in die Herkunftsmilieus, die neue Migrationsmotive erzeugen oder bestehende Migrationsneigungen verstärken, ebenso aber auch Handlungswissen über gangbare Migrationswege und Durchsetzungsstrategien vermitteln, wobei viele Migranten unter dem psychischen und sozialen Druck, ihre Migrationsentscheidung gegenüber den Zurückgelassenen zu rechtfertigen, oft ein beschönigtes Bild ihrer Lage in der Aufnahmegesellschaft vermitteln. Im Zeitalter der globalen digitalen Kommunikation sind diesen Informationsrückflüssen in die Herkunftsmilieus in Ton und Bild kaum technische Grenzen gesetzt, wie man in Anlehnung an Anthony Giddens These von der raum-zeitlichen „Entbettung" und dem „Handeln auf

---

[7] Siehe auch: Sterbling, Anton: Die Aussiedlung der Deutschen aus Rumänien: Motive, Randbedingungen und Eigendynamik eines Migrationsprozesses, in: Münz, Rainer/Korte, Hermann/Wagner Gert (Hrsg.): Internationale Wanderungen. 28. Arbeitstagung der Deutschen Gesellschaft für Bevölkerungswissenschaft 16.-18.2. 1994 in Bochum, Berlin 1994 (S. 66-74).

[8] Siehe: Mayntz, Renate/Nedelmann, Birgitta: Eigendynamische soziale Prozesse. Anmerkungen zu einem analytischen Paradigma, in: Kölner Zeitschrift für Soziologie und Sozialpsychologie, 39. Jg., Opladen 1987 (S. 648-668), insb. S. 648 f.

Distanz" wohl zutreffend befinden kann.[9] Drittens erzeugen die strukturellen Rückwirkungen umfangreicherer Migrationsprozesse, insbesondere auf kleinräumige Herkunftsmilieus (Weggang der Motivierten, Leistungsstarken und Durchsetzungsfähigen, fortschreitender wirtschaftlicher Niedergang in Folge dessen, Verfall der Infrastruktur, Verschlechterung der Alters- und Bildungsstruktur des Herkunftsmilieus usw.), zusätzliche eigendynamische Wanderungsmotive. Gegenwärtig kommen als Verstärkung dieser eigendynamischen Wirkungsmechanismen nicht selten der profitgetriebene Einfluss und das skrupellose Zutun von Anwerbern und Schleppern hinzu. Und ebenso das oft in redlicher, nicht selten aber auch in eigennütziger Absicht und häufig mit problematischen „nichtintendierten" Wirkungen erfolgende Handeln der selbsternannten „Helfer" und „Unterstützer" von Migranten.

Die gegenwärtigen „Völkerwanderungen" nach Europa und in die Bundesrepublik Deutschland im Besonderen sind nicht zuletzt getragen von den „eigendynamischen" Verursachungen und Wirkungen solcher Migrationsströme, die weitgehend außer politischer und institutioneller Kontrolle geraten sind und die bei 800.000 oder einer Million oder zwei oder fünf Millionen Zuwanderern natürlich keine automatische Stoppschwelle finden, sondern sich voraussichtlich – insbesondere wenn man an die außereuropäischen Migrationspotenziale der Krisenregionen in Afrika, im Vorderen Orient und Zentralasien, aber unter Umständen auch im Fernen Osten und in Lateinamerika denkt – weiter entfalten werden. Von den möglichen zukünftigen massiven Flüchtlingsströmen der noch etwas näher gelegenen Krisenherde Ukraine oder der Türkei, bei ungünstigen politischen Entwicklungen in diesen Staaten, mal ganz abgesehen.

Zum Trichtereffekt von „Push" und „Pull"-Faktoren

Ein zweiter in unserem Betrachtungszusammenhang höchst relevanter Ansatzpunkt der Migrationsforschung[10] ist folgender: Wenn man in der inter-

---

[9] Siehe: Giddens, Anthony: Konsequenzen der Moderne, Frankfurt a. M. 1995.

[10] Siehe zum Beispiel: Esser, Hartmut: Aspekte der Wanderungssoziologie. Assimilation und Integration von Wanderern, ethnischen Gruppen und Minderheiten. Eine handlungstheoretische Analyse, Darmstadt-Neuwied 1980; Sassen, Saskia: Migranten, Siedler, Flüchtlinge. Von der Massenauswanderung zur Festung Europa,

nationalen Migrationsforschung zwischen „push"-Faktoren (Staatsverfall, wirtschaftlicher Niedergang, Bürgerkriege, Gewaltkonflikte, Diskriminierungen, rasantes Bevölkerungswachstum, Epidemien und Massenkrankheiten, Naturkatastrophen, Massenelend, weit verbreitete Armut usw. in den Abwanderungsgebieten) und „pull"-Faktoren (wirtschaftliche, politische, kulturelle Attraktivität usw. der Zielgesellschaften) unterscheidet, so liegen in dieser Betrachtungsweise – gerade in Verbindung mit der aufgezeigten Eigendynamik vom Migrationsvorgängen – natürlich auch spezifische Konsequenzen. Bei der gegenwärtigen Lage in vielen Teilen der Welt lassen sich wirksame „push"-Faktoren eines Wanderungspotenzials in einer Größenordnung von wohl einigen Hundert Millionen von Menschen ausmachen.[11] Gewiss sind diese Potenziale nur teilweise mobilisiert und viele Flucht- und Migrationsbewegungen erfolgen – schon aus Gründen der oft sehr begrenzten Wanderungsressourcen – in die heimatnahe regionale Umgebung. Wie rasch und umfangreich sich aber auch weiträumige Wanderungsströme im Zeitalter der Globalisierung und unter der Wirkung der Eigendynamik solcher Wanderungsvorgänge ergeben, ist schwer abzuschätzen, denn nicht selten werden auch traditionale Bevölkerungsgruppen von solchen Vorgängen erfasst, wie sich empirisch zeigen lässt. Auch spricht die weltpolitische Lage nicht dafür, dass der Staatszerfall[12] und die gewaltsamen Konflikte und damit auch der wirtschaftliche Niedergang in verschiedenen Regionen der Welt zurückgehen würden.

Gleichzeitig geht von den „pull"-Faktoren, im Zusammenspiel mit der zunehmenden Bedeutung der eigendynamischen Komponente, eine Kanalisierung der Migrationsströme – natürlich auch der der Kriegsflüchtlinge und der mit guten Gründen Asylsuchenden – aus, die auch und nicht zuletzt

---

Frankfurt a. M. [3]2000; Weber, Georg u.a.: Emigration der Siebenbürger Sachsen. Studien zu Ost-West-Wanderungen im 20. Jahrhundert, Opladen 2003, insb. S. 32 ff.

[11] Siehe: Heinsohn, Gunnar: Es gibt in der islamischen Welt keine ‚girl friends', in: Die Welt, vom 15. Januar 2016, online: http://www.welt.de/vermischtes/article 151043934/Es-gibt-in-der-islamischen-Welt-keine-girl-friends.html. (Abgerufen: 15.1.2016).

[12] Zum Staatszerfall und seinen Folgen siehe auch: Sterbling, Anton: Entgrenzung von Sicherheitsräumen und Entstehung von „Gewaltmärkten", in: Behr, Rafael/Ohlemacher, Thomas (Hrsg.): Offene Grenzen – Polizei im der Sicherheitsarchitektur einer post-territorialen Welt. Ergebnisse der XI. Tagung des Arbeitskreises Empirische Polizeiforschung, Frankfurt a. M. 2009 (S. 113-128).

nach dem Prinzip der „selektiven Anreize"[13] wirkt und gleichsam zu einer trichterförmigen Konzentration der Migration auf ganz bestimmte Länder führt. Die Bundesrepublik Deutschland ist insofern ein hoch attraktives Zielland der Wanderungsprozesse jeder Art – also auch der massiven Wanderungen aus primär oder ausschließlich wirtschaftlichen Motiven –, weil hier komparativ, auch im Vergleich zu anderen EU-Staaten, „spezifische selektive Anreize", nicht nur in der Gestalt hoher Standards der Freiheit und Rechtsstaatlichkeit, sondern auch des wirtschaftlichen Wohlstands und insbesondere der sozialstaatlichen materiellen Absicherung gegeben sind. Darauf machen Politiker anderer EU-Staaten und europäischer Länder, die sich solche Standards nicht leisten können oder wollen, zu Recht kritisch aufmerksam.

Eher längerfristig als „selektive Anreize", für die in erster Linie die Politik, aber auch involvierte Institutionen die Verantwortung tragen, wirken die seit vielen Jahren zu konstatierenden gravierenden Kontroll- und Vollzugsdefizite des geltenden deutschen Ausländer-, Asyl-, Bleibe- und Abschiebungsrechts bzw. der entsprechenden Praxis. Es ist ein offenes Geheimnis, dass auch abgelehnte Flüchtlinge und Asylbewerber (nicht zuletzt auf Grund der Ausschöpfungsmöglichkeit langer zusätzlicher Rechtswege, aber auch der Nutzung der Chancen des Abtauchens oder auch aus schlichten Gründen des hohen Aufwandes und der Kosten der Rückführung) nur in einem begrenzten und gewissermaßen auch willkürlich erscheinenden Teil der Fälle tatsächlich abgeschoben wurden und werden. Zudem gilt Deutschland in einschlägigen Kreisen auch als ein komfortabler und mithin bevorzugter Aufenthalts- und Rückzugsraum für kriminelle und extremistische Ausländer, die hier nicht selten als Illegale oder unter falscher Identität weitgehend unerkannt und ungestört leben können.

Zu den Kapazitätsgrenzen sozialer Integration

Wer in modernen Gesellschaften Migration und transnationale Zuwanderung im Besonderen verantwortlich gestalten will, muss natürlich auch in

---

[13] Grundlegende Überlegungen zur Theorie „selektiver Anreize" wurden von Mancur L. Olson entwickelt. Siehe vor allem: Olson, Mancur L.: Die Logik des kollektiven Handelns: Kollektivgüter und die Theorie der Gruppen, Tübingen 2004.

angemessener Weise an die soziale Integration von Zuwanderern denken. Dies wurde in den zurückliegenden Jahrzehnten im Falle der deutschen Aussiedler aus Osteuropa auch geradezu mustergültig getan und hat mithin zu sicherlich unbestreitbaren Integrationserfolgen, übrigens auch zum Vorteil der großzügigen bundesdeutschen Aufnahmegesellschaft, geführt.[14] Umso erstaunlicher ist, dass „soziale Integration" heute zwar als ein in der politischen Rhetorik vielfach gebrachter, aber in seinen elementaren Voraussetzungen und praktischen Implikationen kaum hinreichend reflektierter Begriff zirkuliert. Aus soziologischer Sicht kann man auf Grund einer Vielzahl empirischer und historischer Erfahrungen jedenfalls konstatieren, dass die gelungene soziale Integration von Zuwanderern keineswegs etwas Selbstverständliches ist, sondern zumeist einen komplexen, voraussetzungsreichen und schwierigen, manchmal auch konfliktreichen Vorgang darstellt. Das gilt selbst, wenn die Ziel- oder Aufnahmegesellschaften vorzügliche Eingliederungsbedingungen und eine große Integrationsbereitschaft aufweisen.

Wenn man eine ernste wirtschaftliche, soziale, politische und kulturelle, einschließlich sprachliche und an unseren freiheitlich-demokratischen Werten ausgerichtete Integration als Zielvorstellung verfolgt, kann man realistischer Weise schwerlich annehmen, dass kontinuierlich mehr als 150.000 bis höchsten 300.000 Zuwanderer pro Jahr erfolgreich sozial integriert werden können.[15] Es reicht dabei sicherlich nicht, „Wir schaffen das" zu postulieren, denn Integration ist wie Migration ein komplizierter sozialer Gesamtprozess, der sich nicht ohne Weiteres dem politischen Willen oder Befehl fügt, sondern der seinen Eigengesetzlichkeiten und spezifischen Bedingungen folgt. Zu diesen Randbedingungen einige Anmerkungen.

---

[14]   Siehe dazu auch: Sterbling, Anton: Soziale Integration – soziologische Anmerkungen zu einem vielfach in der Schwebe gehaltenen Begriff, in: Beetz, Stephan/Jacob, Ulf/Sterbling, Anton (Hrsg.): Soziologie über die Grenzen – Europäische Perspektiven, Hamburg 2003 (S. 471-485); Sterbling, Anton: Dazugehörende Fremde? Besonderheiten der Integration der Rumäniendeutschen in der Bundesrepublik Deutschland, in: Roth, Klaus/Moosmüller, Alois/Köck, Christoph (Hrsg.): Zuwanderung und Integration: Kulturwissenschaftliche Zugänge und soziale Praxis, Münster-New York-München-Berlin 2004 (S. 109-124).

[15]   Insofern erscheint die von Spitzenpolitikern der CSU in der letzten Zeit wiederholt ins Gespräch gebrachte Zahl von 200.000 Zuwanderern pro Jahr wissenschaftlich gut abgestützt und unter dem Gesichtspunkt einer erfolgversprechenden Integrationsperspektive jedenfalls realistisch.

Der deutsche Arbeitsmarkt ist derzeit zwar dynamisch expansiv, aber sicherlich – auf Grund der starken Exportabhängigkeit – krisenanfällig. Das hohe technologische Niveau der deutschen Wirtschaft führt zudem dazu, dass vor allem hochqualifiziertes Personal und qualifizierte Fachkräfte, aber kaum unqualifizierte Zuwanderer benötigt werden, wie Franz-Xaver Kaufmann bereits vor zehn Jahren wohl zutreffend und gut begründet feststellte.[16] Eine Nachqualifizierung wenig qualifizierter Erwachsener ist, wie wir wissen, voraussetzungsreich, aufwändig und schwierig und keineswegs immer erfolgreich. Dass mit umfangreichen Zuwanderungen (selbst aus EU-Staaten wie Bulgarien und Rumänien)[17] auch die Risiken der Arbeitslosigkeit oder der Aufstockungsnotwendigkeit der Einkommen und deren Folgeprobleme steigen, ist durch neuere Zahlen belegt und natürlich auch zukünftig entsprechend zu erwarten. Dass damit in der Wohnbevölkerung Deutschlands auch die Einkommens- und Vermögensspreizung zunimmt, ist aus soziologischer Sicht zunächst ein trivialer Aggregationseffekt und – auf dem hohen gegebenen allgemeinen Wohlstandsniveau – hinzunehmen, wiewohl damit natürlich unerwünschte sozialstrukturelle Veränderungen – Hans Joachim Hoffmann-Nowotny sprach vor vielen Jahren von „Unterschichtung"[18] – akzeptiert werden müssen.

Die Grenzen der Integrationskapazitäten einer Gesellschaft sind nicht nur mit Hinweis auf die bürokratisch gedrosselte Zuwanderung als Voraus-

---

[16] Siehe: Kaufmann, Franz-Xaver: Schrumpfende Gesellschaft. Vom Bevölkerungsrückgang und seinen Folgen, Frankfurt a. M. 2005.

[17] So lagen die Arbeitslosenquoten bei Zuwanderern aus Bulgarien und Rumänien im Januar 2015 bei jeweils 11,8 Prozent und damit deutlich über dem bundesdeutschen Durchschnitt. Sie sank zwar saisonbedingt bis Mai 2015 auf 9,3 Prozent. Dabei stieg allerdings der Anteil der SGB II Leistungsbezieherquote von 15,4 Prozent im Dezember 2014 auf 16,9 Prozent im April 2015 und liegt damit sogar über der der ausländischen Bevölkerung im Durchschnitt, die mit 16,5 Prozent allerdings auch deutlich über der der deutschen Bevölkerung angesiedelt ist. Siehe: Institut für Arbeitsmarkt und Berufsforschung (Hrsg.): Zuwanderungsmonitor Bulgarien und Rumänien, März 2015, Nürnberg 2015, im online: http://doku. iab.de/arbeitsmarktdaten/Zuwanderungsmonitor_1503.pdf, sowie Institut für Arbeitsmarkt und Berufsforschung (Hrsg.): Zuwanderungsmonitor Bulgarien und Rumänien, Juli 2015, Nürnberg 2015, online: http://doku.iab.de/arbeitsmarktdaten/Zuwanderungsmonitor_1507.pdf (Abgerufen: 3.9.2015).

[18] Siehe: Hoffmann-Nowotny, Hans-Joachim: Migration. Ein Beitrag zu einer soziologischen Erklärung, Stuttgart 1970; Hoffmann-Nowotny, Hans-Joachim: Soziologie des Fremdarbeiterproblems. Eine theoretische und empirische Analyse am Beispiel der Schweiz, Stuttgart 1973.

setzung der gelungenen Integration der Aussiedler wie auch auf die gesteuerten Zuwanderungsraten klassischer Einwanderungsgesellschaften wie der USA, Kanadas oder Australiens realistisch zu erkennen und abzuschätzen, die verhältnismäßig, das heißt auf die jeweilige Gesamtbevölkerung umgerechnet, zumeist in der von mir genannten Größenordnung von höchsten 150.000 bis 300.000 Zuwanderern pro Jahr im Falle der Bundesrepublik Deutschland liegen.

Es reicht eigentlich schon, einen nüchternen Blick auf die gegebenen und erforderlichen Kapazitäten der Integration in einzelnen Integrationsfeldern zu werfen, um das Machbare und Mögliche und das völlig Unrealistische zu unterscheiden. Man denke nur an die Größenordnung des Bedarfs neuer Wohneinheiten und die Wohnungsbaukapazitäten in der Bundesrepublik Deutschland, wenn man von ca. 800.000 bis einer Million Zuwanderern jährlich ausgeht, von den bürokratischen Hürden im deutschen Wohnungsbau und dem entsprechenden Finanzbedarf mal ganz abgesehen. Man denke an die schulische Integration, also den zusätzlichen Bedarf an Lehrern und speziellen Lehrkräften, aber auch Klassenräumen usw., den Bedarf an Sprachlehrern für Erwachsene und Ausbilder im Bereich der beruflichen Qualifikation, an den zusätzlichen Bedarf an Ärzten und Fachärzten (z.B. an Psychiatern und Psychotherapeuten,[19] bei denen heute schon monatelange Wartezeiten für chronisch leidende Patienten gegeben sind), an den Bedarf an Sozialarbeitern und Integrationsbetreuern usw. um rasch die realen Grenzen der Aufnahme- und Bewältigungskapazitäten einer erfolgreichen Integration zu erkennen, vom enormen finanziellen Aufwand, der zumindest kurz- und mittelfristig kein Nullsummenspiel ist, wie Hans-Werner Sinn gut nachvollziehbar vorrechnete,[20] ebenfalls mal ganz abgesehen.

---

[19] Dabei werden viele Flüchtlinge als „traumatisiert" festgestellt, so dass gerade bei ihnen ein erheblicher zusätzlicher Bedarf an entsprechenden psychischen Therapien anzunehmen ist. Wo will man aber die zusätzlich benötigten Psychiater und Psychotherapeuten, die schon seit Jahren in vielen Teilen Deutschlands fehlen, kurzfristig hernehmen, insbesondere, wenn man an die langen Ausbildungs- und Spezialisierungszeiten in solchen hochqualifizierten Berufen denkt?

[20] Siehe: Sinn, Hans-Werner: Ökonomische Effekte der Migration, in: Frankfurter Allgemeine Zeitung, vom 3.1.2015, online: http://www.faz.net/aktuell/wirtschaft/ wirtschaftspolitik/ifo-chef-sinn-oekonomische-effekte-der-migration-13343999.html (Abgerufen: 1.9.2015). Siehe auch: Exner, Thomas: Warum Flüchtlinge eine Last für die Wirtschaft sind, in: Die Welt, 24. Januar 2016, online: http://www.welt.de/

Dass solche außerordentlichen Ausgaben die verfassungsrechtlich verbindlich festgeschriebenen Ziele ausgeglichener Haushalte sicherlich gefährden würden, wäre zu erwarten. Dass dies dann auch den Weg in eine europäische Schulden- und Transferunion beschleunigen würde, wäre für die eine Seite wahrscheinlich eine wünschenswerte Zielvorstellung, für die andere indes ein Verrat an den Grundlagen und Versprechen, auf denen die Europäische Union fortentwickelt wurde. So oder so, müssten Politiker entscheiden, welchen Weg sie gehen wollen – und für diese Entscheidung auch die volle Verantwortung tragen, denn die Konsequenzen ihrer Entscheidungen immer weiter in die Zukunft zu verschieben, wie im Falle der Griechenland-Rettung, hat in demokratischen Herrschaftssystemen – im doppelten Sinne des Wortes – seine Grenzen.

Zu den gesamtgesellschaftlichen Folgeproblemen und Risiken unkontrollierter Zuwanderung

Noch drei Anmerkungen zur sozialen Integration, bei der stets eine „subjektive" und „objektive" Seite zu unterscheiden ist. Erfolgreiche soziale Integration ist ein langfristiger, oft über mehrere Generationen verlaufender Prozess, bei dem sich „objektive" (wirtschaftliche, berufliche, staatsbürgerrechtliche, sozialstrukturelle, schulische usw.) und „subjektive" (subjektive Zufriedenheit, soziale Selbstzurechnung, kollektive Identität usw.) Verläufe selten im Gleichtakt befinden.[21] Sind aber nach zwei bis drei Jahren der Ankunft in einer neuen Gesellschaft und einem anderen Kulturkreis bestimmte Schwellenwerte der „objektiven" und der „subjektiven" Integration nicht erreicht, so ist ein sich selbst tragender Prozess der fortschreitenden Integration in den meisten Fällen nicht mehr zu erwarten, sondern eher der Rückzug in mehr oder weniger abgeschlossene soziokulturelle „Sondermilieus" der Migranten, mit entsprechenden Gefahren der sozialen Marginalisierung, Tendenzen zur sozialen Schließung oder aber auch zum soziokul-

---

wirtschaft/article151361305/Warum-Fluechtlinge-eine-Last-fuer-die-Wirtschaftsind.html (Abgerufen: 24.1.2016).

[21] Siehe auch: Sterbling, Anton: Beispielhafte Integration der Banater Schwaben und Integrationsprobleme anderer Migrantengruppen, in: Sterbling, Anton: Kultur und Interkulturalität. Das Banat, Donauraum, Balkanimpressionen, Rothenburger Beiträge. Polizeiwissenschaftliche Schriftenreihe, Rothenburg/Oberlausitz 2015 (S. 169-182), insb. S. 174 ff.

turell oder religiös begründeten Fundamentalismus wie auch zur politischen Radikalisierung.

Strukturell sind dann Erscheinungsformen der „Parallelgesellschaft", normative Doppelstrukturen, Retraditionalisierungs- und Ethnisierungstendenzen moderner Gesellschaften, auch Phänomene der Devianz und partiellen Anomie und mit Sicherheit auch eine starke Zunahme entsprechend begründeter Konflikte zu erwarten, die es ansatzweise in Deutschland schon gibt und die sich in Frankreich, Belgien oder Großbritannien indes noch deutlicher beobachten lassen. Es geht bei der sozialen Integration vor allem auch um die affirmative „subjektive" Dazugehörigkeit, die in funktional differenzierten Gesellschaften stets auch ein gewisses Maß an kultureller Assimilation voraussetzt, wie nicht zuletzt Hartmut Esser mit guten Gründen vertreten hat.[22] Die Alternative wäre eine fortschreitende segmentäre Differenzierung, wie sie für vormoderne multiethnische Gesellschaften typisch erscheint, die mit der modernen, funktional differenzierten und demokratisch integrierten Gesellschaft aber weitgehend inkompatibel ist. Auch in der fortgeschrittenen modernen und „pluralistischen" Gesellschaft lässt sich eine fundamentale Erkenntnis der Soziologie,[23] auf die Max Weber wie Emile Durkheim, Talcott Parsons wie auch Jürgen Habermas nachdrücklich verwiesen haben, nicht außer Kraft setzen: Soziale und gesamtgesellschaftliche Integration setzt stets ein Mindestmaß an „Wertintegration", an Akzeptanz von und Identifikation mit Grundwerten einer gegebenen gesellschaftlichen und politischen Ordnung voraus. Die Fähigkeit und Bereitschaft zum „Wertkonsens" nimmt mit steigender kultureller Heterogenität indes nicht zu, sondern gewöhnlich ab, insbesondere dann, wenn die Voraussetzungen und Chancen zur sozialen Integration die integrativen Kapazitäten weit übersteigen oder der Wille und die Bereitschaft zur sozialen Eingliederung bei den Migranten eigentlich gar nicht vorhanden sind.

---

[22] Siehe: Esser, Hartmut: Aspekte der Wanderungssoziologie. Assimilation und Integration von Wanderern, ethnischen Gruppen und Minderheiten. Eine handlungstheoretische Analyse, Darmstadt-Neuwied 1980; Esser, Hartmut: Sprache und Integration. Die sozialen Bedingungen und Folgen des Spracherwerbs von Migranten, Frankfurt a. M.-New York 2006.

[23] Zu dieser grundlagentheoretischen Problematik siehe ausführlicher: Sterbling, Anton: Eliten im Modernisierungsprozeß. Ein Theoriebeitrag zur vergleichenden Strukturanalyse unter besonderer Berücksichtigung grundlagentheoretischer Probleme, Hamburg 1987, insb. S. 71 ff.

Wenn man von sozialer Integration spricht, gilt es neben verschiedenen Integrationsfeldern wie schulischer, beruflicher, wirtschaftlicher, sozialrechtlicher, politischer, normativer, kultureller, sprachlich-kommunikativer und im engeren Sinne sozialer Eingliederung, die jeweils eigene Fragen aufwerfen und die in unterschiedlichem Maße problematisch in Erscheinung treten können, aus soziologischer Sicht auch verschiedene Ebenen oder Reichweiten der sozialen Integration auseinander zu halten.[24] Folgt man gängigen soziologischen Vorstellungen, so ist zwischen der Mikroebene der interpersonalen Beziehungen, der Mesoebene der Organisationen, Institutionen und intermediären Gruppen, der Makroebene oder gesamtgesellschaftlichen Ebene sowie der internationalen Ebene ein in vielen Hinsichten relevanter Unterschied zu machen. Die internationale und transnationale Ebene ist[25] – nicht erst seit man von europäischer Integration spricht oder seitdem umfangreiche Wanderungsbewegungen transnationale Sozialbeziehungen und soziale Gebilde immer deutlicher erkennbar machen und bedeutsamer erscheinen lassen – in der Analyse moderner Integrations- und Abgrenzungsgegebenheiten zweifellos relevant.

Zusätzlich ist Folgendes zu beachten: Die in den verschiedenen Bereichen wie auch auf den unterschiedlichen Ebenen wirksamen Integrationsmechanismen können sowohl aufeinander bezogen und miteinander vermittelt wirken. Sie können aber auch – und dies ist in unserem Betrachtungszusammenhang höchst relevant – gegeneinander abgehoben und sogar gegenläufig in ihren strukturellen Auswirkungen zum Tragen kommen. Die Migrationsforschung zeigt, dass zum Beispiel eine sehr starke Integration von Migrantengruppen auf der Mikroebene familialer und verwandtschaftlicher Beziehungen oder auf der Mesoebene landsmannschaftlicher oder ethnischer Milieus (landsmannschaftliche/ethnische Vereine, soziale Netzwerke, Kommunikationsstrukturen usw.) eine stärkere Einbeziehung und Einbindung in übergreifende gesamtgesellschaftliche Strukturen – nicht im-

---

[24] Siehe hierzu auch: Sterbling, Anton: Soziale Integration – soziologische Anmerkungen zu einem vielfach in der Schwebe gehaltenen Begriff, in: Beetz, Stephan/Jacob, Ulf/Sterbling, Anton (Hrsg.): Soziologie über die Grenzen – Europäische Perspektiven, Hamburg 2003 (S. 471-485).

[25] Siehe: Sterbling, Anton (Hrsg.): Migrationsprozesse, Probleme von Abwanderungsregionen, Identitätsfragen. Beiträge zur Osteuropaforschung, Band 12, Hamburg 2006; Berger, Peter A./Weiß, Anja (Hrsg.): Transnationalisierung sozialer Ungleichheit. Schriftenreihe: Sozialstrukturanalyse, Wiesbaden 2008.

mer, aber doch unter bestimmten Umständen – eher behindern und unterbinden als fördern können. Solche, gegen die gesamtgesellschaftliche „Inklusion" wirksame spezifische soziale Integrationsprozesse begünstigen und stützen die Herausbildung von normativen Doppelstrukturen[26] und „Parallelgesellschaften", so dass letztlich die angestrebten Zielvorstellungen einer einigermaßen gelungen sozialen Integration weitgehend verfehlt werden können.

Weitere Dilemmata und kritische Nachfragen

Nun kann die Zielvorstellung aber auch die „multiethnische" oder sogar die „multikulturelle" Gesellschaft sein, wobei eine „multikulturelle" Gesellschaft im Sinne der völlig gleichwertigen Geltung unterschiedlicher kultureller Normen keinen dauerhaften Bestand haben kann. Es scheint so, dass, nachdem das in den 1960er und 1970er Jahren von den sozialrevolutionären Linken verfolgte Projekt einer antikapitalistischen Revolution nicht verwirklichbar war, aber der ökologische und pazifistische „Umweg" gleichwohl einen deutlichen politischen Macht- und Einflussgewinn, durch die permanente parlamentarische Vertretung der „Grünen" und „Linken" sowie eine zumindest gelegentliche Regierungsbeteiligung wie auch eine starke Definitionsmacht im Hinblick auf die öffentliche Meinung und den vorherrschenden Zeitgeist herbeiführte, nunmehr der Weg über die „Entmachtung" des Nationalstaates durch Souveränitäts- und Kompetenzverlagerungen auf die supranationale Ebene, insbesondere der Europäischen Union, Forcierung einer sozialen Umverteilungs- und Transferunion und eben durch die Herbeiführung einer „multikulturellen" Gesellschaft als durchaus erfolgsversprechender gesellschaftsverändernder Weg betrachtet wird. Als soziale „Revolution" auf Umwegen so zu sagen, wie sich nicht zuletzt an der linken Begeisterung für die Revolutionsrhetorik und für die Revoluzzerallüren eines Alexis Tsipras in bezeichnender Weise zeigte.

---

[26] Zur Problematik normativer Doppelstrukturen siehe auch: Sterbling, Anton: Interkulturalität, „weiche" Normen und soziale Konventionen. Beobachtungen aus dem multiethnischen Banat, in: Moosmüller, Alois/Möller-Kiero, Jana (Hrsg.): Interkulturalität und kulturelle Diversität, Münster-New York-München-Berlin 2014 (S. 141-153).

Ob dies auch etwas mit Besonderheiten der Deutschen zu tun hat, auf die Helmut Plessner, Norbert Elias und in anderer Weise Helmut Schelsky und andere hingewiesen haben, und die in einer starken Ideologieanfälligkeit, in „sozialem Radikalismus", in einem mitunter gefährlichen „Selbsthass" und in einer auffälligen Neigung zur „Hypermoral" zu sehen sind, wäre als historisch geprägter kollektiver Mentalitätshintergrund näher zu prüfen.[27] Das kann hier nicht vertieft werden, eine selbstkritische Reflexion dieser Züge und Neigungen wären wir unseren europäischen Nachbarn und Partnern – insbesondere den ost-, ostmittel- und südosteuropäischen,[28] denen wir das Heilsrezept des „multikulturellen" Projekts auf dem europäischen Weg gleichsam oktroyieren wollen – allerdings schon schuldig, kennen diese doch besser als wir die Probleme und Konflikte „multiethnischer" Gesellschaften und hegemonialer Fremdherrschaft, aus der sie sich erst spät und unter großen Anstrengungen und Opfern befreit haben.[29]

Natürlich tendiert eine multiethnische Gesellschaft oft auch dazu, sich zu einer multikulturellen zu transformieren, wobei dies letztlich bis zur Auflösung des minimal erforderlichen Wertkonsens zur Aufrechterhaltung der politischen und gesellschaftlichen Ordnung und des Zerfalls des Staates führen kann,[30] denn verschiedene Kulturen, insbesondere verschiedenere Kulturkreise, kennzeichnen sich nun einmal wesentlich durch unterschied-

---

[27] Siehe: Plessner, Helmuth: Grenzen der Gemeinschaft. Eine Kritik des sozialen Radikalismus, Bonn 1924; Elias, Norbert: Studien über die Deutschen. Machtkämpfe und Habitusentwicklung im 19. und 20. Jahrhundert, Frankfurt a. M. 1989; Schelsky, Helmut: Die Arbeit tun die anderen. Klassenkampf und Priesterherrschaft der Intellektuellen, Opladen ²1975. Siehe dazu auch: Schneider, Peter: Realitätsverweigerung ruiniert unsere Demokratie, in: Die Welt, vom 15. Januar 2015, online: http://www.welt.de/debatte/kommentare/article151068000/Realitaetsverweigerung-ruiniert-unsere-Demokratie.html (Abgerufen: 15.1.2016); Lepenies, Wolf: Für Europa ist Deutschland ein moralischer Parvenü, in: Die Welt, vom 26. Januar 2016, online: http://www.welt.de/debatte/kommentare/article151484113/Fuer-Europa-ist-Deutschland-ein-moralischer-Parvenue.html (Abgerufen: 26.1.2016).

[28] Siehe auch: Schwarz, Karl-Peter: Osteuropa hat Recht. EU-Flüchtlingspolitik, in: Frankfurter Allgemeine, vom 11.9.2015, online: http://www.faz.net/aktuell/politik/europaeische-union/kommentar-zur-fluechtlingskrise-falsche-eu-signale-13795643.html (Abgerufen: 11.9. 2015).

[29] Siehe dazu: Balla, Bálint/Sterbling, Anton (Hrsg.): Zusammenbruch des Sowjetsystems – Herausforderung für die Soziologie, Hamburg 1996.

[30] Siehe: Wagner, Richard: Es reicht. Gegen den Ausverkauf unserer Werte, Berlin 2008.

liche und teilweise auch unvereinbare Wertordnungen.[31] Insofern hat die subversive Absicht, über den Umweg der „multikulturellen" Gesellschaft, die revolutionäre Veränderung der bestehenden Gesellschafts- und Herrschaftsordnung zu erreichen, natürlich eine realistische Begründung. Trotzdem sind multiethnische Gesellschaften, mit all ihren Vor- und Nachteilen, auch als stabile und beständige staatliche Gebilde möglich. In vormodernen Gesellschaften kann dies im Wesentlichen durch die vorherrschende segmentäre Differenzierung, in modernen, funktional differenzierten durch den absoluten Vorrang der auf zumindest einem minimalen Wertkonsens beruhenden Verfassungs- und Rechtsnormen vor den kulturell bzw. religiös fundierten sittlichen Normen der ethnischen oder religiösen Gemeinschaften erreicht werden. Diese Bedingung muss allerdings erfüllt sein und erfüllt bleiben, denn ohne „Wertintegration" auf der Grundlage eines ausreichenden gesamtgesellschaftlichen Wertkonsens[32] bleiben eigentlich nur Repressions- und Sanktionsmittel, um die gesellschaftliche Ordnung aufrecht zu erhalten, und solche Mittel erschöpfen sich bekanntlich, soweit sie nicht nur angedroht werden, sondern regelmäßig eingesetzt werden müssen.

Welches sind also die Vorteile und welches die Nachteile der multiethnischen Gesellschaft? Die Vorteile liegen darin, dass – bei einer normativen Ordnung des absoluten Vorrangs der geltenden Verfassungs- und Rechtsnormen vor den teilkulturellen sittlichen Normen – die individuellen Handlungsspielräume, Freiheitsgrade und Lebensgestaltungsoptionen steigen, da sich die Verbindlichkeit und Durchsetzungsfähigkeit teilkultureller ethnisch oder religiös fundierter Gemeinschaftsnormen und der entsprechende Konformitätsdruck relativiert.[33] In soziokulturellen Sondermilieus

---

[31] Siehe dazu: Sterbling, Anton: Einige Anmerkungen zum Problemkreis der gesamtgesellschaftlichen Werte und kulturellen Ziele in: Sterbling, Anton: Kultur und Interkulturalität. Das Banat, Donauraum, Balkanimpressionen, Rothenburger Beiträge. Polizeiwissenschaftliche Schriftenreihe, Rothenburg/Oberlausitz 2015 (S. 25-38).

[32] Siehe: Parsons, Talcott: The Social System, London 1951; Parsons, Talcott: Structure and Process in Modern Societies, Glencoe 1960; Parsons, Talcott: Gesellschaften. Evolutionäre und komparative Perspektiven, Frankfurt a. M. 1975; Messelken, Karlheinz: Politikbegriffe der modernen Soziologie. Eine Kritik der Systemtheorie und der Konflikttheorie – begründet aus ihren Implikationen für die gesellschaftliche Praxis, Köln-Opladen ²1970.

[33] Siehe dazu auch: Plake, Klaus: Abweichendes Handeln und kollektive Sinnstiftung. Ein neuer Ansatz zur Devianztheorie, in: Hochstim, Paul/Plake, Klaus (Hrsg.): Ano-

von Migrantengruppen oder religiösen Sekten sind als Reaktion darauf allerdings nicht selten auch eine rigide informelle soziale Kontrolle und weitgehende Konformitätserzwingung wie auch eine mehr oder weniger ausgeprägte Tendenz zur Ablehnung oder Ignorierung der gesamtgesellschaftlich geltenden Rechtnormen zu beobachten, wobei dies zu den bereits angesprochenen „normativen Doppelstrukturen" und Parallelgesellschaftserscheinungen führt. Damit steigen natürlich auch auf der einen Seite die strukturellen gesellschaftlichen Spannungen und Konflikte, die Devianz-, Kriminalitäts- und partiellen Anomieerscheinungen und auf der anderen Seite die institutionellen formalen Kontrollkosten und das Ausmaß an notwendiger Repressivität, wie sich nicht zuletzt am Beispiel der USA empirisch deutlich erkennen lässt.[34]

Diese Vor- und Nachteile sollte eine bestehende, staatlich formierte Gesellschaft, als Werte- und Interessengemeinschaft mit einer spezifischen kollektiven Identität,[35] gegeneinander rational abwägen dürfen. Eine zwingende und unabweisbare Forderung von Angehörigen anderer Staaten, Gesellschaften und Kulturen auf Zugehörigkeit und Einwanderung kann es in einer einzelstaatlich verfassten Weltordnung insofern ebenso wenig geben wie ein unabdingbares Menschenrecht auf Niederlassungsfreiheit, wo auch immer in der Welt, wie der Schweizer Sozialphilosoph Elmar Holenstein überzeugend darlegte,[36] denn dies würde notwendig mit fundamentalen staatlichen Interessen wie auch mit anderen elementaren Menschenrechten

---

mie und Wertsystem. Nachträge zur Devianztheorie Robert K. Mertons, Beiträge aus dem Fachbereich Pädagogik 6/1997, Universität der Bundeswehr Hamburg, Hamburg 1997 (S. 58-77).

[34] Indikatoren dafür sind sowohl die hohe Inhaftierungsrate, die mit 698 pro 100.000 Einwohner mit die höchste in der Welt ist, das Festhalten an der Todesstrafe wie auch der verhältnismäßig hohe Anteil von Schwarzen, Farbigen und Angehörigen ethnischer Zuwanderungsgruppen an den Inhaftierten. In Deutschland lag die entsprechende Zahl zum Vergleich bei lediglich 78, auf den Färöer Inseln und in Lichtenstein bei 19 und in San Marino bei 6. Siehe dazu weltweit: International Centre for Prison Studies (Hrsg.), online: http:// www.prisonstudies.org/highest-to-lowest/ prison_population_rate?field_region_taxonomy_tid=All (Abgerufen: 4.9.2015).

[35] Zu Fragen der „kollektiven Identität" siehe auch: Sterbling, Anton: Kollektive Identitäten, in: Kollmorgen, Raj/Merkel, Wolfgang/Wagener, Hans-Jürgen (Hrsg.): Handbuch Transformationsforschung, Wiesbaden 2015 (S. 581-586).

[36] Siehe dazu: Holenstein, Elmar: Kulturphilosophische Perspektiven. Schulbeispiel Schweiz. Europäische Identität auf dem Prüfstand. Globale Verständigungsmöglichkeiten, Frankfurt a. M. 1998.

der autochthonen Bevölkerung (etwa mit Eigentumsrechten, Sicherheitser-
wartungen, Freiheitsrechten usw.) kollidieren oder diese teilweise oder sogar ganz außer Kraft setzen.

Eine Ausnahme bilden und eine Sonderbehandlung fordern in ihrer
menschlichen Existenz unmittelbar bedrohte Kriegs- oder Bürgerkriegs-
flüchtlinge, bei denen man allerdings in der Regel von einer Rückkehr nach
der Lösung oder Befriedung des Konfliktes ausgeht. Bei diesen sollte man
indes auch auf bestimmte Dilemmata achten. Angesichts der Rückkehrerwartung, aber auch des Migrationsaufwandes, wäre es natürlich sinnvoll,
solchen Flüchtlingen möglichst nahe ihrer Heimat Schutz zu gewähren, wie
das auch vielfach geschieht. Damit wäre nicht nur eine spätere Rückkehr
einfacher und die Flüchtlinge blieben zumeist in ihrem vertrauten Kulturkreis, sondern damit würde auch der Druck auf die Staaten der verschiedenen Regionen der Welt steigen, Kriege und Bürgerkriege in ihrer Nachbar-
schaft tunlichst zu vermeiden bzw. zu deren raschen Befriedung möglichst
energisch beizutragen bzw. dafür eine angemessene Verantwortung zu
übernehmen, statt ständig auf umfängliche Hilfen und Problemlösungen
durch Staaten anderer Weltregionen und Kulturkreise zu warten.

Erfolgt die Aufnahme von Kriegs- und Bürgerkriegsflüchtlingen hei-
matfern und zudem eventuell in fremden Kulturkreisen, so ist der Migra-
tionsaufwand hoch und sind die sozialen Anpassungs- und Integrations-
schwierigkeiten sicherlich vielfach größer. Insbesondere dann, wenn der
Aufenthalt von Flüchtlingen in solchen, jenseits ihres Kulturkreises liegen-
den Aufnahmegesellschaften von längerer Dauer ist, kann die schwierige
soziale Integration für alle Seiten mit großen Belastungen und Kosten verbunden sein. Gelingt die soziale Integration indes nach einiger Zeit dank
günstiger Integrationsvoraussetzungen und gehöriger Anstrengungen der
Flüchtlinge zufriedenstellend, so entfremdet dies solche Flüchtlinge oft
ihrer Heimat und schwächt ihre Neigung zur Rückkehr dorthin, wobei sie
dann allerdings – nach der Befriedung der Konflikte – beim staatlichen und
wirtschaftlichen Wiederaufbau ihrer Gesellschaften fehlen.

Ein weiteres, in diesem Dilemma gleichsam eingeschlossenes Dilemma
ist, dass die rasch und gut integrierbaren Flüchtlinge zumeist auch jene
sind, deren kognitive, soziale, fachliche und moralische Kompetenzen in

ihren Heimatländern wahrscheinlich am meisten fehlen.[37] Unter diesem Gesichtspunkt die Flüchtlingspolitik – entgegen ihrem internationalen rechtlichen Grundverständnis als befristete Aufnahme Gefährdeter mit einer selbstverständlichen Rückkehrerwartung – in den Aufnahmeländern als gute Chance für eine eigene Zuwanderungspolitik zu erklären und der einheimischen Bevölkerung akzeptabler machen zu wollen, ist natürlich mehr als problematisch, da damit die betroffenen Staaten eines Teils ihres Humankapitals und mithin auch ihrer langfristigen Konsolidierungsmöglichkeiten „enteignet" werden.

Das ist gleichsam die andere Seite dessen, das an der deutschen „Hypermoral" derzeit, wohl mit guten Gründen, seitens der europäischen Partnerstaaten in der Europäischen Union wie auch von Politikern in Serbien, in Mazedonien, im Kosovo und in Albanien moniert wird und wofür unser „Gutmenschentum",[38] das bis weit in die Kreise der Journalisten und Wissenschaftler reicht und auf das die Politik sowohl einwirkt wie auch opportunistisch reagiert, in seiner ideologischen Verblendung und moralischen Selbstbeseeltheit keinen Sinn aufzubringen scheint. So dürfte dies mal wieder einen problematischen deutschen „Sonderweg" darstellen, den ich als Wissenschaftler als Irrtum bezeichnen und dem ich mich als Intellektueller, im Sinne des Gebots der Redlichkeit und Rechtschaffenheit, konsequent und beharrlich entgegenstellen muss.

---

[37] Zu solchen Folgeproblemen massiver Migrationsprozesse für die Herkunftsgesellschaften siehe auch: Sterbling, Anton (Hrsg.): Migrationsprozesse, Probleme von Abwanderungsregionen, Identitätsfragen. Beiträge zur Osteuropaforschung, Band 12, Hamburg 2006.

[38] Ganz bewusst verwende ich hier die zum „Unwort" des Jahres erklärte Bezeichnung, gleichsam aus Protest gegen solchen ideologischen Unsinn und Unfug, denn mit der Regulierung der Sprache beginnt – was „Gutmenschen" zu verkennen scheinen oder für sich selbst als die „besseren" Menschen nicht gelten lassen wollen – die Einschränkung des Wortes, des Denkens und der Freiheit, also die Intoleranz gegenüber der Gesinnungsfreiheit der „Anderen". Siehe dazu: Sterbling, Anton: Über die Freiheit der Sprache, in: Dalberg, Dirk (Hrsg.): Die Freiheit des Wortes – Wissenschaft und demokratische Gesellschaft. Rothenburger Beiträge. Polizeiwissenschaftliche Schriftenreihe (Band 65), Rothenburg/Oberlausitz 2013 (S. 35-41). Siehe auch: Schneider, Peter: Realitätsverweigerung ruiniert unsere Demokratie, in: Die Welt, vom 15. Januar 2015, online: http://www.welt.de/debatte/kommentar/article151068000/Realitaetsverweigerung-ruiniert-unsere-Demokratie.html (Abgerufen: 15.1.2016).

Literatur

Berger, Peter A./Weiß, Anja (Hrsg.): Transnationalisierung sozialer Ungleichheit. Schriftenreihe: Sozialstrukturanalyse, Wiesbaden 2008

Kielmansegg, Peter Graf: Flüchtlingspolitik. Was die Empörung ignoriert, in Frankfurter Allgemeine Zeitung, vom 29. April 2015, online: http://www. faz.net/aktuell/ feuilleton/debatten/fluechtlingspolitik-was-die-empoerung-ignoriert-13564355.html (Abgerufen: 3.9.2015)

Elias, Norbert: Studien über die Deutschen. Machtkämpfe und Habitusentwicklung im 19. und 20. Jahrhundert, Frankfurt a. M. 1989

Esser, Hartmut: Aspekte der Wanderungssoziologie. Assimilation und Integration von Wanderern, ethnischen Gruppen und Minderheiten. Eine handlungstheoretische Analyse, Darmstadt-Neuwied 1980

Esser, Hartmut: Sprache und Integration. Die sozialen Bedingungen und Folgen des Spracherwerbs von Migranten, Frankfurt a. M.-New York 2006

Exner, Thomas: Warum Flüchtlinge eine Last für die Wirtschaft sind, in: Die Welt, 24. Januar 2016, online: http://www.welt.de/wirtschaft/article151361305/Warum-Fluechtlinge-eine-Last-fuer-die-Wirtschaft-sind.html (Abgerufen: 24.1. 2016).

Giddens, Anthony: Konsequenzen der Moderne, Frankfurt a. M. 1995

Heinsohn, Gunnar: Es gibt in der islamischen Welt keine ‚girl friends‘, in: Die Welt, vom 15. Januar 2016, online: http://www.welt.de/vermischtes/article 151043934/ Es-gibt-in-der-islamischen-Welt-keine-girl-friends.html. (Abgerufen: 15.1.2016)

Hoffmann-Nowotny, Hans-Joachim: Migration. Ein Beitrag zu einer soziologischen Erklärung, Stuttgart 1970

Hoffmann-Nowotny, Hans-Joachim: Soziologie des Fremdarbeiterproblems. Eine theoretische und empirische Analyse am Beispiel der Schweiz, Stuttgart 1973

Holenstein, Elmar: Kulturphilosophische Perspektiven. Schulbeispiel Schweiz. Europäische Identität auf dem Prüfstand. Globale Verständigungsmöglichkeiten, Frankfurt a. M. 1998

Institut für Arbeitsmarkt und Berufsforschung (Hrsg.): Zuwanderungsmonitor Bulgarien und Rumänien, März 2015, Nürnberg 2015, online: http://doku.iab.de/arbeitsmarkt-daten/Zuwanderungsmonitor_1503.pdf (Abgerufen: 3.9.2015)

Institut für Arbeitsmarkt und Berufsforschung (Hrsg.): Zuwanderungsmonitor Bulgarien und Rumänien, Juli 2015, Nürnberg 2015, online: http://doku.iab.de/arbeitsmarktda-ten/Zuwanderungsmonitor_1507.pdf (Abgerufen: 3.9.2015)

Kaufmann, Franz-Xaver: Schrumpfende Gesellschaft. Vom Bevölkerungsrückgang und seinen Folgen, Frankfurt a. M. 2005

Lepenies, Wolf: Für Europa ist Deutschland ein moralischer Parvenü, in: Die Welt, vom 26. Januar 2016, online: http://www.welt.de/debatte/kommentare/article151484113/ Fuer-Europa-ist-Deutschland-ein-moralischer-Parvenue.html (Abgerufen: 26.1. 2016)

Mannheim, Karl: Die Gegenwartsaufgaben der Soziologie. Ihre Lehrgestalt, Tübingen 1932

Mannheim, Karl: Die Bedeutung der Konkurrenz im Gebiete des Geistigen, in: Meja, Volker/Stehr, Nico (Hrsg.): Der Streit um die Wissenssoziologie. 1. Band: Die Entwicklung der deutschen Wissenssoziologie, Frankfurt a. M. 1982 (S. 325-370)

Mayntz, Renate/Nedelmann, Birgitta: Eigendynamische soziale Prozesse. Anmerkungen zu einem analytischen Paradigma, in: Kölner Zeitschrift für Soziologie und Sozialpsychologie, 39. Jg., Opladen 1987 (S. 648-668)

Messelken, Karlheinz: Politikbegriffe der modernen Soziologie. Eine Kritik der Systemtheorie und der Konflikttheorie – begründet aus ihren Implikationen für die gesellschaftliche Praxis, Köln-Opladen ²1970

Olson, Mancur L.: Die Logik des kollektiven Handelns: Kollektivgüter und die Theorie der Gruppen, Tübingen 2004

Parsons, Talcott: The Social System, London 1951

Parsons, Talcott: Structure and Process in Modern Societies, Glencoe 1960

Parsons, Talcott: Gesellschaften. Evolutionäre und komparative Perspektiven, Frankfurt a. M. 1975

Petersdorff, Winand von: „Eine Million Flüchtlinge sind gewiss zu viel". Interview mit dem Migrationsforscher George Borjas, in: Frankfurter Allgemeine Zeitung, vom 26. Januar 2016, online: http://www.faz.net/aktuell/wirtschaft/wirtschaftspolitik/migrationsforscher-george-borjas-eine-million-fluechtlinge-sind-gewiss-zu-viel-140 31850.html (Abgerufen: 26.1.2016)

Plake, Klaus: Abweichendes Handeln und kollektive Sinnstiftung. Ein neuer Ansatz zur Devianztheorie, in: Hochstim, Paul/Plake, Klaus (Hrsg.): Anomie und Wertsystem. Nachträge zur Devianztheorie Robert K. Mertons, Beiträge aus dem Fachbereich Pädagogik 6/1997, Universität der Bundeswehr Hamburg, Hamburg 1997 (S. 58-77)

Plessner, Helmuth: Grenzen der Gemeinschaft. Eine Kritik des sozialen Radikalismus, Bonn 1924

Sassen, Saskia: Migranten, Siedler, Flüchtlinge. Von der Massenauswanderung zur Festung Europa, Frankfurt a. M. ³2000

Schelsky, Helmut: Schelsky, Helmut: Die Arbeit tun die anderen. Klassenkampf und Priesterherrschaft der Intellektuellen, Opladen ²1975

Schneider, Peter: Realitätsverweigerung ruiniert unsere Demokratie, in: Die Welt, vom 15. Januar 2015, online: http://www.welt.de/debatte/kommentare/article151068000/Realitaetsverweigerung-ruiniert-unsere-Demokratie.html (Abgerufen: 15.1.2016)

Schwarz, Karl-Peter: Osteuropa hat Recht. EU-Flüchtlingspolitik, in: Frankfurter Allgemeine, vom 11.9.2015, online: http://www.faz.net/aktuell/politik/europaeische-union/kommentar-zur-fluechtlingskrise-falsche-eu-signale-13795643.html (Abgerufen: 11.9. 2015)

Sinn, Hans-Werner: Ökonomische Effekte der Migration, in: Frankfurter Allgemeine Zeitung, vom 3.1.2015, online: http://www.faz.net/aktuell/wirtschaft/wirtschaftspolitik/ifo-chef-sinn-oekonomische-effekte-der-migration-13343999.html (Abgerufen: 1.9.2015)

Sterbling, Anton: Eliten im Modernisierungsprozeß. Ein Theoriebeitrag zur vergleichenden Strukturanalyse unter besonderer Berücksichtigung grundlagentheoretischer Probleme, Hamburg 1987

Sterbling, Anton (Hrsg.): Zeitgeist und Widerspruch. Soziologische Reflexionen über Gesinnung und Verantwortung. Herrn Professor Karlheinz Messelken zum sechzigsten Geburtstag, Hamburg 1993

Sterbling, Anton: Die Aussiedlung der Deutschen aus Rumänien: Motive, Randbedingungen und Eigendynamik eines Migrationsprozesses, in: Münz, Rainer/Korte, Hermann/Wagner Gert (Hrsg.): Internationale Wanderungen. 28. Arbeitstagung der Deutschen Gesellschaft für Bevölkerungswissenschaft 16.-18.2.1994 in Bochum, Berlin 1994 (S. 66-74)

Sterbling, Anton: Soziale Integration – soziologische Anmerkungen zu einem vielfach in der Schwebe gehaltenen Begriff, in: Beetz, Stephan/Jacob, Ulf/Sterbling, Anton (Hrsg.): Soziologie über die Grenzen – Europäische Perspektiven, Hamburg 2003 (S. 471-485)

Sterbling, Anton: Dazugehörende Fremde? Besonderheiten der Integration der Rumäniendeutschen in der Bundesrepublik Deutschland, in: Roth, Klaus/Moosmüller, Alois/Köck, Christoph (Hrsg.): Zuwanderung und Integration: Kulturwissenschaftliche Zugänge und soziale Praxis, Münster-New York-München-Berlin 2004 (S. 109-124)

Sterbling, Anton (Hrsg.): Migrationsprozesse, Probleme von Abwanderungsregionen, Identitätsfragen. Beiträge zur Osteuropaforschung, Band 12, Hamburg 2006

Sterbling, Anton: Entgrenzung von Sicherheitsräumen und Entstehung von „Gewaltmärkten", in: Behr, Rafael/Ohlemacher, Thomas (Hrsg.): Offene Grenzen – Polizei in der Sicherheitsarchitektur einer post-territorialen Welt. Ergebnisse der XI. Tagung des Arbeitskreises Empirische Polizeiforschung, Frankfurt a. M. 2009 (S. 113-128)

Sterbling, Anton: Über die Freiheit der Sprache, in: Dalberg, Dirk (Hrsg.): Die Freiheit des Wortes – Wissenschaft und demokratische Gesellschaft. Rothenburger Beiträge. Polizeiwissenschaftliche Schriftenreihe (Band 65), Rothenburg/Oberlausitz 2013 (S. 35-41)

Sterbling, Anton: Interkulturalität, „weiche" Normen und soziale Konventionen. Beobachtungen aus dem multiethnischen Banat, in: Moosmüller, Alois/Möller-Kiero, Jana (Hrsg.): Interkulturalität und kulturelle Diversität, Münster-New York-München-Berlin 2014 (S. 141-153)

Sterbling, Anton: Beispielhafte Integration der Banater Schwaben und Integrationsprobleme anderer Migrantengruppen, in: Sterbling, Anton: Kultur und Interkulturalität. Das Banat, Donauraum, Balkanimpressionen, Rothenburger Beiträge. Polizeiwissenschaftliche Schriftenreihe, Rothenburg/Oberlausitz 2015 (S. 169-182)

Sterbling, Anton: Kollektive Identitäten, in: Kollmorgen, Raj/Merkel, Wolfgang/Wagener, Hans-Jürgen (Hrsg.): Handbuch Transformationsforschung, Wiesbaden 2015 (S. 581-586)

Sterbling, Anton: Zuwanderung, Kultur und Grenzen in Europa, Aachen 2015

Vobruba, Georg: Die Dynamik Europas, Wiesbaden 2005

Wagner, Richard: Es reicht. Gegen den Ausverkauf unserer Werte, Berlin 2008

Weber, Georg u.a.: Emigration der Siebenbürger Sachsen. Studien zu Ost-West-Wanderungen im 20. Jahrhundert, Opladen 2003

Weber, Max: Politik als Beruf, in: Weber, Max: Gesammelte Politische Schriften, Tübingen [5]1988 (S. 505-560)

Historisch-soziologische Fragen der Grenzen in Europa

Soziologische Überlegungen zur Grenze – oder noch anspruchsvoller: zur Theorie der Grenze[1] – in Europa schließen nahezu zwangsläufig eine historische Perspektive mit ein, denn weder sind Staatsgrenzen, wie sie im Zuge der modernen Nationalstaatenbildung entstanden sind und eine spezifische, sozial sehr weitreichende Relevanz gewonnen haben, etwas Selbstverständliches oder Bleibendes, noch ist die Öffnung, Relativierung und Überwindung solcher Grenzen, wie sie in Europa zumindest tendenziell durch die Entstehung und Ausdehnung des sogenannten „Schengen-Raums" erfolgte, etwas notwendig Erwartbares gewesen. Eine soziologische Reflexion von Grenzgegebenheiten mit theoretischem Anspruch muss daher zur Sicherung einiger Grundgedanken historisch und phänomenologisch etwas weiter ausholen.

Zunächst erscheint aus soziologischer Sicht naheliegend, „Grenzen" und „Gesellschaft" ins Verhältnis zu bringen. Dazu wäre festzustellen, dass der Begriff „Gesellschaft", wie er heute verstanden wird und auch in den Sozialwissenschaften vielfach Verwendung findet, im Hinblick auf die Frage der Grenzen keineswegs empirisch evident erscheint, sondern theoretisch höchst voraussetzungsreiche makrosoziale Einheiten und „kollektive Identitäten"[2] meint. Zwar besteht bei den meisten Sozialwissenschaftlern – keineswegs bei allen – gegenwärtig – anders als noch in der idealistischen Sozialphilosophie und in den Anfängen der modernen Soziologie[3] –

---

[1] Es handelt sich ursprünglich um einen Beitrag zu der Tagung der Ranke-Gesellschaft, der Akademie Herrnhut, der TU Chemnitz, des Sächsischen Staatsministeriums des Innern und des Schlesischen Museums Görlitz, am 22. bis 24. Oktober 2015 im Schlesischen Museum Görlitz zum Thema „Grenzenloses Europa? Vom Kalten Krieg zum gemeinsamen europäischen Haus – 30 Jahre Schengen". In einer ähnlichen Fassung bereits erschienen in: Sterbling, Anton: Zuwanderung, Kultur und Grenzen in Europa, Aachen 2015.

[2] Siehe dazu auch: Sterbling, Anton: Kollektive Identitäten, in: Kollmorgen, Raj/ Merkel, Wolfgang/Wagener, Hans-Jürgen (Hrsg.): Handbuch Transformationsforschung, Wiesbaden 2015 (S. 581-586).

[3] Siehe auch: Jonas, Friedrich: Geschichte der Soziologie 1: Aufklärung, Liberalismus, Idealismus, Sozialismus, Übergang zur industriellen Gesellschaft, Opladen ²1981.

weitgehende Übereinstimmung, dass „Gesellschaft" als reale Entität und Analysekategorie im Plural gegeben und zu untersuchen sei; welche empirischen Grenzen, welche Vergemeinschaftungs- und Vergesellschaftungsprozesse, welche Konstitutionsprinzipien der „Gesellschaft" und ihrer „Identität" dabei allerdings maßgeblich sind, erscheint indes grundlagentheoretisch weitgehend kontrovers und von tiefgreifenden Auffassungsunterschieden bestimmt.[4] Auf diese für das soziologische Denken und dessen Implikationen und gleichsam auch für die theoretische Frage der Grenzen grundlegenden Diskussionen möchte ich in diesem Beitrag allerdings explizit nicht näher eingehen. Sie werden implizit aber sicherlich eine gewisse Relevanz haben. Worum soll es also im Weiteren gehen?

Zunächst möchte ich, den soziologischen Gesichtskreis im engeren Verständnis überschreitend, einige in der Geschichte Europas wichtige kulturelle, politische und imaginäre Grenzziehungen ansprechen.[5] So etwa die sogenannte „Hajnal-Linie", deren auch soziologisch weitreichenden Implikationen noch weitgehend unteranalysiert erscheinen. Sodann ist es sicherlich auch angebracht, „Kulturkreise", die sich insbesondere im östlichen und südöstlichen Teil Europas, teils als imaginäre, teils als reale Gegebenheiten treffen, überschneiden und durchdringen, zumindest kurz anzusprechen. Ebenso dynastische staatliche Gebilde und Vielvölkerimperien, wobei ich meine diesbezügliche Blickrichtung vor allem auf Mittel-, Ost- und Südosteuropa richten möchte.

Ein zweiter zentraler Betrachtungsschwerpunkt wird auf der modernen Staaten- und Nationenbildung in Europa liegen, die zur Nationalstaatenbildung führte, bei der den Staatsgrenzen eine ganz maßgebliche Bedeutung

---

[4]   Siehe dazu: Nikles, Bruno W./Weiß, Johannes (Hrsg.): Gesellschaft. Organismus – Totalität – System, Hamburg 1975; Giesen, Bernhard: Gesellschaftliche Identität und Evolution. Ein Vergleich soziologischer Theorietraditionen, in: Soziale Welt 31. Jg., Göttingen 1980 (S. 311-332); Sterbling, Anton: Eliten im Modernisierungsprozeß. Ein Theoriebeitrag zur vergleichenden Strukturanalyse unter besonderer Berücksichtigung grundlagentheoretischer Probleme, Hamburg 1987, insb. S. 71 ff; Sterbling, Anton: Soziale Integration – soziologische Anmerkungen zu einem vielfach in der Schwebe gehaltenen Begriff, in: Beetz, Stephan/Jacob, Ulf/Sterbling, Anton (Hrsg.): Soziologie über die Grenzen – Europäische Perspektiven. Festschrift für Herrn Professor Dr. Dr. h.c. Bálint Balla zum 75. Geburtstag, Hamburg 2003 (S. 471-485), insb. S. 472 ff.

[5]   Zur Thematik der Grenzen in Europa siehe auch: Gehler, Michael/Pudlat, Andreas (Hrsg.): Grenzen in Europa, Hildesheim-Zürich-New York 2009.

zukam und die „Gesellschaft" und ihre „Identität" eine ganz spezifische Ausformung erfuhren. Hierbei möchte ich insbesondere einer historisch-modernisierungstheoretischen Leitvorstellung folgen.

Eine eigene Betrachtung sollen sodann die nahezu hermetisch geschlossenen und zugleich vielfach „blutigen" Grenzen,[6] wie sie in der Folge und als Ergebnis des Zweiten Weltkriegs unter sowjetischer Hegemonialherrschaft im östlichen Teil Europas entstanden sind und auch Deutschland jahrzehntelang teilten, finden.

Einen weiteren Gedankenschritt bildet die Entstehung und Weiterentwicklung der supranationalen Vorläufer der Europäischen Union und deren gegenwärtiger Zustand wie auch und insbesondere der „Schengen-Raum" als ein neue Entwicklung des europäischen Grenzregimes in Richtung auf ein weitgehend „entgrenztes" Europa. Hierzu werden auch aktuelle empirische Befunde zur vorwiegend kritischen Beurteilung der Sicherheitsauswirkungen der Osterweiterung der Europäischen Union und des „Schengen-Raums" aus neueren eigenen Bürgerbefragungen in der Stadt und im Landkreis Görlitz herangezogen.[7]

Ein kurzes Fazit zur theoretischen Erfassung und Analyse von Grenzen in Europa aus soziologischer Sicht wird die Ausführungen abschließen. Dabei sollen einerseits die axiale Bedeutung nationalstaatlicher Grenzen, aber auch die Verfassungen eines Europas der verschiedenen Ordnungen unterschiedlicher räumlicher Reichweite vor und jenseits der nationalstaatlich formierten Gesellschaften und deren Implikationen für das soziologische Denken herausgestellt werden.

Imaginäre Grenzen, Kulturkreise, Vielvölkerimperien

Zu den Grenzen in Europa vor der Zeit der formierten Nationalstaaten,[8] also einem Zeitraum der eigentlich – sieht man von der Antike und Spätan-

---

[6]   Siehe: Steiner, Johann/Magheţi, Doina (Hrsg.): Die Gräber schweigen. Berichte von der blutigsten Grenze Europas, Troisdorf 2008.

[7]   Siehe ausführlicher: Sterbling, Anton: Sicherheit und Lebensqualität im Landkreis Görlitz. Ergebnisse einer Bürgerbefragung, Rothenburger Beiträge. Polizeiwissenschaftliche Schriftenreihe (Band 78), Rothenburg/Oberlausitz 2015.

[8]   Zu den Grenzen Deutschlands in einer solchen Perspektive siehe: Demandt, Alexander (Hrsg.): Deutschlands Grenzen in der Geschichte, München 1990.

tike und dem frühen Mittelalter einmal ab – seit der Jahrtausendwende vom ersten zum zweiten Jahrtausend bis in die Anfänge des 20. Jahrhunderts reichte, möchte ich nur einige wenige kurze Anmerkungen festhalten.

Zunächst möchte ich die aus soziologischer Sicht interessante und in ihrer Relevanz immer noch unteranalysierte sogenannte „Hajnal-Linie", die sich spätestens seit dem 15. Jahrhundert deutlich ausmachen lässt, erwähnen. Sie verläuft – gleichsam als „Grenze" mit fließenden Übergangszonen, grob gesprochen von Finnland über das Baltikum bis zur slowenisch-kroatischen Grenze oder, noch zugespitzter formuliert, von Sankt Petersburg bis nach Triest – und bezieht sich auf typologisch prägnant zu fassende Unterschiede der Familien- und Verwandtschaftssysteme wie auch des damit zusammenhängenden Erbrechts. Folgt man Karl Kaser[9] so hat man es dabei in der vorindustriellen Zeit mit einem weltweiten westeuropäischen „Sonderfall" und einem ost- und südosteuropäischen Fall zu tun. Den westeuropäischen Typus kennzeichnet die früh sich herausbildende „Kernfamilie", ein spätes Heiratsalter mit relativ großen Abständen zwischen den Generationen und einem hohen Anteil unverheiratet bleibender Personen, ein Erbrecht,[10] das zumindest grundsätzlich beide Geschlechter berücksichtigte, aber vorwiegend dem Prinzip des „Ahnerbenrechts" folgte und ein Haushaltssystem, das neben Familienangehörigen häufig auch andere Personen umfasste.

Den ost- und südosteuropäischen Typus kennzeichnete ein niedriges Heiratsalter mit einem geringen Anteil lebenslang unverheiratet bleibender Personen, ein gleichberechtigtes Männererbrecht mit ausgeprägten patriarchalischen Haushaltsstrukturen, die sich weitgehend auf Familienangehörige beschränkten, und mit komplexen Familienformen einhergingen, die allerdings streng patrilinear und vielfach auch patrilokal ausgerichtet waren

---

[9] Siehe: Kaser, Karl: Familie und Geschlechterbeziehungen, in: Kaser, Karl/Gruber, Siegfried/Pichler, Robert (Hrsg.): Historische Anthropologie im südöstlichen Europa. Eine Einführung, Wien-Köln-Weimar 2003 (S. 153-174), insb. S. 153 ff.

[10] Zum Erbrecht in Deutschland und dessen weitreichenden sozialstrukturellen und entwicklungsgeschichtlichen Folgen siehe auch: Bohler, Karl Friedrich: Regionale Gesellschaftsentwicklung und Schichtungsmuster in Deutschland, Frankfurt a. M. u.a.O. 1995; Bohler, Karl Friedrich: Die ländliche Gemeinde von 1300 bis 1800 im Zusammenspiel sozialräumlicher, politisch-historischer und wirtschaftlicher Faktoren, in: Land-Berichte. Sozialwissenschaftliches Journal, XVI. Jg., Heft 3, Aachen 3013 (S. 9-30).

und teilweise mehrere Generationen männlicher Nachkommen und deren Frauen und Kinder umfassten. Die bis heute in Restbeständen auf dem Balkan existierende „Zadruga" wäre dafür ein typisches Beispiel.[11]

Diese Differenzen der Familien- und Haushaltstypen hatten, über die engen mikrosozialen Beziehungsmuster hinaus, auch eine weiterreichende sozialstrukturelle Bedeutung, die man unter anderem so fassen kann, dass der westeuropäische Familien- und Haushaltstypus die „Statusassoziation" von Personen in ähnlichen sozioökonomischen Lagen begünstigte und damit auch Vergesellschaftungs- und soziale Organisationsprozesse förderte, die dezentrale Gegengewichte zu den politischen Herrschaftszentren bildeten. Der ost- und südosteuropäische Familien- und Haushaltstypus stärkte indes primordiale Familien- und Verwandtschaftsbeziehungen und mithin das Prinzip der Primordialität generell, und führte sozialstrukturell zur „Statussegregation" mit einer starken Abhängigkeit vom jeweiligen politischen Machtzentrum.[12] Mit einer gewissen Berechtigung könnte man daher nicht nur auf bestimmte Affinitäten zu später dominierenden Strukturprinzipien der sozialen Differenzierung und Schichtung und der zivilgesellschaftlichen Entwicklungen in Westeuropa bzw. deren Unterentwicklung im östlichen und südöstlichen Europa hinweisen,[13] sondern auch Phänomene der Vorherrschaft der „Formalität" („formalen Rationalität"), des entpersonalisierten generellen und öffentlichen Vertrauens in Westeuropa und der „Informalität", des allein auf personale Beziehungen gestützten Vertrauens in den Gesellschaften des „öffentlichen Misstrauens"[14] in Südosteuropa

---

[11] Siehe: Telbizova-Sack, Jordanka: Identitätsmuster der Pomaken Bulgariens. Ein Beitrag zur Minoritätenforschung. Scripta Slavica, Band 7, Marburg/Lahn 1999.

[12] Siehe dazu auch: Eisenstadt, Samuel N.: Tradition, Wandel und Modernität, Frankfurt a. M. 1979; Eisenstadt, Samuel N.: Revolution und Transformation von Gesellschaften. Eine vergleichende Untersuchung verschiedener Kulturen, Opladen 1982.

[13] Siehe: Sterbling, Anton: Entstehung sozialer Ungleichheit in ost- und südosteuropäischen Gesellschaften, in: Bach, Maurizio/Sterbling, Anton (Hrsg.): Soziale Ungleichheit in der erweiterten Europäischen Union, Beiträge zur Osteuropaforschung 14, Hamburg 2008 (S. 39-62); Sterbling, Anton (Hrsg.): Zivilgesellschaftliche Entwicklungen in Südosteuropa. Südosteuropa-Jahrbuch, Band 36, München 2009.

[14] Siehe: Giordano, Christian: Privates Vertrauen und informelle Netzwerke: Zur Organisationsstruktur in Gesellschaften des öffentlichen Misstrauens. Südosteuropa im Blickpunkt, in: Roth, Klaus (Hrsg.): Soziale Netzwerke und soziales Vertrauen in den Transformationsländern, Wien-Zürich-Berlin 2007 (S. 21-49), insb. S. 26 f; Giordano, Christian/Hayoz, Nicolas (Hrsg.): Informality in Eastern Europe. Structures, Political Cultures and Social Practices. Interdisciplinary Studies on Central

besser verstehbar machen. Das soll hier nicht weiter vertieft werden, sondern nur als ein Beispiel dafür gelten, welche realen oder imaginären Grenzen man in Europa aus historisch-soziologischer Sicht mit einiger Plausibilität rekonstruieren kann.

Ähnliches gilt für die Abgrenzungen, Überscheidungen und Durchdringungen der „Kulturkreise" in Europa. Ob man diese strenger religionssoziologisch fast oder gar auf die spätantike Grenze zwischen ost- und weströmischem Reich zurückführt oder ob man Samuel Huntingtons Vorstellungen vom „Kampf der Kulturen"[15] folgen mag oder nicht, auf jeden Fall lassen sich auf dem europäischen Kontinent – insbesondere historisch betrachtet, aber mit weitreichenden Auswirkungen bis in die Gegenwart – mehrere „Kulturkreise" ausmachen und näher bestimmen, die man als „westeuropäisch-abendländisch", „osteuropäisch-orthodox", „orientalisch-islamisch" und möglicherweise auch „südeuropäisch-mediterran" bezeichnen könnte. Ohne Zweifel haben gerade im östlichen Teil Europas und insbesondere auf dem Balkan die sozialen Tiefenprägungen durch die Kulturkreiszugehörigkeiten wie auch durch die Begegnungen, Abgrenzungen und Spannungen zwischen diesen, eine nachhaltige Relevanz und Auswirkung auf die kollektiven Identitäten.[16]

Eine nachwirkende Bedeutung haben auch die ehemaligen Grenzen der nach dem Ersten Weltkrieg untergegangenen Vielvölkerstaaten, das Osmanische Reich, die Habsburger Monarchie bzw. seit 1867 die kaiserliche und königliche Monarchie Österreich-Ungarn und das russische Zarenreich. In den insbesondere in den 1980er Jahren als politische Konzepte erneut in

---

and Eastern Europe, Vol. 11, Bern u.a.O. 2013. Man kann eventuell noch weiter gehen und fragen, ob damit in Westeuropa auch eine stärkere Orientierung an „abstrakten Regeln" und in Südosteuropa eine stärkere Ausrichtung an einer „partikularistischen Sozialmoral" und an „emotionalen Bindungen" einhergeht. Siehe dazu – mit einem passenden Verweis auf Friedrich August von Hayek – auch: Gellner, Ernest: Pflug, Schwert und Buch. Grundlinien der Menschheitsgeschichte, München 1993, insb. S. 27 ff.

[15] Siehe: Huntington, Samuel P.: Der Kampf der Kulturen. Die Neugestaltung der Weltpolitik im 21. Jahrhundert, München ⁵1997.

[16] Siehe dazu auch: Sterbling, Anton: Aktuelle Identitätsprobleme in Südosteuropa, in: Südosteuropa-Mitteilungen, 45. Jg., Heft 2, München 2005 (S. 6-15); Sterbling, Anton: Identitätsfragen, sozialer Wandel in Südosteuropa und das Dauerdilemma „zwischen Ost und West", in: Kulturkreise. Kultursoziologie, Potsdam 2014 (S. 67-81).

Umlauf gekommenen Begriffe „Mitteleuropa"[17] oder „Donauraum" wird diese Langzeitwirkung anschaulich und greifbar.

In unserem Überlegungszusammenhang ist mit Blick auf diese Vielvölkerimperien und ebenso – und teilweise noch ausdrücklicher – auf sonstige dynastische Staatsgebilde Europas,[18] in deutlicher Abhebung zu den Nationalstaaten und der Relevanz ihrer Grenzen, wichtig, nicht nur auf die ethnische und religiöse Heterogenität, die natürlich auch für einzelne „Nationalstaaten" Europas charakteristisch erscheint, hinzuweisen, sondern auch darauf, dass es sich vielfach um staatliche Territorien mit institutionellen Gefügen und kulturellen, wirtschaftlichen, sozialen und teilweise auch rechtlichen Teilordnungen unterschiedlicher räumlicher Relevanz und Reichweite handelt. Gerade diese unterschiedliche räumliche Reichweite der gesellschaftlichen Teilordnungen ändert sich mit der Durchsetzung des nationalstaatlichen Prinzips, mit dem sich eine territoriale Deckungsgleichheit nahezu aller institutionellen und sonstigen Teilordnungen ergibt.[19] Diese strenge nationalstaatliche Konvergenz löst sich – und dies ist von weitreichender, institutionentheoretisch allerdings noch keineswegs hinreichend analysierter Bedeutung[20] – mit fortschreitenden Erweiterungs- und supranationalen Integrationsprozessen der Europäischen Union zumindest tendenziell wieder auf.

---

[17] Zum Begriff „Mitteleuropa" siehe zum Beispiel: Konrád, György: Antipolitik. Mitteleuropäische Meditationen, Frankfurt a. M. 1985; Busek, Erhard/Brix, Emil: Projekt Mitteleuropa, Wien 1986; Sterbling, Anton: Der Donauraum – Kooperation und Konkurrenz, in: Institut für Donauraum und Mitteleuropa (Hrsg.): Der Donauraum, 54. Jg., Wien 2016 (in Vorbereitung). Siehe sehr anschaulich als Rückblick auf die untergegangene und doch zugleich vielfach nachwirkende Habsburgermonarchie entwickelt auch: Wagner, Richard: Habsburg. Bibliothek einer verlorenen Welt, Hamburg 2014.

[18] Siehe auch: Burckhardt, Jacob: Weltgeschichtliche Betrachtungen. Über geschichtliches Studium, Gütersloh o.J..

[19] Das verhält sich etwas anders bei kulturellen und insbesondere religiösen Institutionen und Kirchen, soweit sie von Minderheiten oder Bevölkerungsgruppen getragen werden, die relativ kompakt in begrenzten regionalen Siedlungsgebieten leben.

[20] Eine der wenigen Ausnahmen bilden in der deutschen Soziologie in diesem Sinne die Arbeiten von M. Rainer Lepsius. Siehe: Lepsius, M. Rainer: Interessen, Ideen und Institutionen, Wiesbaden ²2009; Lepsius, M. Rainer: Institutionalisierung politischen Handelns. Analysen zur DDR, Wiedervereinigung und Europäischen Union, Wiesbaden 2013.

Der moderne Nationalstaat und die Bedeutung seiner Grenzen

Aus einer historisch-modernisierungstheoretischen Perspektive bilden die moderne Staaten- und Nationenbildung fundamentale Vorgänge der Modernisierung.[21] Es handelt sich um zwei in vielen Fällen eng miteinander verschränkte und zeitlich zusammengehende komplexe historische Prozesse, zwischen denen aber auch erhebliche Spannungen und Ungleichzeitigkeiten auftreten können. Dazu lassen sich noch einige weiterführende modernisierungstheoretische Thesen formulieren.

Die erfolgreiche moderne Nationalstaatenbildung ist in der Regel auch eng mit Vorgängen der politischen Demokratisierung und der gesellschaftlichen „Fundamentaldemokratisierung" im Sinne Karl Mannheims[22] verbunden. Das gemeinsame Ergebnis dieser Prozesse ist im besten Fall die sukzessive Ablösung des „Untertans" durch den „Staatsbürger" mit – unter Absehung seines sozialen Status und seiner Person – uneingeschränkt gleichen Rechten und Pflichten. Mit Talcott Parsons kann man auch von einer für die Moderne entscheidenden Ablösung „partikularistischer" durch „universalistische" Normen und Prinzipien sprechen.[23] Dabei handelt es sich vielfach um einen länger andauernden Prozess, bei dem Gleichheitsrechte zunächst in der Form rechtlicher Gleichstellung, sodann der politischen Gleichheit und schließlich – in fortgeschrittenen demokratischen Wohlfahrtsstaaten – auch der tendenziellen Angleichung der materiellen Lebenslagen ausgedehnt und generalisiert werden.[24] In diesem Zusammenhang

---

[21] Dies unter anderem unterscheidet die in der Denktradition Max Webers stehende „historische" Modernisierungstheorie deutlich von der „systemtheoretisch-evolutionistischen". Siehe dazu eingehender: Sterbling, Anton: Sozialer Wandel und historisch-vergleichende Modernisierungsforschung, in: Sterbling, Anton: Verwerfungen in Modernisierungsprozessen. Soziologische Querschnitte, Hamburg 2012 (S. 129-152), insb. S. 141 ff.

[22] Siehe: Mannheim, Karl: Mensch und Gesellschaft im Zeitalter des Umbaus, Bad Homburg-Berlin-Zürich 1967.

[23] Siehe: Parsons, Talcott: Evolutionäre Universalien, in: Zapf, Wolfgang (Hrsg.): Theorien des sozialen Wandels, Köln-Berlin ³1971 (S. 55-74); Sterbling, Anton: Partikularismus in Südosteuropa, in: Land-Berichte. Sozialwissenschaftliches Journal, XIII. Jg., Heft 1, Aachen 2010 (S. 89-104).

[24] Siehe dazu: Marshall, Thomas H.: Class, Citizenship, and Social Development, Garden City 1964; Offe; Claus: Das Dilemma der Gleichzeitigkeit. Demokratisierung und Marktwirtschaft in Osteuropa, in: Merkur. Deutsche Zeitschrift für europäisches Denken, 45. Jg., Stuttgart 1991 (S. 279-292).

spielt – gerade für die Teilhabe am politischen Prozess und an den wohlfahrtsstaatlichen Leistungen – der Status der staatsbürgerlichen Zugehörigkeit und das Prinzip der nationalstaatlich fundierten Solidarität eine entscheidende und letztlich wahrscheinlich auch unverzichtbare Rolle,[25] zumindest solange die Europäische Union nicht zu einer weitgehenden sozialstaatlich konstruierten Transferunion mit einer eigenen, eine hohe subjektive Identifikation der Bevölkerung ermöglichenden politischen Einheit umgebaut wird.[26] Damit lassen die nationalstaatlichen Grenzen wohl auch ihre besondere und weiterhin fortbestehende Relevanz erkennen.

Im Falle schwieriger, verspäteter und umstrittener Nationalstaatenbildung, so zeigt sich unter anderem am Beispiel Südosteuropas, werden auch andere grundlegende Vorgänge der Modernisierung, wie die Demokratisierung oder die wirtschaftliche und soziale Modernisierung, verzögert, gestört oder tiefgreifend beeinträchtigt.[27]

In der modernen Staaten- und Nationenbildung stehen – folgt man Gabriel Almond u.a.[28] – insgesamt sechs Probleme oder Modernisierungsherausforderungen an, für die angemessene institutionelle Lösungen angestrebt und gefunden werden müssen: die Penetration und Integration als grundlegende Probleme der Staatenbildung, die (kollektive) Identitätsbildung und Legitimitätssicherung als Probleme der modernen Nationenbildung und die Partizipation und sozialstaatliche Umverteilung als Konsolidierungsprobleme moderner Nationalstaaten.

---

[25] Siehe auch: Streeck, Wolfgang (Hrsg.): Internationale Wirtschaft, nationale Demokratie, Frankfurt a. M.-New York 1998.

[26] Siehe dazu eingehender: Lepsius, M. Rainer: Die Europäische Gemeinschaft und die Zukunft des Nationalstaates, in: Lepsius, M. Rainer: Demokratie in Deutschland, Göttingen 1993 (S. 249-264); Lepsius, M. Rainer: Nationalstaat oder Nationalitätenstaat als Modell für die Weiterentwicklung der Europäischen Gemeinschaft, in: Lepsius, M. Rainer: Demokratie in Deutschland, Göttingen 1993 (S. 265-285).

[27] Siehe: Sterbling, Anton: Strukturfragen und Modernisierungsprobleme südosteuropäischer Gesellschaften, Hamburg 1993; Sterbling, Anton: Kontinuität und Wandel in Rumänien und Südosteuropa. Historisch-soziologische Analysen, München 1997; Müller, Michael G./Petri, Rolf (Hrsg.): Die Nationalisierung von Grenzen. Zur Konstruktion nationaler Identität in sprachlich gemischten Grenzregionen, Marburg 2002.

[28] Siehe: Almond, Gabriel A./Powell, G.: Bingham: Comparative Politics: A Developmental Approach, Boston-Toronto 1966; Almond, Gabriel A.: Politische Systeme und politischer Wandel, in: Zapf, Wolfgang (Hrsg.): Theorien des sozialen Wandels, Köln-Berlin [3]1971 (S. 211-227).

Dazu nur einige Anmerkungen, die nicht zuletzt die besondere Relevanz nationalstaatlicher Grenzen erkennbar machen. Mit der Penetration ist die Durchdringung und zentrale Kontrolle eines staatlichen Territoriums mit – im Falle des modernen Staates – gleichförmigen und funktionstüchtigen Institutionen der Territorialverwaltung und Ressourcenmobilisierung, nicht zuletzt der Steuererhebung,[29] gemeint. Dabei geht es auch um die Befriedung und den Schutz nach außen und innen, in der Regel durch die effektive Durchsetzung des staatlichen Gewaltmonopols,[30] ebenso aber auch um die staatliche Aufrechterhaltung einer Verkehrs- und Kommunikationsinfrastruktur usw. Dies setzt ein leistungsfähiges Macht- und Herrschaftszentrum, in der Regel in der Gestalt einer zentralen Regierung, einer Hauptstadt, zentraler bürokratischer Institutionen usw., voraus.

Die Integration als Aspekt der modernen Staatenbildung meint die bereits angesprochene rechtliche und politische Gleichstellung aller Bevölkerungsgruppen eines Staates im Sinne der Rechtsgestalt des „Staatsbürgers" und darüber hinaus die Verwirklichung der herkunftsunabhängigen Chancengleichheit im Bereich der wirtschaftlichen Betätigung, der Bildung und natürlich auch des Zugangs zu staatlichen Positionen und Leistungen. Damit sind gleichsam auch die Konsolidierungsprobleme des modernen Staates im Sinne der sukzessiven Ausdehnung, Generalisierung und Verwirklichung der politischen und gesellschaftlichen Partizipationsrechte und der sozialstaatlichen Umverteilungsprozesse im Hinblick auf eine Redistribution marktproduzierter Einkommens- und Güterverteilungen und eines zumindest tendenziellen Abbaus sozialer Ungleichheiten und Marginalisierungen eng verbunden. Damit werden die staatliche Sozial- und Wohlfahrtspolitik und ihre Ergebnisse zu einer eigenen Legitimationsquelle der

---

[29] Mangelnde Leistungsfähigkeit oder gravierende Ungerechtigkeiten der Erfüllung dieser staatlichen Grundfunktion sind deutliche Anzeichen des „Staatszerfalls". Siehe dazu ausführlicher: Sterbling, Anton: Entgrenzung von Sicherheitsräumen und Entstehung von „Gewaltmärkten", in: Behr, Rafael/Ohlemacher, Thomas (Hrsg.): Offene Grenzen – Polizei in der Sicherheitsarchitektur einer post-territorialen Welt. Ergebnisse der XI. Tagung des Arbeitskreises Empirische Polizeiforschung, Frankfurt a. M. 2009 (S. 113-128).

[30] Siehe: Knöbl, Wolfgang: Polizei und Herrschaft im Modernisierungsprozeß. Staatsbildung und innere Sicherheit in Preußen, England und Amerika 1700-1914, Frankfurt a. M.-New York 1995.

(demokratischen) Herrschaft. Eine andere ist indes die erfolgreiche Nationenbildung.

Die Nationenbildung ist ein vielfach eng mit der modernen Staatenbildung verschränkter, aber zugleich auch ein durchaus eigenständiger Vorgang, der zuweilen in einem mehr oder weniger starken Spannungs- oder Divergenzverhältnis mit der staatlichen Entwicklung stehen kann, wie die bereits erwähnten „Vielvölkerimperien" in ihrem modernen Entwicklungsstadium anschaulich erkennen ließen.[31] Die Nationenbildung bedeutet die Herausbildung eines spezifischen kollektiven Identitätsbewusstseins im Sinne der Zugehörigkeit und subjektiven Selbstzurechnung zu einer Nation als zentraler makrosozialer Bezugseinheit. Dazu, da es sich um eine weitgehend bekannte Problematik handelt, nur einige wenige Anmerkungen.

Nationenbildung ist ein Vorgang der modernen politischen Vergesellschaftung, selbst wenn dabei auf gemeinschaftliche Grundlagen zurückgegriffen wird. Das heißt, so kann mit Karl W. Deutsch[32] vertreten werden, dass die moderne Nationenbildung notwendig mit Prozessen der sozialen und psychischen Mobilisierung und zum Teil auch mit solchen der sprachlichen und kulturellen Assimilation einher geht. Bekanntlich kann die Nationenbildung unterschiedliche Grundlagen aufweisen,[33] etwa die Sprachgemeinschaft, die ethnische Herkunft oder den mythisch überhöhten historischen Glauben an eine Abstammungsgemeinschaft, eine gemeinsame Religion, gemeinsam geteilte Wert- und Wissensbestände oder nachhaltig prägende Schlüsselerfahrungen einer historisch-politischen „Schicksalsgemeinschaft". Manchmal sind einzelne dieser Gegebenheiten, oft aber eine spezifische Kombination solcher Faktoren für die Nationenbildung maßgeblich oder ausschlaggebend. Wir wissen zudem, dass die moderne Nationenbildung nicht selten von hervorragenden Intellektuellen und Eliten

---

[31] Siehe: Hösch, Edgar: Geschichte der Balkanländer. Von der Frühzeit bis zur Gegenwart, München ²1993.

[32] Siehe: Deutsch, Karl W.: Soziale Mobilisierung und politische Entwicklung, in: Zapf, Wolfgang (Hrsg.): Theorien des sozialen Wandels, Köln-Berlin ³1971 (S. 329-350); Deutsch, Karl W.: Nationenbildung, Nationalstaat, Integration, Düsseldorf 1972.

[33] Siehe auch: Sterbling, Anton: Kollektive Identitäten. Anwendungsmöglichkeiten einer Analysekategorie, in: Sterbling, Anton: Verwerfungen in Modernisierungsprozessen. Soziologische Querschnitte, Hamburg 2012 (S. 155-193), insb. S. 158 ff.

durch ihren Beitrag zur Schaffung einer „Nationalkultur",[34] im Sinne einer selektiven „Nationalisierung" bestimmter Wissens- und Wertbestände einer übergreifenden, zum Beispiel „alteuropäischen" Hochkultur, und deren Verknüpfung mit Elementen einer ebenfalls selektiv aufgegriffenen und aufgewerteten autochthonen „Volkskultur"[35] wie auch durch bewusst herbeigeführte Prozesse der psychischen, sozialen und politischen Mobilisierung der Bevölkerung im Sinne solcher Kulturbestände initiiert und vorangebracht wird. Sehr wichtig, wenn nicht gar entscheidend, sind dabei allerdings auch bestimmte Institutionen wie Schulen und Hochschulen, Kultureinrichtungen (Theater, Museen, Akademien, nationale Gelehrtenvereine usw.), aber beispielsweise auch die Einführung der allgemeinen Wehrpflicht und die Ausbreitung von Massenmedien, im Prozess der Standardisierung und Diffusion „repräsentativer" nationalkultureller Wert- und Wissensbestände.

Geht man von den aufgezeigten, mitunter recht komplizierten historischen Beziehungen und Verlaufsformen der modernen Staaten- und Nationenbildung aus, so kann man mit Theodor Schieder[36] in Europa drei Typen der Nationalstaatenwerdung unterscheiden: den demokratisch-revolutionären Typus, wie im Falle Englands oder Frankreichs, wobei der Staat bereits bestand und durch eine Revolution demokratisch umgeformt wurde, den unitaristischen Typus, wie im Falle Deutschlands und Italiens, wobei in diesen Fällen die Kulturnation schon weit entwickelt war und es erst verspätet zu einer staatlichen Einheit kam, und der sezessionistische Typus, wie im Falle ostmittel- und südosteuropäischer Nationalstaaten, die in der Folge von Abtrennungsbestrebungen bzw. des Zerfalls von „Vielvölkerimperien" entstanden sind.

---

[34] Siehe: Giesen, Bernhard (Hrsg.): Nationale und kulturelle Identität. Studien zur Entwicklung des kollektiven Bewußtseins in der Neuzeit, Frankfurt a. M. 1991.

[35] Siehe dazu: Stagl, Justin: Volkskultur, Hochkultur, Nationalkultur, in: Balla, Bálint/ Sterbling, Anton (Hrsg.): Zusammenbruch des Sowjetsystems – Herausforderung für die Soziologie, Hamburg 1996 (S. 213-227).

[36] Siehe: Schieder, Theodor: Typologie und Erscheinungsformen des Nationalstaates in Europa, in: Winkler, Heinrich August (Hrsg.): Nationalismus, Königstein/Ts. ²1985 (S. 119-137); Schieder, Theodor: Nationalismus und Nationalstaat, Göttingen 1991; Sterbling, Anton: Historische Aspekte der Staaten- und Nationenbildung in Südosteuropa, in: Sterbling, Anton: Kontinuität und Wandel in Rumänien und Südosteuropa. Historisch-soziologische Analysen, München 1997 (S. 99-114).

Der Prozess der modernen Nationenbildung schafft nicht nur veränderte „kollektive Identitäten", sondern damit auch eine neue Legitimitätsgrundlage der staatlichen politischen Herrschaft, indem entsprechende Identifikationen und Loyalitäten der prinzipiell gleichberechtigten „Staatsbürger" begründet und verstärkt werden. Diese bilden in demokratisch verfassten politischen Systemen und für auf allgemeiner „Solidarität" beruhende Sozial- und Wohlfahrtsstaaten wichtige und geradezu unverzichtbare Legitimationsressourcen. Aber auch autoritäre und totalitäre Herrschaftssysteme können natürlich nationale Identifikationen und Loyalitäten, nicht selten zu einem extremen Nationalismus gesteigert und zu einem Chauvinismus oder Rassismus ideologisch überhöht, instrumentell zu ihrer Herrschaftssicherung wie auch zu aggressiven, gegen andere Bevölkerungsgruppen oder Staaten gerichteten Zwecken nutzen. Das ist gleichsam die andere Seite, die des sozusagen „deformierten" oder „entgleisten" Nationalstaates.[37]

Wenn wir auf die Problematik der Grenzen zurück kommen, so können wir feststellen, dass die Grenzen des demokratischen Nationalstaates und der Rechtsstatus des gleichberechtigten und in jeder Hinsicht teilhabenden „Staatsbürgers" sich wechselseitig notwendig bedingen, wobei der moderne Nationalstaat zugleich – zumindest im Idealfall – ein institutionell und kulturell weitgehend homogenes Gesamtgebilde verschiedener Ordnungen, die räumlich kongruent und eng miteinander verbunden sind, darstellen. Alle wichtigen Teilordnungen des Nationalstaates finden sich in mehr oder weniger enger Interdependenz und Abstimmung, aber zugleich autonom ausdifferenziert und gleichsam kongruent gelagert innerhalb der staatlichen territorialen Grenzen – und diese Grenzen wiederum bestimmen eine ganz spezifische, weitgehend „systemtische" institutionelle Gesamtordnung. Im deformierten autoritären oder totalitären Nationalstaat hat das Institutionensystem indes oft einen nahezu monolithischen Charakter, beruht die soziale Integration nicht auf gleichberechtigter Partizipation und Chancengleichheit der „Staatsbürger", sondern auf Zwang und Repression und wird die Herrschaft ideologisch und nicht selten nationalistisch legitimiert.

---

[37] Siehe auch: Sterbling, Anton: Stalinismus in den Köpfen, in: Orbis Linguarum, Band 27, Wroclaw/Breslau 2004 (S. 23-38); Sterbling, Anton: Der „innengeleitete" oder der „außengeleitete" Mensch im Horizont der Moderne, in: Sterbling, Anton: Wege der Modernisierung und Konturen der Moderne im westlichen und östlichen Europa, Wiesbaden 2015 (S. 113-138), insb. S. 119.

Die nationalstaatlichen Entwicklungen und die ihnen korrespondierende Relevanz von Grenzen bilden – in enger Verbindung mit der politischen und gesellschaftlichen Demokratisierung und dem sich selbst tragenden wirtschaftlichen Wachstum im Zuge der Industrialisierung – fundamentale Vorgänge der Modernisierung und wichtige Rahmenbedingungen menschlicher Wohlfahrt und Freiheit. Sie sind aber auch – nicht nur wegen der Koexistenz mit autoritären und totalitären Staaten – historisch stets in Systeme konkurrierender oder sogar verfeindeter „Machtstaaten"[38] eingelagert, wobei daraus – wie nicht zuletzt die Geschichte des 20. Jahrhunderts zeigte – zwei Weltkriege und viele andere militärische Konflikte resultierten, die zwar nicht unvermeidbar waren,[39] aber dann doch tatsächlich im zivilisierten Europa ausgebrochen sind und zum Teil bis zum katastrophalen Ende ausgetragen wurden.

Hermetisch geschlossene und „blutige" Grenzen im Europa des 20. Jahrhunderts

Autoritäre und totalitären Entwicklungen und entsprechende staatliche Deformationen nach dem Ersten Weltkrieg und in der Zwischenkriegszeit führten nicht nur zum Zweiten Weltkrieg, sondern in dessen Folge zur mehrere Jahrzehnte während sowjetischen Hegemonialherrschaft im östlichen Europa mit einem für autoritäre und totalitäre Staaten charakteristischen, äußerst repressiven Grenzregime, das zu einer faktischen Einsperrung und Einmauerung seiner Staatsangehörigen führte. Dazu nur einige Anmerkungen,[40] wobei man mit dem Anfang vom Ende dieses Zustandes beginnen kann.

Die Öffnung der ungarischen Grenze nach Österreich, durch einen am 11. September 1989 getroffenen Regierungsbeschluss, „alle nach Ungarn geflüchtete DDR-Bürger in die Bundesrepublik Deutschland ausreisen zu

---

[38] Zum Begriff und zur Raison des „Machtstaates" siehe auch: Weber, Max: Gesammelte politische Schriften, Tübingen ⁵1988.

[39] Siehe: Clark, Christopher: Die Schlafwandler. Wie Europa in den Ersten Weltkrieg zog, München ⁷2013.

[40] Siehe dazu auch: Sterbling, Anton: Über Freiheit. Allgemeine Reflexionen und Stellungnahmen, in: Sterbling, Anton: Krisen und Wandel, Hamburg 2009 (S. 87-113), insb. S. 87 f.

lassen",[41] hatte eine ähnliche symbolische Wirkung und Bedeutung wie die Öffnung der „Berliner Mauer" am 11. November 1989. Beide Ereignisse können nur in ihrem engen sachlichen und zeitlichen Zusammenhang richtig verstanden werden – und auch nur unter angemessener Berücksichtigung eines grundlegenden gemeinsamen Motivs, der Sehnsucht Hunderttausender von Menschen nach Freiheit, einschließlich der Reisefreiheit. Das Bedürfnis, den vielfältigen, massiven wie subtilen Kontrollen und Repressionen von Überwachungsstaaten zu entgehen, war jahrzehntelang eines der Grundmotive vieler Flüchtlinge, die an der binnendeutschen Grenze ebenso wie an anderen hermetisch bewachten Grenzen kommunistischer Staaten zum Westen vielfach ihr Leben ließen.

In dem Band „Die Gräber schweigen. Berichte von der blutigsten Grenze Europas",[42] kommen eine Vielzahl von Menschen zu Wort, die von ihrer Flucht oder ihren Fluchtversuchen über die Landesgrenzen Rumäniens berichten, auch über ihre Misshandlungen und Gefängnisstrafen. Und die Toten an der rumänischen Grenze werden ebenfalls nicht vergessen. Zu diesen, oft namenlos gebliebenen Opfern findet auch die bekannte, aus Rumänien stammende Schriftstellerin und Literaturnobelpreisträgerin Herta Müller ebenso düstere wie treffliche Bilder und Worte, wenn sie zum Beispiel schreibt: „Sie hofften auf Nebeltage im Feld und im Fluß, um den Kugeln und Hunden der Wächter zu entgehen, um wegzulaufen und wegzuschwimmen." Zu den Folgen und Reaktionen auf gescheiterte Fluchtversuche ist zu lesen: „Im Maisfeld fanden Bauern beim Ernten zusammengedorrte oder aufgeplatzte, von Krähen leergepickte Leichen. Die Bauern brachen den Mais und ließen die Leichen liegen, weil es besser war, sie nicht zu sehen. Im Spätherbst ackerten die Traktoren."[43] Diesen erschütternden Zeilen zum

---

[41] Siehe: Lendvai, Paul: Die Ungarn. Ein Jahrtausend Sieger in Niederlagen, München 1999, vgl. S. 511.

[42] Siehe: Steiner, Johann/Magheți, Doina (Hrsg.): Die Gräber schweigen. Berichte von der blutigsten Grenze Europas, Troisdorf 2008.

[43] Siehe: Müller, Herta: Herztier, Reinbek bei Hamburg 1994, vgl. S. 56 und S. 69. Siehe dazu auch: Sterbling, Anton: Das Wesen und die Schwächen der Diktatur – nachgelesen in den Romanen von Herta Müller, in: Kron, Thomas/Schimank, Uwe (Hrsg.): Die Gesellschaft der Literatur, Opladen 2004 (S. 165-200); Sterbling, Anton: Flucht als Provokation? Bruchstücke einer Erinnerung, in: Spiegelungen. Zeitschrift für deutsche Kultur und Geschichte Südosteuropas, 55. Jg., Heft 1, München 2006 (S. 58-66).

Grenzregime kommunistischer Staaten im Europa des 20. Jahrhunderts, das gleichzeitig ein Tabuthema in diesen war, ist eigentlich nichts mehr hinzu zufügen.

Die Europäische Union, der „Schengen-Raum" und die Durchlässigkeit und teilweise Überwindung von Grenzen

Die Europäische Union, die 1951 mit der „Montanunion" von sechs Ländern begann und sich über die „Europäische Wirtschaftsgemeinschaft" schrittweise weiterentwickelte, wurde unter anderem mit der Absicht begründet, alte Feindschaften zwischen europäischen Staaten zu überwinden, Deutschland einzubinden und insbesondere gemeinsame Wirtschaftsinteressen in einer Wertegemeinschaft zu verwirklichen. Mit der Schaffung eines einheitlichen europäischen Wirtschaftsraums und Binnenmarktes zum 1. Januar 1993 wurden vier Grundfreiheiten etabliert: der „freie Warenverkehr", die „Personenfreizügigkeit" als „Arbeitnehmerfreizügigkeit" und als „Niederlassungsfreiheit", die „Dienstleistungsfreiheit" sowie der „freie Kapital- und Zahlungsverkehr". Hinzu trat 1995, also vor dreißig Jahren, das „Schengen-Abkommen" zwischen verschiedenen europäischen Staaten in Kraft, das den weitgehenden Wegfall von unmittelbaren Grenzkontrollen vorsah. Es folgte die Einführung des Euro, Anfang 1999 als Buchgeld und Anfang 2002 sodann als Bargeld. Es kam zu mehreren Erweiterungswellen der Europäischen Union, wobei 1995 Finnland, Österreich und Schweden, 2004 sodann acht ost- und ostmitteleuropäische Staaten (Estland, Lettland, Litauen, Polen, Tschechische Republik, Slowakei, Slowenien und Ungarn) sowie Malta und Zypern, 2007 Bulgarien und Rumänien[44] und 2013 schließlich Kroatien aufgenommen wurden.

Neben dem gemeinsamen Wirtschaftsraum sollte in der „Europäischen Union" eine fortschreitende Homogenisierung des Rechts, im Sinne eines gemeinsamen Rechtsraums erfolgen. Tatsächlich wurden in den verschiedenen Mitgliedsstaaten eine Vielzahl von Gesetzen an EU-Richtlinien und Normen angepasst. Recht uneinheitlich blieben indes die Justizsysteme und

---

[44] Siehe: Sterbling, Anton: Rumänien und Bulgarien als neue Mitglieder der Europäischen Union, in: Spiegelungen. Zeitschrift für deutsche Kultur und Geschichte Südosteuropas, 2/56. Jg., Heft 1, München 2007 (S. 3-9).

Rechtsinstitutionen, die Rechtspraxis wie auch die Rechtskultur.[45] Diesbezüglich ist – wenn überhaupt – eher mit langen und schwierigen Anpassungsprozessen zu rechnen.

Die Vielfalt und Eigenständigkeit der Kulturen in Europa sollte ohnehin nicht aufgehoben, sondern – ganz im Gegenteil – ausdrücklich erhalten und gleichsam als Prinzip auch konsequent auf den Schutz und die Förderung der Kulturen und Sprachen von Minderheiten angewandt werden.[46] Dies ist bisher – sieht man von der nach wie vor prekären Lage der Roma-Minderheit[47] und anderen schwelenden Minderheitenkonflikten einmal ab – einigermaßen gut gelungen. Die Harmonisierung des europäischen Hochschul- und Bildungsraums im Rahmen des „Bologna-Prozesses" blieb – aus meiner Sicht glücklicherweise – oberflächlich und inkonsequent und hat, im bisherigen Zwischenergebnis, der Entwicklung Europas zu einer echten „Wissensgesellschaft" wohl mehr geschadet als genutzt.

Im Rahmen der Europäischen Union gibt es nicht nur eine auffällige kulturelle Vielfalt und – mit den einzelnen Erweiterungsprozessen – zunehmende kulturelle Heterogenität, sondern auch ein großes zwischenstaatliches und regionales Wirtschafts- und Wohlstandsgefälle, das den europäischen Sozialraum zu einem sehr dynamischen Migrationsraum mit allen positiven und negativen Auswirkungen und Folgeproblemen werden ließ.[48]

---

[45] Siehe dazu auch: Schönfelder, Bruno: Vom Spätsozialismus zur Privatrechtsordnung. Eine Untersuchung über die Interdependenz zwischen Recht und Wirtschaft am Beispiel von Gläubigerschutz und Kredit, Berlin 2012.

[46] Siehe: Pan, Christoph: Die Bedeutung von Minderheiten- und Sprachschutz für die kulturelle Vielfalt Europas, in: Europäisches Journal für Minderheitenfragen, Heft 1, Wien 2008 (S. 11-33); Vogt, Matthias Theodor/Sokol, Jan/Bingen, Dieter/Neyer, Jürgen/Löhr, Albert (Hrsg.): Minderheiten als Mehrwert, Frankfurt a. M. 2010.

[47] Siehe: Schüler, Sonja: Die ethnische Dimension der Armut. Roma im postsozialistischen Rumänien, Stuttgart 2007; Mappes-Niediek, Norbert: Arme Roma, böse Zigeuner. Was an den Vorurteilen über die Zuwanderer stimmt, Berlin 2012; Sterbling, Anton: Minderheiten in Rumänien, unter besonderer Berücksichtigung der Deutschen in und aus Rumänien, in: Europäisches Journal für Minderheitenfragen, Vol. 8, Nr. 1, Wien 2015 (S. 51-65).

[48] Siehe dazu: Sterbling, Anton (Hrsg.): Migrationsprozesse, Probleme von Abwanderungsregionen, Identitätsfragen. Beiträge zur Osteuropaforschung, Band 12, Hamburg 2006; Heidenreich, Martin (Hrsg.): Die Europäisierung sozialer Ungleichheit, Frankfurt a. M. 2006; Bach, Maurizio/Sterbling, Anton (Hrsg.): Soziale Ungleichheit in der erweiterten Europäischen Union. Beiträge zur Osteuropaforschung, Hamburg 2008; Berger, Peter A./Weiß, Anja (Hrsg.): Transnationalisierung sozialer Ungleichheit, Wiesbaden 2008; Eigmüller, Monika/Mau, Steffen (Hrsg.): Gesell-

Dass den Bürgern einzelner Beitrittsländer Rechte der Arbeitnehmerfreizügigkeit und der Niederlassungsfreiheit nur schrittweise und selektiv gewährt wurden, bremste und lenkte vermutlich etwas die Ost-West-Migrationsströme,[49] führte aber zu vielen nichtintendierten und nicht absehbaren oder auch in Kauf genommenen Kollateralschäden in der Erscheinungsform illegaler Wanderungen und Beschäftigungsverhältnisse, vielfältiger wirtschaftskrimineller Phänomene, wirtschaftlicher Ausbeutungssysteme, Korruption usw.[50] Dieser sicherlich diskussionswürde Aspekt kann hier allerdings nicht vertieft werden.

Hinzu kommt, dass der Ausbau sozial- und wohlfahrtsstaatlicher Einrichtungen und Leistungen innerhalb der Europäischen Union sehr unterschiedlich ist und die zwischenstaatlichen sozialen Ungleichheiten und das Wohlstandsgefälle damit eher noch verstärkt und den Migrationsdruck erhöht.[51]

Uneinheitlich und ungleich ist die Europäische Union auch insofern, als nicht all ihre Mitglieder den Euro als gemeinschaftliche Währung eingeführt haben, und als sie NATO-Mitgliedstaaten und Nichtmitglieder der NATO versammelt. Der „Schengen-Raum" wiederum umfasst auf der einen Seite auch Staaten, die keine EU-Mitglieder sind, und hat auf der anderen Seite noch nicht alle Mitgliedstaaten der EU aufgenommen. Die Belastungen einzelner an der Peripherie der Europäischen Union liegender Mitglieder mit Aufgaben und Kosten der Kontrolle der EU-Außengrenzen erscheinen ungleich höher als die der Kernstaaten.[52] Allerdings zeigte sich

---

schaftstheorie und Europapolitik. Sozialwissenschaftliche Ansätze zur Europaforschung, Wiesbaden 2010.

[49] Siehe: Sterbling, Anton (Hrsg.): Migrationsprozesse, Probleme von Abwanderungsregionen, Identitätsfragen. Beiträge zur Osteuropaforschung, Band 12, Hamburg 2006.

[50] Siehe auch: Balla, Bálint/Dahmen, Wolfgang/Sterbling, Anton (Hrsg.): Korruption, soziales Vertrauen und politische Verwerfungen – unter besonderer Berücksichtigung südosteuropäischer Gesellschaften, Beiträge zur Osteuropaforschung 18, Hamburg 2012.

[51] Siehe zur damaligen Lage in Südosteuropa: Gabanyi, Anneli Ute/Sterbling, Anton (Hrsg.): Sozialstruktureller Wandel, soziale Probleme und soziale Sicherung in Südosteuropa. Südosteuropa-Studien, Band 65, München 2000.

[52] Folgt man Georg Vobruba, so bildet die Verlagerung der Kontrollkosten der Außengrenzen in die Peripheriestaaten eigentlich ein Hauptmotiv der Erweiterungsdynamik der Europäischen Union. Siehe dazu: Vobruba, Georg: Die Dynamik Europas, Wiesbaden 2005.

– nicht erst beim Flüchtlingsansturm der letzten Zeit –, dass die diesbezüglich vorgesehenen europäischen Regelungen (u.a. Dublin II und Dublin III) kaum in der intendierten Weise greifen und hinreichend tragfähig erscheinen.

Insgesamt stellen sich die Europäische Union, der „Schengen-Raum" und deren jeweilige Grenzen einerseits als weitgehend „entgrenzte" Binnenräume dar. Andererseits lässt ein zweiter Blick zugleich ein Gesamtgebilde kultureller, sozialer, ökonomischer und institutioneller Vielfalt sowie ein mehrfaches Entwicklungsgefälle mit ausgeprägten sozialen Ungleichheiten erkennen, in dem eine Vielzahl entsprechender Spannungslinien und Konflikte eingelagert sind. Ob die zwischenstaatlichen und supranationalen institutionellen Regelungen und Mechanismen in der Lage erscheinen, für all die in diesem Rahmen aufkommenden Probleme und Herausforderungen befriedigende Lösungen zu finden und auf Dauer Ausgleich, Entspannung und vielleicht sogar eine vertiefte Integration herbeizuführen, ist angesichts der gegenwärtigen Haltung einzelner EU-Mitgliedstaaten in der Zuwanderungsfrage und der neueren Entwicklungen in der Griechenlandschuldenkrise eine weitgehend offene Frage.

Was indes immer wieder – und in der letzten Zeit mit verstärktem Nachdruck – festgestellt wird, ist die Tatsache, dass die gegenwärtige Europäische Union und der „Schengen-Raum" weitgehend das Ergebnis des Willens, Strebens und Handelns politischer und technokratischer Eliten sind, dass dieses supranationale politische Gebilde allerdings damit zugleich erhebliche demokratische Legitimitätsdefizite aufweist.[53] Diese können – insbesondere bei einem Stimmungswandel und einer Akzeptanzverweigerung größerer Teile der Bevölkerung einzelner Staaten angesichts bestimmter Krisen – durchaus problematisch werden. Eine solche Situation ist sicherlich nicht akut gegeben, aber gewisse Anzeichen dafür sind gegenwärtig durchaus nicht zu übersehen.

---

[53] Siehe: Bach, Maurizio: Demokratisierung der Europäischen Union – Ideal oder Irrweg?, in: Gesellschaft, Wirtschaft, Politik, 63. Jg., Heft 1, Opladen 2014 (S. 65-77); Bach, Maurizio: Europa ohne Gesellschaft. Politische Soziologie der europäischen Integration, Wiesbaden [2]2014; Münkler, Herfried: Wie das Versagen der Eliten nun Europa zerstört, in: Die Welt, vom 30. Januar 2016, online: http://www.welt.de/wirtschaft/article151042741/Wie-das-Versagen-der-Eliten-nun-Europa-zerstoert.html (Abgerufen: 30.1.2016).

Erweiterung der Europäischen Union und des „Schengen-Raums" aus der Sicht der Bürger

Im Landkreis Görlitz wurde im Herbst 2014 eine schriftliche Bürgerbefragung zur Lebensqualität und subjektiven Sicherheit durchgeführt. Es handelt sich um die siebte derartige Untersuchung in einer Reihe, die zwischen 1998 und 2014 zunächst in Hoyerswerda (1998, 2002 und 2008) und in Görlitz (1999, 2004, 2012) und zuletzt im Landkreis Görlitz (2014) erfolgte.[54] Dabei wurde ein in seinen Kernfragen weitgehend identisches Erhebungsinstrument verwendet. Dies ermöglicht, neben dem Vergleich zwischen beiden Städten und dem Landkreis Görlitz, auch Entwicklungstendenzen im zeitlichen Verlauf zu erfassen und einzuordnen und ebenso neue Gesichtspunkte wie Wohnortgröße oder Grenznähe als Einflussfaktoren zu berücksichtigen.

Die Nettorücklaufquoten bei den Befragungen von jeweils 2.000 Bürgern über 14 Jahren in den Städten Hoyerswerda und Görlitz lagen in allen Untersuchungen zwischen knapp 35 und 48 Prozent. Im Landkreis Görlitz wurden insgesamt 3.879 Bürger befragt, wobei hier der Nettorücklauf auswertbarer Fragebogen bei 1.159 Fällen, also knapp 30 Prozent, lag. Die Repräsentativität wurde bei dieser wie bei den vorausgegangenen Befragungen überprüft und im Hinblick auf die meisten sozialdemographischen Kenngrößen (Alter, Geschlecht, Ausbildungsabschlüsse, Beschäftigungsstatus usw.) als gegeben festgestellt.

Aus den umfangreichen Ergebnissen der Untersuchungsreihe und insbesondere der letzten Bürgerbefragung im Landkreis Görlitz im Jahr 2014 soll es hier vor allem um die Beurteilung der Sicherheitsauswirkungen der EU-Erweiterungen und der Erweiterung des sogenannten „Schengen-Raums" aus der Sicht der befragten Bürger gehen.

---

[54] Siehe zu den drei letzten Untersuchungen auch: Sterbling, Anton: Entwicklungen der subjektiven Sicherheit und Lebensqualität. Zehn Jahre Bevölkerungsbefragungen in Hoyerswerda und Görlitz 1998-2008. Rothenburger Beiträge. Polizeiwissenschaftliche Schriftenreihe (Band 48), Rothenburg/Oberlausitz 2008; Sterbling, Anton: Görlitzer Bürgerbefragung 2012 zur subjektiven Sicherheit und Lebensqualität, Rothenburger Beiträge. Polizeiwissenschaftliche Schriftenreihe (Band 64), Rothenburg/Oberlausitz 2013; Sterbling, Anton: Sicherheit und Lebensqualität im Landkreis Görlitz. Ergebnisse einer Bürgerbefragung, Rothenburger Beiträge. Polizeiwissenschaftliche Schriftenreihe (Band 78), Rothenburg/Oberlausitz 2015.

Immer mehr drängt sich den Bürgern anscheinend der Eindruck auf, dass der Prozess der Europäisierung, insbesondere im Sinne der Erweiterung und der Integration der Europäischen Union und der Erweiterung des „Schengen-Raums" weitreichende Folgen auf viele Belange der Gesellschaft und des alltäglichen Lebens hat. Die Europäische Union stellt sich heute nicht nur als ein weitläufiger und komplexer Sozial- und Migrationsraum, nicht nur als ein Gebilde mehr oder weniger entwickelter Wohlstandsgesellschaften, sondern auch als ein Krisenraum dar.[55]

Zu den zehn neuen Staaten der Europäischen Union, die zum 1. Mai 2004 aufgenommen wurden, gehörten zwei unmittelbare Nachbarländer des Freistaates Sachsen, nämlich die Republik Polen und die Tschechische Republik. Daher stellte sich die Frage, wie die EU-Erweiterung und die Erweiterung des „Schengen-Raumes" und wie die Sicherheitsauswirkungen dieser Erweiterungsvorgänge aus der Sicht der Bürger beurteilt wurden und werden. Zunächst soll es um die Meinung der befragten Bürger zur EU-Erweiterung allgemein gehen.

Im Jahr 2004, als dieser Aspekt erstmalig erhoben wurde, betrachteten in Görlitz 10 Prozent der Befragten die EU-Erweiterung „sehr positiv" und weitere 23 Prozent „eher positiv". Fast die Hälfte der Befragten (47,1 Prozent) ließen eine ambivalente Haltung erkennen. „Eher negativ" beurteilen 13 Prozent die EU-Erweiterung und 5,7 Prozent äußerten dazu eine „sehr" negative Meinung. Den 33,6 Prozent mit einer überwiegend positiven Einschätzung standen also 18,7 Prozent mit einer eher negativen gegenüber.

Im Jahr 2012 stellten sich in Görlitz diese Anteile bereits ganz anders dar. Es waren nur noch insgesamt 17,7 Prozent der Befragten, die die EU-Erweiterung „sehr positiv" (4,4 Prozent) oder „eher positiv" (13,3 Prozent) bewerteten, zu einem überwiegend negativen Urteil kamen indes 36,2 Prozent, von denen 24,9 Prozent diesen Vorgang „eher negativ" und 11,3 Prozent „sehr negativ" sahen. Mit „teils/teils" antworteten 43,7 Prozent der befragten Bürger. Nochmals etwas ungünstiger erscheinen die diesbezüglichen Befunde der Bürgerbefragung 2014 im Landkreis Görlitz: zu einer vorwiegend positiven Einschätzung kommen nunmehr lediglich 13,5 Pro-

---

[55] Siehe: Sterbling, Anton: Krisen und Wandel, Hamburg 2009; Vobruba, Georg: Der postnationale Raum. Transformation von Souveränität und Grenzen in Europa, Weinheim 2012.

zent der Befragten, davon äußerten sich 2,8 Prozent „sehr positiv" und 10,7 Prozent „eher positiv".

„Teils/teils" lautete die Antwort von etwa der Hälfte (48,1 Prozent) der Befragten, vorwiegend negativ bewerteten 37,4 Prozent die EU-Erweiterungen, davon 26,6 Prozent „eher negativ" und 10,8 Prozent „sehr negativ". Bei der Untersuchung 2008 in Hoyerswerda wurde dieser Vorgang von 5,5 Prozent der Befragten „sehr positiv", von weiteren 18,4 Prozent „eher positiv", von 14,3 Prozent „eher negativ" und von 5 Prozent „sehr negativ" beurteilt, während mehr als die Hälfte (54,5 Prozent) der Befragten mit „teils/teils" antworteten.

All dies lässt eine deutliche Verschiebung im Meinungsbild zur EU-Erweiterung erkennen. Waren es 2004 in Görlitz und 2008 in Hoyerswerda jeweils etwa 19 Prozent, die die EU-Erweiterung vorwiegend negativ sahen, aber rund ein Drittel (33,6 Prozent) in Görlitz und knapp ein Viertel (23,9 Prozent) in Hoyerswerda, die zu einer positiven Einschätzung gelangten, so neigten bereits 2012 in Görlitz gut über ein Drittel (36,2 Prozent) zu einer negativen und nur 17,7 Prozent zu einer positiven Beurteilung. Im Landkreis Görlitz sind es 2014 dann ebenfalls 37,4 Prozent, die vorwiegend zu einer negativen Meinung und lediglich 10,5 Prozent, die eher zu einer positiven Einschätzung tendieren. Selbst, wenn im Landkreis Görlitz im Jahr 2014 noch etwas über 60 Prozent die EU-Erweiterung vorwiegend positiv oder zumindest ambivalent einschätzen, ist der Anteil von über einem Drittel der befragten Bürger, die eine „europakritische" Meinung vertreten, doch recht hoch. Wie wird die Auswirkung der EU-Erweiterung auf die Sicherheitslage im Landkreis Görlitz vor diesem Hintergrund beurteilt?

Haben bei den Befragungen 2004 in Görlitz mit 63,9 Prozent und 2008 in Hoyerswerda mit 65,3 Prozent fast zwei Drittel der befragten Bürger die Meinung vertreten, dass nach der EU-Erweiterung keine nennenswerte Änderung der Sicherheitslage eingetreten sei, so waren es 2012 in Görlitz nur noch 21,1 Prozent und 2014 im Landkreis Görlitz lediglich 20,3 Prozent, die sich in diesem Sinne äußerten. Bei der letzten Untersuchung im Landkreis Görlitz 2014 fanden nur 0,9 Prozent, dass sich die Sicherheitslage nach der EU-Erweiterung „erheblich", und 5,8 Prozent, dass sie sich „eher verbessert" hätte. Demgegenüber meinen 46,8 Prozent, dass sich die Sicherheitslage „eher" und 24,3 Prozent, dass sie sich „erheblich verschlechtert" hätte. 6,7 Prozent der Befragten, die zu einer überwiegend positiven Bewertung gelangen, stehen 71,2 Prozent gegenüber, die die Auswirkungen der EU-Erweiterung auf die Sicherheitsgegebenheiten vorwiegend negativ einschätzen. Damit werden weitgehend bereits bei der Bürgerbefragung 2012 in Görlitz festgestellte Befunde bestätigt, denn auch bei dieser Untersuchung standen bereits 6,3 Prozent vorwiegend positiven Bewertungen 68,9 Prozent überwiegend negative gegenüber. Demgegenüber waren es 2004 in Görlitz lediglich knapp 30 Prozent und 2008 in Hoyerswerda knapp 28 Prozent der befragten Bürger, die eine Verschlechterung der Sicherheitsgegebenheiten konstatierten. Das ergibt bei den Befragungen 2012 und 2014 sehr stark veränderte Meinungsbilder gegenüber den Untersuchungen 2004 und 2008, die jedenfalls in ihren Ursachen und Folgen entsprechend aufmerksam aufgenommen werden sollten.

Im Hinblick auf die Erweiterung des „Schengen-Raumes", die bekanntlich Ende des Jahres 2007 erfolgte, wurde in allen Untersuchungen festgestellt, dass dieser Sachverhalt zwischen 94 und etwas mehr als 95 Prozent der Befragten bekannt war. Wie wurde diese Erweiterung beurteilt?

Bei der Bürgerbefragung 2014 im Landkreis Görlitz wurde die Erweiterung des „Schengen-Raumes" von 3,4 Prozent „sehr positiv" und 12 Prozent „eher positiv" beurteilt, 40,5 Prozent antworteten „teils/teils", zu einem „eher" negativen Urteil kamen 27,5 Prozent der Befragten und 14,3 Prozent äußerten sich diesbezüglich „sehr negativ". Einem Anteil von 15,4 Prozent, die zu einer vorwiegend positiven Einschätzung tendieren, stehen 41,8 Prozent gegenüber, die die Erweiterung des „Schengen-Raums" vorwiegend negativ betrachten. Dieses Meinungsbild stimmt weitgehend mit dem der Untersuchung 2012 in Görlitz überein. Auch damals äußerten sich nur 4,4 Prozent der Befragten „sehr positiv" und weitere 11,3 Prozent „eher positiv", 35,4 Prozent antworteten mit „teils/teils", 26,3 Prozent kamen zu einer „eher" negativen und 19,8 Prozent zu einer „sehr" negativen Beurteilung. 15,7 Prozent der 2012 in Görlitz befragten Bürger, die zu einem vorwiegend positiven Urteil neigten, standen 47 Prozent gegenüber, die die Erweiterung des „Schengen-Raumes" vorwiegend negativ sahen. Diese Bewertungsmuster ähneln übrigens auch der bereits behandelten Einschätzung der EU-Erweiterung bei den letzten beiden Befragungen. Dieses Meinungsbild erscheint zugleich deutlich negativer als das der Untersuchung

2008 in Hoyerswerda, bei der 43,2 Prozent der Befragten die Erweiterung des „Schengen-Raums" ambivalent betrachteten und mit „teils/teils" antworteten, 25,4 Prozent die Erweiterung vorwiegend positiv und 29,2 Prozent vorwiegend negativ einschätzten. Der Anteil der vorwiegend negativen Bewertungen stieg also von rund 29 Prozent 2008 in Hoyerswerda auf 47 Prozent 2012 in Görlitz und knapp 42 Prozent im Landkreis Görlitz 2014 deutlich an.

Bei der Untersuchung im Landkreis Görlitz 2014 bekundeten 53,1 Prozent der Befragten, dass sich die Sicherheitslage in Folge der Erweiterung des „Schengen-Raums" aus ihrer Sicht „eher verschlechtert", und weitere 26,9 Prozent, dass diese sich „erheblich verschlechtert" hätte. Keine Änderung sehen 12,6 Prozent und eine Verbesserung 4,6 Prozent der befragten Bürger. Dies entspricht weitgehend dem Meinungsbild, das sich bereits bei der letzten Bürgerbefragung ergab. Über die Hälfte (50,6 Prozent) der Befragten äußerten bei der Untersuchung 2012 in Görlitz nämlich, dass sich die Sicherheitslage „eher verschlechtert" und weitere 27,4 Prozent, dass sich die Lage „erheblich" verschlechtert hätte. Diesen 78 Prozent, die eine Verschlechterung der Sicherheitsgegebenheiten feststellten, standen lediglich 6,3 Prozent gegenüber, die meinten, dass sich die Situation „erheblich verbessert" (2,5 Prozent) oder „eher verbessert" (3,8 Prozent) hätte. 12,6 Prozent der befragten Bürger äußerten, dass es keine nennenswerten Änderungen gegeben hätte. Darin liegt auch der markanteste Unterschied der Befragungen 2012 und 2014 zur Untersuchung 2008 in Hoyerswerda, bei der 42,9 Prozent der Befragten keine wesentlichen Veränderungen der Sicherheitslage in Folge der Erweiterung des „Schengen-Raumes" erkannten. Positive Auswirkungen stellten 2008 indes auch lediglich rund 3 Prozent fest, während 44,8 Prozent die Sicherheitslage „eher verschlechtert" und 6,3 Prozent sogar „erheblich verschlechtert" wahrgenommen haben. Also bereits 2008 waren es über die Hälfte (51,1 Prozent) der Befragten, die eine Verschlechterung der Sicherheitslage durch die Erweiterung des „Schengen-Raumes" bekundeten. Im Vergleich dazu stellt der Anstieg auf 78 Prozent 2012 in Görlitz und auf 80 Prozent 2014 im Landkreis Görlitz allerdings dann doch nochmals einen sehr bedenklichen Entwicklungsverlauf dar.

Abschließende Gedanken

Den Ausgangspunkt der Überlegungen bildeten die grundlagentheoretischen Fragen und Schwierigkeiten der soziologischen Bestimmung des Gesellschaftsbegriffs, insbesondere im Hinblick auf dessen empirische Grenzen. Die Frage der Grenzen und insbesondere der Grenzen in Europa wurde sodann historisch weit ausholend aufgenommen, indem reale und imaginäre Grenzen wie die der „Hajnal-Linie" oder die der „Kulturkreise", aber auch die dynastischer Staatsgebilde und die der bis ins 20. Jahrhundert hinein fortbestehende „Vielvölkerstaaten" behandelt und – auch im Hinblick soziologische Implikationen – näher analysiert wurden. Daran schlossen Fragen der modernen Nationalstaatenbildung an, wobei auch die paradigmatische Bedeutung dieser spezifischen makrosozialen Einheit und ihrer Grenzen für die Auffassung des soziologischen Gesellschaftsbegriffs erkennbar wurden.

Deformationen des modernen Staates im 20. Jahrhundert wurden sodann unter der ausdrücklichen Betrachtung der hermetischen und „blutigen" Grenzen, wie sie insbesondere im östlichen Europa unter sowjetischer Hegemonialherrschaft gegeben waren, veranschaulicht. Gleichsam gegenübergestellt wurde dem die Durchlässigkeit und tendenzielle Überwindung von Grenzen in Europa, vor allem unter der Perspektive der Erweiterung der Europäischen Union und des „Schengen-Raums". Ergänzt wurde dieser Gesichtspunkt allerdings durch eher kritische empirische Befunde zur Beurteilung der Sicherheitsauswirkungen dieser Erweiterungsprozesse in einer östlichen Grenzregion Deutschlands.

Folgt man diesem weiten Gedankenbogen und hat insbesondere die Frage der sozialen Relevanz von Grenzen im Blick, so kann vor allem folgender zentrale Gedanke festgehalten werden. Die Nationalstaatenbildung ist als ein fundamentaler Vorgang in der europäischen Modernisierung zu betrachten, wobei staatliche Grenzen eine besondere Relevanz im Zusammenhang mit der Rechtsfigur des gleichberechtigten „Staatsbürgers" wie auch einer weitgehenden räumlichen Kongruenz verschiedener institutioneller Ordnungen erhielten. Man kann im soziologischen Sinne auch von einem hohen Maß an „systemtischer" Integration sprechen. Dieser Zustand findet in Begriffen und Realitäten wie „Nationalkultur", „Nationalökonomie" und eben auch „Gesellschaft" seinen spezifischen und bezeichnenden

Ausdruck. Im Falle autoritärer und totalitärer Staaten nimmt die „systemische" Integration indes vielfach den Charakter einer die Freiheit der Menschen weitgehend einschränkenden oder aufhebenden Zwangsintegration an.[56] Dem modernen demokratischen wie auch dem autoritären oder totalitären Staat und Nationalstaat im Besonderen steht – historisch betrachtet – eine Vielfalt gesellschaftlicher Ordnungen unterschiedlicher räumlicher Reichweite und Relevanz in vor- und postnationalstaatlichen Zeiten gegenüber.

Die spezifische Relevanz der Grenzen des Nationalstaates hat sich offenbar auch tief und problematisch in den soziologischen Grundbegriff der „Gesellschaft" festgeschrieben. Dies wurde seit einiger Zeit unter anderem von Ulrich Beck als „methodologischer Nationalismus" in der Soziologie kritisiert und nachdrücklich, durch die Entfaltung einer Analyseperspektive der „reflexiven" Modernisierung und Globalisierung, zu überwinden vorgeschlagen.[57] Allerdings hat bereits Max Weber diese Problematik erkannt[58] und es – anders als beispielsweise Emile Durkheim[59] – weitgehend vermieden, dem Gesellschaftsbegriff einen zentralen theoretischen Stellenwert einzuräumen, sondern Weber hat bevorzugt von Vergesellschaftungs- und Vergemeinschaftungsvorgängen gesprochen. Im Sinne Max Webers

---

[56] Zur Gegenüberstellung von „System" und „Lebenswelt" siehe auch: Habermas, Jürgen: Theorie des kommunikativen Handelns. Band 2: Zur Kritik der funktionalistischen Vernunft, Frankfurt a. M. 1981; Sterbling, Anton: „System" und „Lebenswelten" im Sozialismus. Das Beispiel des multiethnischen Banats, in: Sterbling, Anton: Entwicklungsverläufe, Lebenswelten und Migrationsprozesse. Studien zu ländlichen Fragen Südosteuropas. Buchreihe Land-Berichte (Band 5), Aachen 2010 (S. 109-133).

[57] Siehe: Beck, Ulrich: Was ist Globalisierung? Irrtümer des Globalismus – Antworten auf Globalisierung, Frankfurt a. M. 1997; Beck, Ulrich: Risikogesellschaft und die Transnationalisierung sozialer Ungleichheit, in: Berger, Peter A./Weiß, Anja (Hrsg.): Transnationalisierung sozialer Ungleichheit, Wiesbaden 2008 (S. 19-40).

[58] Siehe: Weber, Max: Wirtschaft und Gesellschaft. Grundriss der verstehenden Soziologie, Tübingen ⁵1976.

[59] Tenbruck stellte dazu fest: „„Gesellschaft" als Konzept des gesellschaftlichen Wirklichkeitsverständnisses ist aus einem spezifischen ideengeschichtlichen Kontext hervorgegangen, und die Soziologie hat ein erhebliches Stück zur Durchsetzung dieses Konzeptes als „Schlüsselbegriff" des modernen Daseinsverständnisses beigetragen." Und er fügt dem hinzu: „Emile Durkheim ist das hervorragendste und folgenreichste Beispiel für diese Geburt der Gesellschaft aus dem Geist der Soziologie". Siehe dazu auch: Tenbruck, Friedrich H.: Emile Durkheim oder die Geburt der Gesellschaft aus dem Geist der Soziologie, in: Zeitschrift für Soziologie, 10. Jg., Stuttgart 1981 (S. 333-350), insb. S. 335 ff, vgl. S. 342.

stellt Friedrich H. Tenbruck denn auch fest: „Max Weber konnte sich die Freiheit nehmen, mit wechselnden, sei es konzentrischen oder auch exzentrischen, problematisch ineinander verschachtelten und aufeinander wirkenden Gebilden zu rechnen. Bald betrachtet er Länder oder Völker, bald Kulturkreise; er rechnet mit Kirchen, Religionen, mit geistigen Bewegungen, die sich quer durch bestehende soziale Gebilde legen."[60] Dem fügte Tenbruck an anderer Stelle hinzu: „Angesichts der offenbaren, wenngleich verschiedenen und verschieden starken Einlagerungen der gesellschaftlichen Vorgänge in ein System, in dem mehrere Staaten oder Gesellschaften oft über Jahrhunderte hinweg durch Kriege, Austausch, Diffusion, Konkurrenz aufeinander einwirken, aneinander gekettet und aneinander orientiert sind, muß die Absicht, die gesellschaftlichen Vorgänge als rein innere Verkettungen zu konstruieren und äußere Einflüsse nur im Notfall und Einzelfall sichtbarer Einwirkung und Übertragung heranzuziehen, äußerst erstaunen".[61] Und er empfiehlt der Soziologie, gleichsam der historischen Forschung zu folgen, die das „Aktionsfeld, das durch das Neben-, Gegen- und Miteinander mehrerer politisch selbständiger Gebilde geschaffen wird", selbstverständlich untersucht. Dies erscheint anders bei den gängigen soziologischen Analysen, die durch den ideengeschichtlichen Entstehungskontext der Soziologie in ihrer Sichtweise eng an die Dominanz des Nationalstaates gebunden wirkt und damit auch vielfach auf ein „Ein-Gesellschaft-Modell" fixiert bleibt.[62] Der gegenwärtigen Realität Europas – insbesondere der europäischen Union und des „Schengen-Raums", aber ebenso des darin (noch) nicht integrierten östlichen und südöstlichen Teil des Kontinents – wird sicherlich eher eine Erkenntnisweise und Analyseperspektive wie die Max Webers als die herkömmlicher Soziologie gerecht.

---

[60] Siehe: Tenbruck, Friedrich H.: Emile Durkheim oder die Geburt der Gesellschaft aus dem Geist der Soziologie, in: Zeitschrift für Soziologie, 10. Jg., Stuttgart 1981 (S. 333-350), insb. S. 335 ff, vgl. S. 346.

[61] Siehe: Tenbruck, Friedrich H.: Die Soziologie vor der Geschichte, in: Kölner Zeitschrift für Soziologie und Sozialpsychologie, Sonderheft 16, Opladen 1972 (S. 29-58), vgl. S. 36.

[62] Siehe: Tenbruck, Friedrich H.: Die Soziologie vor der Geschichte, in: Kölner Zeitschrift für Soziologie und Sozialpsychologie, Sonderheft 16, Opladen 1972 (S. 29-58), vgl. S. 35; Tenbruck, Friedrich H.: Gesellschaftsgeschichte oder Weltgeschichte?, in: Kölner Zeitschrift für Soziologie und Sozialpsychologie, 41. Jg., Opladen 1989 (S. 417-439).

Literatur

Almond, Gabriel A.: Politische Systeme und politischer Wandel, in: Zapf, Wolfgang (Hrsg.): Theorien des sozialen Wandels, Köln-Berlin [3]1971 (S. 211-227)

Almond, Gabriel A./Powell, G.: Bingham: Comparative Politics: A Developmental Approach, Boston-Toronto 1966

Bach, Maurizio/Sterbling, Anton (Hrsg.): Soziale Ungleichheit in der erweiterten Europäischen Union. Beiträge zur Osteuropaforschung, Hamburg 2008

Bach, Maurizio: Demokratisierung der Europäischen Union – Ideal oder Irrweg?, in: Gesellschaft, Wirtschaft, Politik, 63. Jg., Heft 1, Opladen 2014 (S. 65-77)

Bach, Maurizio: Europa ohne Gesellschaft. Politische Soziologie der europäischen Integration, Wiesbaden [2]2014

Balla, Bálint/Dahmen, Wolfgang/Sterbling, Anton (Hrsg.): Korruption, soziales Vertrauen und politische Verwerfungen – unter besonderer Berücksichtigung südosteuropäischer Gesellschaften, Beiträge zur Osteuropaforschung 18, Hamburg 2012

Beck, Ulrich: Was ist Globalisierung? Irrtümer des Globalismus – Antworten auf Globalisierung, Frankfurt a. M. 1997

Beck, Ulrich: Risikogesellschaft und die Transnationalisierung sozialer Ungleichheit, in: Berger, Peter A./Weiß, Anja (Hrsg.): Transnationalisierung sozialer Ungleichheit, Wiesbaden 2008 (S. 19-40)

Berger, Peter A./Weiß, Anja (Hrsg.): Transnationalisierung sozialer Ungleichheit, Wiesbaden 2008

Bohler, Karl Friedrich: Regionale Gesellschaftsentwicklung und Schichtungsmuster in Deutschland, Frankfurt a. M. u.a.O. 1995

Bohler, Karl Friedrich: Die ländliche Gemeinde von 1300 bis 1800 im Zusammenspiel sozialräumlicher, politisch-historischer und wirtschaftlicher Faktoren, in: Land-Berichte. Sozialwissenschaftliches Journal, XVI. Jg., Heft 3, Aachen 3013 (S. 9-30)

Burckhardt, Jacob: Weltgeschichtliche Betrachtungen. Über geschichtliches Studium, Gütersloh o.J.

Busek, Erhard/Brix, Emil: Projekt Mitteleuropa, Wien 1986

Clark, Christopher: Die Schlafwandler. Wie Europa in den Ersten Weltkrieg zog, München [7]2013

Deutsch, Karl W.: Soziale Mobilisierung und politische Entwicklung, in: Zapf, Wolfgang (Hrsg.): Theorien des sozialen Wandels, Köln-Berlin [3]1971 (S. 329-350)

Deutsch, Karl W.: Nationenbildung, Nationalstaat, Integration, Düsseldorf 1972

Demandt, Alexander (Hrsg.): Deutschlands Grenzen in der Geschichte, München 1990

Eigmüller, Monika/Mau, Steffen (Hrsg.): Gesellschaftstheorie und Europapolitik. Sozialwissenschaftliche Ansätze zur Europaforschung, Wiesbaden 2010

Eisenstadt, Samuel N.: Tradition, Wandel und Modernität, Frankfurt a. M. 1979

Eisenstadt, Samuel N.: Revolution und Transformation von Gesellschaften. Eine vergleichende Untersuchung verschiedener Kulturen, Opladen 1982

Gabanyi, Anneli Ute/Sterbling, Anton (Hrsg.): Sozialstruktureller Wandel, soziale Probleme und soziale Sicherung in Südosteuropa. Südosteuropa-Studien, Band 65, München 2000

Gehler, Michael/Pudlat, Andreas (Hrsg.): Grenzen in Europa, Hildesheim-Zürich-New York 2009

Gellner, Ernest: Pflug, Schwert und Buch. Grundlinien der Menschheitsgeschichte, München 1993

Giesen, Bernhard: Gesellschaftliche Identität und Evolution. Ein Vergleich soziologischer Theorietraditionen, in: Soziale Welt 31. Jg., Göttingen 1980 (S. 311-332)

Giesen, Bernhard (Hrsg.): Nationale und kulturelle Identität. Studien zur Entwicklung des kollektiven Bewußtseins in der Neuzeit, Frankfurt a. M. 1991

Giordano, Christian: Privates Vertrauen und informelle Netzwerke: Zur Organisationsstruktur in Gesellschaften des öffentlichen Misstrauens. Südosteuropa im Blickpunkt, in: Roth, Klaus (Hrsg.): Soziale Netzwerke und soziales Vertrauen in den Transformationsländern, Wien-Zürich-Berlin 2007 (S. 21-49)

Giordano, Christian/Hayoz, Nicolas (Hrsg.): Informality in Eastern Europe. Structures, Political Cultures and Social Practices. Interdisciplinary Studies on Central and Eastern Europe, Vol. 11, Bern u.a.O. 2013

Habermas, Jürgen: Theorie des kommunikativen Handelns. Band 2: Zur Kritik der funktionalistischen Vernunft, Frankfurt a. M. 1981

Heidenreich, Martin (Hrsg.): Die Europäisierung sozialer Ungleichheit, Frankfurt a. M. 2006

Hösch, Edgar: Geschichte der Balkanländer. Von der Frühzeit bis zur Gegenwart, München ²1993

Huntington, Samuel P.: Der Kampf der Kulturen. Die Neugestaltung der Weltpolitik im 21. Jahrhundert, München ⁵1997

Jonas, Friedrich: Geschichte der Soziologie 1: Aufklärung, Liberalismus, Idealismus, Sozialismus, Übergang zur industriellen Gesellschaft, Opladen ²1981

Kaser, Karl: Familie und Geschlechterbeziehungen, in: Kaser, Karl/Gruber, Siegfried/Pichler, Robert (Hrsg.): Historische Anthropologie im südöstlichen Europa. Eine Einführung, Wien-Köln-Weimar 2003 (S. 153-174)

Knöbl, Wolfgang: Polizei und Herrschaft im Modernisierungsprozeß. Staatsbildung und innere Sicherheit in Preußen, England und Amerika 1700-1914, Frankfurt a. M.-New York 1995

Konrád, György: Antipolitik. Mitteleuropäische Meditationen, Frankfurt a. M. 1985

Lendvai, Paul: Die Ungarn. Ein Jahrtausend Sieger in Niederlagen, München 1999

Lepsius, M. Rainer: Interessen, Ideen und Institutionen, Wiesbaden ²2009

Lepsius, M. Rainer: Die Europäische Gemeinschaft und die Zukunft des Nationalstaates, in: Lepsius, M. Rainer: Demokratie in Deutschland, Göttingen 1993 (S. 249-264)

Lepsius, M. Rainer: Nationalstaat oder Nationalitätenstaat als Modell für die Weiterentwicklung der Europäischen Gemeinschaft, in: Lepsius, M. Rainer: Demokratie in Deutschland, Göttingen 1993 (S. 265-285)

Lepsius, M. Rainer: Institutionalisierung politischen Handelns. Analysen zur DDR, Wiedervereinigung und Europäischen Union, Wiesbaden 2013

Mannheim, Karl: Mensch und Gesellschaft im Zeitalter des Umbaus, Bad Homburg-Berlin-Zürich 1967

Mappes-Niediek, Norbert: Arme Roma, böse Zigeuner. Was an den Vorurteilen über die Zuwanderer stimmt, Berlin 2012

Marshall, Thomas H.: Class, Citizenship, and Social Development, Garden City 1964

Müller, Herta: Herztier, Reinbek bei Hamburg 1994

Müller, Michael G./Petri, Rolf (Hrsg.): Die Nationalisierung von Grenzen. Zur Konstruktion nationaler Identität in sprachlich gemischten Grenzregionen, Marburg 2002

Münkler, Herfried: Wie das Versagen der Eliten nun Europa zerstört, in: Die Welt, vom 30. Januar 2016, online: http://www.welt.de/wirtschaft/article151042741/Wie-das-Versagen-der-Eliten-nun-Europa-zerstoert.html (Abgerufen: 30.1.2016)

Nikles, Bruno W./Weiß, Johannes (Hrsg.): Gesellschaft. Organismus – Totalität – System, Hamburg 1975

Offe; Claus: Das Dilemma der Gleichzeitigkeit. Demokratisierung und Marktwirtschaft in Osteuropa, in: Merkur. Deutsche Zeitschrift für europäisches Denken, 45. Jg., Stuttgart 1991 (S. 279-292)

Pan, Christoph: Die Bedeutung von Minderheiten- und Sprachschutz für die kulturelle Vielfalt Europas, in: Europäisches Journal für Minderheitenfragen, Heft 1, Wien 2008 (S. 11-33)

Parsons, Talcott: Evolutionäre Universalien, in: Zapf, Wolfgang (Hrsg.): Theorien des sozialen Wandels, Köln-Berlin [3]1971 (S. 55-74)

Schieder, Theodor: Typologie und Erscheinungsformen des Nationalstaates in Europa, in: Winkler, Heinrich August (Hrsg.): Nationalismus, Königstein/Ts. [2]1985 (S. 119-137)

Schieder, Theodor: Nationalismus und Nationalstaat, Göttingen 1991

Schönfelder, Bruno: Vom Spätsozialismus zur Privatrechtsordnung. Eine Untersuchung über die Interdependenz zwischen Recht und Wirtschaft am Beispiel von Gläubigerschutz und Kredit, Berlin 2012

Schüler, Sonja: Die ethnische Dimension der Armut. Roma im postsozialistischen Rumänien, Stuttgart 2007

Stagl, Justin: Volkskultur, Hochkultur, Nationalkultur, in: Balla, Bálint/Sterbling, Anton (Hrsg.): Zusammenbruch des Sowjetsystems – Herausforderung für die Soziologie, Hamburg 1996(S. 213-227)

Steiner, Johann/Magheţi, Doina (Hrsg.): Die Gräber schweigen. Berichte von der blutigsten Grenze Europas, Troisdorf 2008

Sterbling, Anton: Eliten im Modernisierungsprozeß. Ein Theoriebeitrag zur vergleichenden Strukturanalyse unter besonderer Berücksichtigung grundlagentheoretischer Probleme, Hamburg 1987

Sterbling, Anton: Strukturfragen und Modernisierungsprobleme südosteuropäischer Gesellschaften, Hamburg 1993

Sterbling, Anton: Historische Aspekte der Staaten- und Nationenbildung in Südosteuropa, in: Sterbling, Anton: Kontinuität und Wandel in Rumänien und Südosteuropa. Historisch-soziologische Analysen, München 1997 (S. 99-114)

Sterbling, Anton: Kontinuität und Wandel in Rumänien und Südosteuropa. Historisch-soziologische Analysen, München 1997

Sterbling, Anton: Soziale Integration – soziologische Anmerkungen zu einem vielfach in der Schwebe gehaltenen Begriff, in: Beetz, Stephan/Jacob, Ulf/ Sterbling, Anton (Hrsg.): Soziologie über die Grenzen – Europäische Perspektiven. Festschrift für Herrn Professor Dr. Dr. h.c. Bálint Balla zum 75. Geburtstag, Hamburg 2003 (S. 471-485)

Sterbling, Anton: Stalinismus in den Köpfen, in: Orbis Linguarum, Band 27, Wroclaw/ Breslau 2004 (S. 23-38)

Sterbling, Anton: Das Wesen und die Schwächen der Diktatur – nachgelesen in den Romanen von Herta Müller, in: Kron, Thomas/Schimank, Uwe (Hrsg.): Die Gesellschaft der Literatur, Opladen 2004 (S. 165-200)

Sterbling, Anton: Aktuelle Identitätsprobleme in Südosteuropa, in: Südosteuropa-Mitteilungen, 45. Jg., Heft 2, München 2005 (S. 6-15)

Sterbling, Anton: Flucht als Provokation? Bruchstücke einer Erinnerung, in: Spiegelungen. Zeitschrift für deutsche Kultur und Geschichte Südosteuropas, 55. Jg., Heft 1, München 2006 (S. 58-66)

Sterbling, Anton (Hrsg.): Migrationsprozesse, Probleme von Abwanderungsregionen, Identitätsfragen. Beiträge zur Osteuropaforschung, Band 12, Hamburg 2006

Sterbling, Anton: Rumänien und Bulgarien als neue Mitglieder der Europäischen Union, in: Spiegelungen. Zeitschrift für deutsche Kultur und Geschichte Südosteuropas, 2/56. Jg., Heft 1, München 2007 (S. 3-9)

Sterbling, Anton: Entstehung sozialer Ungleichheit in ost- und südosteuropäischen Gesellschaften, in: Bach, Maurizio/Sterbling, Anton (Hrsg.): Soziale Ungleichheit in der erweiterten Europäischen Union, Beiträge zur Osteuropaforschung 14, Hamburg 2008 (S. 39-62)

Sterbling, Anton: Entwicklungen der subjektiven Sicherheit und Lebensqualität. Zehn Jahre Bevölkerungsbefragungen in Hoyerswerda und Görlitz 1998-2008. Rothenburger Beiträge. Polizeiwissenschaftliche Schriftenreihe (Band 48), Rothenburg/ Oberlausitz 2008

Sterbling, Anton: Über Freiheit. Allgemeine Reflexionen und Stellungnahmen, in: Sterbling, Anton: Krisen und Wandel, Hamburg 2009 (S. 87-113)

Sterbling, Anton: Krisen und Wandel, Hamburg 2009

Sterbling, Anton (Hrsg.): Zivilgesellschaftliche Entwicklungen in Südosteuropa. Südosteuropa-Jahrbuch, Band 36, München 2009

Sterbling, Anton: Entgrenzung von Sicherheitsräumen und Entstehung von „Gewaltmärkten", in: Behr, Rafael/Ohlemacher, Thomas (Hrsg.): Offene Grenzen – Polizei in der Sicherheitsarchitektur einer post-territorialen Welt. Ergebnisse der XI. Tagung des Arbeitskreises Empirische Polizeiforschung, Frankfurt a. M. 2009 (S. 113-128)

Sterbling, Anton: Partikularismus in Südosteuropa, in: Land-Berichte. Sozialwissenschaftliches Journal, XIII. Jg., Heft 1, Aachen 2010 (S. 89-104)

Sterbling, Anton: „System" und „Lebenswelten" im Sozialismus. Das Beispiel des multiethnischen Banats, in: Sterbling, Anton: Entwicklungsverläufe, Lebenswelten und Migrationsprozesse. Studien zu ländlichen Fragen Südosteuropas. Buchreihe Land-Berichte (Band 5), Aachen 2010 (S. 109-133)

Sterbling, Anton: Sozialer Wandel und historisch-vergleichende Modernisierungsforschung, in: Sterbling, Anton: Verwerfungen in Modernisierungsprozessen. Soziologische Querschnitte, Hamburg 2012 (S. 129-152)

Sterbling, Anton: Kollektive Identitäten. Anwendungsmöglichkeiten einer Analysekategorie, in: Sterbling, Anton: Verwerfungen in Modernisierungsprozessen. Soziologische Querschnitte, Hamburg 2012 (S. 155-193)

Sterbling, Anton: Görlitzer Bürgerbefragung 2012 zur subjektiven Sicherheit und Lebensqualität, Rothenburger Beiträge. Polizeiwissenschaftliche Schriftenreihe (Band 64), Rothenburg/Oberlausitz 2013

Sterbling, Anton: Identitätsfragen, sozialer Wandel in Südosteuropa und das Dauerdilemma „zwischen Ost und West", in: Kulturkreise. Kultursoziologie, Potsdam 2014 (S. 67-81)

Sterbling, Anton: Der „innengeleitete" oder der „außengeleitete" Mensch im Horizont der Moderne, in: Sterbling, Anton: Wege der Modernisierung und Konturen der Moderne im westlichen und östlichen Europa, Wiesbaden 2015 (S. 113-138)

Sterbling, Anton: Kollektive Identitäten, in: Kollmorgen, Raj/Merkel, Wolfgang/Wagener, Hans-Jürgen (Hrsg.): Handbuch Transformationsforschung, Wiesbaden 2015 (S. 581-586)

Sterbling, Anton: Minderheiten in Rumänien, unter besonderer Berücksichtigung der Deutschen in und aus Rumänien, in: Europäisches Journal für Minderheitenfragen, Vol. 8, Nr. 1, Wien 2015 (S. 51-65)

Sterbling, Anton: Sicherheit und Lebensqualität im Landkreis Görlitz. Ergebnisse einer Bürgerbefragung, Rothenburger Beiträge. Polizeiwissenschaftliche Schriftenreihe (Band 78), Rothenburg/Oberlausitz 2015

Sterbling, Anton: Zuwanderung, Kultur und Grenzen in Europa, Aachen 2015

Sterbling, Anton: Der Donauraum – Kooperation und Konkurrenz, in: Institut für Donauraum und Mitteleuropa (Hrsg.): Der Donauraum, 54. Jg., Wien 2016 (in Vorbereitung)

Streeck, Wolfgang (Hrsg.): Internationale Wirtschaft, nationale Demokratie, Frankfurt a. M.-New York 1998

Telbizova-Sack, Jordanka: Identitätsmuster der Pomaken Bulgariens. Ein Beitrag zur Minoritätenforschung. Scripta Slavica, Band 7, Marburg/Lahn 1999

Tenbruck, Friedrich H.: Die Soziologie vor der Geschichte, in: Kölner Zeitschrift für Soziologie und Sozialpsychologie, Sonderheft 16, Opladen 1972 (S. 29-58)

Tenbruck, Friedrich H.: Emile Durkheim oder die Geburt der Gesellschaft aus dem Geist der Soziologie, in: Zeitschrift für Soziologie, 10. Jg., Stuttgart 1981 (S. 333-350)

Tenbruck, Friedrich H.: Gesellschaftsgeschichte oder Weltgeschichte?, in: Kölner Zeitschrift für Soziologie und Sozialpsychologie, 41. Jg., Opladen 1989 (S. 417-439)

Vobruba, Georg: Die Dynamik Europas, Wiesbaden 2005

Vobruba, Georg: Der postnationale Raum. Transformation von Souveränität und Grenzen in Europa, Weinheim 2012

Vogt, Matthias Theodor/Sokol, Jan/Bingen, Dieter/Neyer, Jürgen/Löhr, Albert (Hrsg.): Minderheiten als Mehrwert, Frankfurt a. M. 2010

Wagner, Richard: Habsburg. Bibliothek einer verlorenen Welt, Hamburg 2014

Weber, Max: Wirtschaft und Gesellschaft. Grundriss der verstehenden Soziologie, Tübingen [5]1976

Weber, Max: Gesammelte politische Schriften, Tübingen [5]1988

Reflexionen über Kultur und Interkulturalität[1]

Es ist wahrscheinlich weitgehend unstrittig, dass in einer Welt, in der Globalisierungs- und Europäisierungsprozesse[2] und damit verbundene Migrationsvorgänge[3] und Begegnungen der Kulturen fortschreiten, aber sich auch vielfältige Spannungen, Konflikte und Krisen[4] als deren Begleiterscheinungen erkennen lassen, interkultureller Bildung und entsprechenden Kompetenzen eine wachsende Bedeutung zukommt. Darüber lässt sich heute wohl rasch Übereinstimmung erreichen.

Schwieriger wird es indes, wenn man sich gründlicher der Frage zuwendet, was interkulturelle Kompetenzen eigentlich bedeuten und wie diese – auch, aber natürlich nicht ausschließlich – durch Bildung zu erwerben und weiter zu entwickeln sind. Diese auf die Kenntnis oder Beherrschung von Fremdsprachen zu reduzieren wäre sicherlich ebenso zu kurz gegriffen wie damit die im Westen weit verbreitete Haltung des „Gutmenschentums" zu meinen. Beim Gebrauch von Fremdsprachen sollte man darauf achten, dass diesen stets ein „linguistischer" wie auch ein „semantischer" Aspekt innewohnen.[5] Mit der semantischen Dimension befindet man sich indes

---

[1]   Dieser Beitrag stützt sich vor allem auf den Band: Sterbling, Anton: Kultur und Interkulturalität. Das Banat, Donauraum, Balkanimpressionen, Rothenburger Beiträge. Polizeiwissenschaftliche Schriftenreihe, Rothenburg/Oberlausitz 2015. In diesem Band werden die hier pointiert zusammengefassten Gedanken vertieft entwickelt. Außerdem werden in dem Sammelband historische und „lebensweltliche" Aspekte dieser Gesamtproblematik anhand verschiedener Fallbeispiele behandelt. Eine ähnliche Fassung ist auch in dem Band: Sterbling, Anton: Zuwanderung, Kultur und Grenzen in Europa, Aachen 2015, erschienen.

[2]   Siehe: Balla, Bálint/Sterbling, Anton (Hrsg.): Globalisierung, Europäisierung, Regionalisierung – unter besonderer Berücksichtigung ihrer Erscheinungsformen und Auswirkungen im östlichen Europa, Beiträge zur Osteuropaforschung 16, Hamburg 2009; Balla, Bálint/Sterbling, Anton (Hrsg.): Europäische Entwicklungsdynamik, Beiträge zur Osteuropaforschung 17, Hamburg 2009.

[3]   Siehe: Sterbling, Anton (Hrsg.): Migrationsprozesse, Probleme von Abwanderungsregionen, Identitätsfragen. Beiträge zur Osteuropaforschung, Band 12, Hamburg 2006.

[4]   Siehe: Sterbling, Anton: Krisen und Wandel, Hamburg 2009.

[5]   Siehe: Sterbling, Anton: Sprache und Verständigung im europäischen Kontext – linguistische und semantische Aspekte, in: Südostdeutsche Vierteljahresblätter, 51. Jg., München 2002 (S. 321-324).

schon tief in der kulturellen und „lebensweltlichen" Wirklichkeit, die sich durch eine Sprache und ihre evidenten und mehr noch durch ihre subtilen Bedeutungskonnotationen mit zum Ausdruck gebracht findet. Bei interkultureller Kompetenz geht es auch und gerade um das Verständnis dieser spezifischen kulturellen Bedeutungsschichten und Relevanzstrukturen, um diese tiefgründigeren Wert- und Wissenszusammenhänge, die naives oder auch kalkuliertes „Gutmenschentum"[6] nicht ersetzen kann. Es gibt sicherlich in der ethnologischen Forschung wie auch in der alltäglichen Praxis unzählige Beispiele dafür, dass im interkulturellen Kontakt und Umgang „gut gemeint" oft das Gegenteil von „gut gelungen" bedeutet. Ebenso vielfältig und folgenreich wie interkulturelle Verständigungen bestimmen interkulturelle Missverständnisse und Verständnislosigkeiten die zwischenmenschlichen und interethnischen Beziehungen,[7] wobei die Risiken des Auftretens solcher Missverständnisse wohl umso größer erscheinen, je geringer die jeweils gegebenen interkulturellen Wissenshintergründe und Kompetenzen sind.

Bevor man sich näher auf Fragen der Interkulturalität einlässt, sollte allerdings zunächst geklärt werden, was unter Kultur zu verstehen ist und welche Bedeutung dieser im gesellschaftlichen Leben oder in der sozialen Praxis zukommt. Zunächst soll es daher um verschiedene Begriffe der „Kultur" in den Wissenschaften und sodann vor allem um die konstitutive Bedeutung von Wertordnungen für Kulturen und insbesondere auch für die Unterschiede zwischen Kulturen und Kulturkreisen gehen. Sodann soll die weitreichende und zugleich weitgehend unhinterfragte Relevanz des Kulturellen in der alltäglichen „Lebenswelt" und gesellschaftlichen Praxis, nicht zuletzt unter Berücksichtigung von „Einstellungen", „Anschauungen", „Weltanschauungen" und Ideologien", aufgezeigt werden. Insbesondere

---

[6] Die ironisch so genannten „Gutmenschen" sind natürlich nicht immer naiv, sondern nicht selten auch strenge „Moralisten", „Weltverbesserer", „Ideologen", „Heilslehrer" und nicht zuletzt auch höchst eigennützige „moralische Unternehmer". Dies hat bereits Helmut Schelsky recht scharfsinnig auf den Begriff gebracht. Siehe: Schelsky, Helmut: Die Arbeit tun die anderen. Klassenkampf und Priesterherrschaft der Intellektuellen, Opladen [2]1975.

[7] Siehe auch: Schubert, Gabriella/Dahmen, Wolfgang (Hrsg.): Bilder vom Eigenen und vom Fremden aus dem Donau-Balkan-Raum. Analysen literarischer und anderer Texte, München 2003; Kahl, Thede/Vyslonzil, Elisabeth/Woldan, Alois (Hrsg.): Herausforderung Osteuropa. Die Offenlegung stereotyper Bilder, Wien 2004.

mit Blick auf das östliche Europa wird ein vertiefter Blick auf das Verhältnis von Kultur und Geschichte zu richten sein, wobei sichtbar gemacht werden sollte, dass Interkulturalität notwendig auch dies – die Kenntnis der Geschichte und ihrer kulturellen Relevanz und insbesondere ihren Stellenwert in der kollektiven Erinnerung – einschließt. Ebenso die realhistorischen Zusammenhänge und Auswirkungen der Entstehung und Ausbreitung von Nationalkulturen. Bei der anschließenden Betrachtung der Bedeutung von Fremdsprachenkenntnissen als Grundlage der interkulturellen Kompetenz gilt es sodann nochmals den Unterschied „linguistischer" und „semantischer" Aspekte der Sprache herauszustellen. Eine kurze Zusammenfassung wichtiger Erkenntnisse zum Verhältnis von Kultur und Interkulturalität sollen die Ausführungen abschließen.

Kultur als wissenschaftlicher Grundbegriff

In bestimmten anthropologischen, philosophischen, historisch-kulturwissenschaftlichen und sozialwissenschaftlichen Denktraditionen wird Kultur, bei allen sonstigen tiefgreifenden Auffassungsunterschieden, die dabei auszumachen sind, als grundlegender und umfassender Begriff, mithin auch als „Totalitätsbegriff", konzipiert. So bringt Arnold Gehlen seine anthropologischen Anschauungen auf die allgemeine Formel, „daß der Mensch von Natur ein Kulturwesen sei". Das heißt: „Kulturerrungenschaften" prägen so weitgehend das Wesen des Menschen, dass „die Existenz des Menschen ohne sie undenkbar wäre." Dabei gilt es allerdings eine „enorme Variationsbreite kultureller Einrichtungen, Werte, Grundentscheidungen und Folgeauswirkungen" zu beachten. Ebenso ist nach Gehlen davon auszugehen: „Jede Kultur empfindet die von ihr herausgearbeiteten kulturellen Normen und Gestaltungen, z.B. ihr Rechtsdenken, ihre Eheformen, ihre Skala von Interessen, Leidenschaften und Gefühlen, als die allein natürlichen und naturgemäßen."[8] Eine solche Feststellung dürfte heute sicherlich kritische Einwände auslösen, erscheint allerdings – wie noch zu begründen sein wird – weitgehend triftig.

---

[8] Siehe: Gehlen, Arnold: Über Kultur, Natur und Natürlichkeit, in: Gehlen, Arnold: Anthropologische und sozialpsychologische Untersuchungen, Reinbek bei Hamburg 1986 (S. 78-92), vgl. S. 78 bzw. S. 80.

Ähnlich fundamental und umfassend wie bei Gehlen, wenn auch durchaus anders angelegt, wird der Kulturbegriff in vielen theoretischen Konzepten der Ethnologie und Kulturanthropologie gedacht. Dabei begreift er zumeist sowohl das „Heilige" wie das „Profane", den „symbolischen Bereich" wie die „materielle Kultur", die „institutionelle Ordnung" wie die „Alltagswelt" ein. Diese Sichtweise findet sich eigentlich schon in der Religionssoziologie Emile Durkheims und in den soziologischen und anthropologischen Arbeiten von Marcel Mauss vor. Etwas anders ausgeprägt sodann in der Ethnologie und in der Sozial- und Kulturanthropologie, zum Beispiel bei Bronislaw Malinowski.[9]

Andreas Wimmer stellt zum „klassischen Kulturbegriff", wie er in der Ethnologie des 19. Jahrhunderts formuliert wurde, fest: „Diesem Paradigma zufolge stellt jede Kultur eine unverwechselbare Einheit, ein historisch dauerhaftes und integriertes Ganzes dar. Eine Kultur umfaßt von der Technik über die Sozialorganisation und die typischen Persönlichkeitsmerkmale bis zur Religion alle Aspekte der Lebensweise einer Gruppe von Menschen, welche nicht mit ihrer biologischen Natur in Zusammenhang stehen. Die verschiedenen Bereiche werden durch ein Ensemble von Werten und Normen integriert und dadurch zu einem zusammenhängenden, organischen Ganzen geformt. Jede einzelne Kultur zeugt gleichermaßen von der Kreativität und schöpferischen Vielfältigkeit menschlicher Lebensformen."[10]

Ebenfalls von grundlegender Bedeutung erscheint der Begriff der Kultur im Lichte verschiedener philosophischer Denkweisen, so bekanntlich bei Johann Gottfried Herder,[11] der die Unverwechselbarkeit und gleichzei-

---

[9]   Siehe: Durkheim, Emile: Les formes élémentaires de la vie religieuse, Paris 1968; Malinowski, Bronislaw: Schriften zur Anthropologie, Frankfurt a. M. 1986; Müller, Ernst Wilhelm/König, René/Koepping, Klaus-Peter/Drechsel, Paul (Hrsg.): Ethnologie als Sozialwissenschaft. Kölner Zeitschrift für Soziologie und Sozialpsychologie, Sonderheft 26, Opladen 1984.

[10] Siehe: Wimmer, Andreas: Kultur. Zur Reformulierung eines sozialanthropologischen Grundbegriffs, in: Kölner Zeitschrift für Soziologie und Sozialpsychologie, 48. Jg., Opladen 1996 (S. 401-425), vgl. S. 402. Siehe dazu auch: Vowinckel, Gerhard: Homo sapiens sociologicus, oder: Der Egoismus der Gene und die List der Kultur, in: Kölner Zeitschrift für Soziologie und Sozialpsychologie, 43. Jg., Opladen 1991 (S. 520-541).

[11] Siehe: Herder, Johann Friedrich: Ideen zur Philosophie der Geschichte der Menschheit, Bodenheim 1995.

tig die grundsätzliche Gleichwertigkeit der Kulturen betont, und in anderer Weise bei Georg Friedrich Wilhelm Hegel, der damit seinen zentralen Begriff des „objektiven Geistes" meint.[12] Durch die südwestdeutsche Schule des Neukantianismus, insbesondere durch Wilhelm Windelband und Heinrich Rickert,[13] die nicht zuletzt einen beachtlichen Einfluss auf Max Weber ausübten,[14] wird im Kulturbegriff insbesondere das System der Werte, Wertideen und Wertbeziehungen hervorgehoben.

In der phänomenologischen Denktradition wiederum wird die kulturelle Wirklichkeit vornehmlich im Begriff „Lebenswelt" gefasst, der insbesondere auf Sinn- und Relevanzstrukturen, symbolische Interaktion und sprachliche Kommunikation abstellt.[15] Damit ist, so kann man in Anlehnung an Jürgen Habermas festhalten, „jene(r) „symbolisch vorstrukturierte(n) Wirklichkeit" gemeint, die Dilthey in Anschluß an Hegel als objektiven Geist, Windelband und Rickert als Kultur, Cassirer als Bereich der symbolischen Formen und Husserl als soziale Lebenswelt begriffen haben."[16]

Von Talcott Parsons und anderen Systemtheoretikern hingegen wird „Kultur" als gesamtgesellschaftliches Teilsystem verstanden, dem allerdings in der Sicht Parsons' eine hervorgehobene Bedeutung in der gesell-

---

[12] Siehe: Hegel, Georg Wilhelm Friedrich: Phänomenologie des Geistes, Werke 3. Band, Frankfurt a. M. 1986; Hegel, Georg Wilhelm Friedrich: Vorlesungen über die Philosophie der Geschichte, Werke 12. Band, Frankfurt a. M. 1986.

[13] Siehe: Ollig, Hans-Ludwig (Hrsg.): Neukantianismus. Texte der Marburger und der Südwestdeutschen Schule, ihre Vorläufer und Kritiker, Stuttgart 1982, insb. S. 164 ff.

[14] Siehe: Weber, Max: Gesammelte Aufsätze zur Wissenschaftslehre, Tübingen [7]1988; Weiß, Johannes: Max Webers Grundlegung der Soziologie. Eine Einführung, München 1975, insb. S. 20 ff.

[15] Siehe: Husserl, Edmund: Ideen zu einer reinen Phänomenologie und phänomenologischen Philosophie. Erstes Buch: Einführung in die reine Phänomenologie, Den Haag 1950; Schütz, Alfred: Der sinnhafte Aufbau der sozialen Welt. Eine Einleitung in die verstehende Soziologie, Frankfurt a. M. 1974; Schütz, Alfred/Luckmann, Thomas: Strukturen der Lebenswelt, Frankfurt a. M. 1979 (2 Bde); Berger, Peter L./Luckmann, Thomas: Die gesellschaftliche Konstruktion der Wirklichkeit, Frankfurt a. M. 1969; Mead, George H.: Gesammelte Aufsätze, Frankfurt a. M. 1987 (2 Bde).

[16] Siehe: Habermas, Jürgen: Ein Fragment (1977): Objektivismus in den Sozialwissenschaften, in: Habermas, Jürgen: Zur Logik der Sozialwissenschaften, Frankfurt a. M. 1985 (S. 541-607), vgl. S. 547; Habermas, Jürgen: Theorie des kommunikativen Handelns, Frankfurt a. M. 1981 (2 Bde).

schaftlichen Strukturerhaltung zukommt.[17] Im Verständnis Niklas Luhmanns sind es in der modernen Gesellschaft allerdings eher mehrere Funktionssysteme (Erziehung, Religion, Wissenschaft, Kunst), in den sich der herkömmliche Kulturbegriff gliedert.[18]

In vielen Denkzusammenhängen, in denen Kultur als umfassender Grundbegriff verstanden wird, herrscht mithin ein schon in der griechischen Antike geprägtes und in der abendländischen Denktradition überliefertes Kulturverständnis vor, das der Schweizer Philosoph Elmar Holenstein anschaulich als „Kugel-Modell" bezeichnet. Dagegen wendet Holenstein indes kritisch ein: „Menschliche Kulturen sind nicht homogene, kompakte, in sich geschlossene und zentrierte, diskret voneinander abgehobene und voneinander unabhängige, gleichsam kugelförmige Einheiten. Sie sind heterogene und – teils geschichtlich und geographisch, teils nur dem Typ nach – kontinuierlich „ineinanderströmende" und ineinanderübergreifende Gebilde."[19]

Kultur und Wertordnungen

Wenn sich der Begriff der Kultur[20] auch keineswegs auf den Aspekt der Werte reduzieren lässt, zumal das Universum der Kultur viel umfassender ist und gleichermaßen ideelle und symbolische wie auch materielle Dinge, einschließlich technischer Artefakte, einbegreift, so können Werte und Wertvorstellungen doch als ein wesentliches und gewissermaßen auch grundlegendes Element der Kultur aufgefasst werden. Der Aspekt der

---

[17] Siehe: Parsons, Talcott: The Social System, London 1951; Parsons, Talcott: Gesellschaften. Evolutionäre und komparative Perspektiven, Frankfurt a. M. 1975.

[18] Siehe: Luhmann, Niklas: Das Erziehungssystem der Gesellschaft, Darmstadt 2002; Luhmann, Niklas: Die Religion der Gesellschaft, Darmstadt 2002; Luhmann, Niklas: Die Wissenschaft der Gesellschaft, Darmstadt 2002; Luhmann, Niklas: Die Kunst der Gesellschaft, Darmstadt 2002.

[19] Siehe dazu: Holenstein, Elmar: Kulturphilosophische Perspektiven. Schulbeispiel Schweiz. Europäische Identität auf dem Prüfstand. Globale Verständigungsmöglichkeiten, Frankfurt a. M. 1998, vgl. S. 239.

[20] Siehe zum Beispiel: Neidhardt, Friedhelm/Lepsius, M. Rainer/Weiß, Johannes (Hrsg.): Kultur und Gesellschaft, Kölner Zeitschrift für Soziologie und Sozialpsychologie, Sonderheft 27, Opladen 1986; Wimmer, Andreas: Kultur. Zur Reformulierung eines sozialanthropologischen Grundbegriffs, in: Kölner Zeitschrift für Soziologie und Sozialpsychologie, 48. Jg., Opladen 1996 (S. 401-425).

Wertvorstellungen kann zudem als ein wichtiger Gesichtspunkt der sozialwissenschaftlichen Analyse von Ähnlichkeiten und Differenzen, von Stabilität und Wandel einzelner Kulturen in Betracht gezogen werden.

In der kultur- und religionssoziologischen Forschung[21] ist immer wieder konstatiert worden, dass die grundlegenden Wertbestände nahezu aller Kulturen und Religionen – zumal der Hochkulturen – ähnlich sind; das heißt, in den verschiedenen Kulturen und Religionen sind gleiche oder zumindest ähnliche Werte vorzufinden und sozial relevant. Wodurch sich einzelne Kulturen und Religionen aber zum Teil wesentlich unterscheiden, das sind die Wertprioritäten, die Wertbeziehungen sowie die spezifischen Interpretationsmodi und Vermittlungsformen einzelner Werte.[22]

Das Universum kulturell und sozial relevanter Wertvorstellung ist durch zwei wichtige Merkmale charakterisiert: Erstens durch die Tatsache, dass zwischen bestimmten Grundwerten oder „letzten Wertmaximen" häufig tiefgreifende Gegensätze oder Spannungen bestehen oder – in den Worten Max Webers ausgedrückt – ein ewiger und unauflöslicher „Kampf" vorherrscht.[23] So lassen sich vor allem – und diese Spannungsdimension erscheint im Hinblick auf die Verfassung sozialer Ordnungen besonders relevant – tiefe und institutionell nur äußerst schwierig vermittelbare Gegensätze zwischen den Grundwerten der individuellen Freiheit einerseits und der sozialen Gleichheit und kollektiven Sicherheit andererseits feststellen.[24] Die jahrzehntelange Systemkonkurrenz zwischen kapitalistischen und sozialistischen Staaten war nicht zuletzt ein prägnanter Ausdruck des Gegensatzes zwischen freiheitlich-individualistischen bzw. kollektivistisch-ega-

---

[21] Siehe: Bergmann, Jörg/Hahn, Alois/Luckmann, Thomas (Hrsg.): Religion und Kultur, Kölner Zeitschrift für Soziologie und Sozialpsychologie, Sonderheft 33, Opladen 1993.

[22] Diese Einsichten zählen heute gewissermaßen zum Lehrbuchwissen der Soziologie. Siehe: Bahrdt, Hans Paul: Schlüsselbegriffe der Soziologie. Eine Einführung mit Lehrbeispielen, München 1984, insb. S. 48 ff. Umso erstaunlicher ist es daher, dass sie in intellektuellen Diskussionen, zum Beispiel über die „multikulturelle Gesellschaft", oder auch in soziologischen Analysen häufig völlig aus dem Blick geraten.

[23] Siehe: Weber, Max: Wissenschaft als Beruf, in: Weber, Max: Gesammelte Aufsätze zur Wissenschaftslehre, Tübingen [7]1988 (S. 582-613), vgl. S. 603; Sterbling, Anton: Gegen die Macht der Illusionen. Zu einem Europa im Wandel, Hamburg 1994, insb. S. 29 ff und S. 225 ff.

[24] Siehe: Sterbling, Anton: Über Freiheit. Allgemeine Reflexionen und Stellungnahmen, in: Sterbling, Anton: Krisen und Wandel, Hamburg 2009 (S. 87-113).

litären Wertprioritäten folgenden institutionellen Ordnungssystemen.[25] Ähnlich angelegte Spannungs- und Konfliktverhältnisse zwischen durch unterschiedliche Wertprioritäten fundierte institutionelle Ordnungsvorstellungen lassen sich aber natürlich auch weit in die Geschichte zurückverfolgen.[26]

Auch zwischen Wertvorstellungen, die sich auf die kollektive Identität und Selbstzurechnung beziehen, bestehen in der Regel gewisse Spannungen, die vor allem in den Prozessen der modernen Staaten- und Nationenbildung konfliktreich in Erscheinung getreten sind und vielfach auch heute noch virulent erscheinen.[27] Samuel N. Eisenstadt sprach in diesem Sinne von drei zentralen „symbolischen Codes", die sich in der Konstruktion institutioneller Ordnungen als besonders wichtig erweisen. Diese „symbolischen Codes" oder Wertmuster beziehen sich im Einzelnen auf Fragen der religiös-existentiellen Weltdeutung, auf die soziale Ordnung im engeren Sinne und auf die „kollektive Identität".[28] Ebenso lassen sich mithin Grundspannungen zwischen innerweltlichen und außerweltlichen Wertorientierungen wie auch zwischen einer Vielzahl anderer Werte ausmachen.

Das Universum kulturell relevanter Werte ist zweitens aber auch dadurch gekennzeichnet, dass die potenziellen Wertgegensätze in den einzelnen Kulturen oder Religionen durch einen zumindest teilweise verbindlichen Konsens über Wertprioritäten und Interpretationsmodi der Werte entschärft und so in eine mehr oder weniger konsistente, hierarchisch strukturierte Wertordnung gebracht werden. Die Eigentümlichkeit und Besonder-

---

[25] Siehe auch: Sterbling, Anton: Strukturfragen und Modernisierungsprobleme südosteuropäischer Gesellschaften, Hamburg 1993.

[26] Siehe: Dumont, Louis: Individualismus. Zur Ideologie der Moderne, Frankfurt a. M.-New York 1991; Habermann, Gerd: Der Wohlfahrtsstaat. Die Geschichte eines Irrwegs, Frankfurt a. M.-Berlin 1994.

[27] Siehe: Winkler, Heinrich August/Kaelble, Hartmut (Hrsg.): Nationalismus – Nationalitäten – Supranationalität, Stuttgart 1993; Sterbling, Anton: Staaten- und Nationenbildung in Südosteuropa, in: Sterbling, Anton: Kontinuitäten und Wandel in Rumänien und Südosteuropa. Historisch-soziologische Analysen, München 1997 (S. 99-114).

[28] Siehe: Eisenstadt, Samuel N.: Tradition, Wandel und Modernität, Frankfurt a. M. 1979, insb. S. 15 ff; Plake, Klaus/Schulz, Wolfgang K. (Hrsg.): Entillusionierung als Programm. Beiträge zur Soziologie von Shmuel N. Eisenstadt, Weinheim 1993; Sterbling, Anton: Kollektive Identitäten, in: Kollmorgen, Raj/Merkel, Wolfgang/Wagener, Hans-Jürgen (Hrsg.): Handbuch Transformationsforschung, Wiesbaden 2015 (S. 581-586).

heit einzelner Kulturen besteht nicht zuletzt – wenn auch nicht ausschließlich – darin, welche Wertprioritäten in der betreffenden Kultur konsensuell und zumeist auch unhinterfragt festgelegt sind und welche kollektiven Identitätsvorstellungen sich damit verbinden.

Kulturen bzw. kulturspezifische Wertordnungen sind sicherlich weitgehend als Begleiterscheinungen und Produkte gesellschaftlicher Entwicklungen und insbesondere sozialer Interessen- und Herrschaftsauseinandersetzungen zu verstehen.[29] Kulturen haben aber auch ihrerseits in mehreren Hinsichten einen prägenden Einfluss auf gesellschaftliche Ordnungen und soziale Verhältnisse. Kulturspezifische Wertordnungen[30] finden vor allem in sozialen Normen und sozialen Institutionen, aber auch in Interessenrationalisierung, Motivationsstrukturen und – wie bereits erwähnt – in Ausprägungsformen kollektiver Identität – und damit letztlich auch in dem, was wir als „Gesellschaft"[31] auffassen – ihre Konkretisierung und handlungsrelevante Verwirklichung.

Tiefgreifende Auffassungsunterschiede zwischen den Kulturen beziehen sich – wie erwähnt – ganz explizit auf im Widerstreit liegende fundamentale Werte oder auf konkurrierende Ausdeutungsmöglichkeiten solcher Werte, allerdings aber auch bereits auf die Grundvorstellungen darüber, wie die Wertsphären beschaffen und in der Kultur verankert sind und wel-

---

[29] Verfassungskämpfe sind wohl eine spezifische Ausdrucksform solcher Auseinandersetzungen um Wertprioritäten und geltende Wertordnungen, einschließlich ihrer normativen und institutionellen Wirkungen. Siehe dazu auch: Lepsius, M. Rainer: Institutionenanalyse und Institutionenpolitik, in: Nedelmann, Birgitta (Hrsg.): Politische Institutionen im Wandel, Sonderband 35, Kölner Zeitschrift für Soziologie und Sozialpsychologie, Opladen 1995 (S. 392-403).

[30] Solche Wertordnungen erscheinen häufig auch in religiösen Glaubens- und Überzeugungssystemen eingebunden und entsprechend legitimiert.

[31] Zur Problematik der Konstitution gesellschaftlicher Identität siehe auch: Nikles, Bruno W./Weiß, Johannes (Hrsg.): Gesellschaft. Organismus – Totalität – System, Hamburg 1975; Giesen, Bernhard: Gesellschaftliche Identität und Evolution. Ein Vergleich soziologischer Theorietraditionen, in: Soziale Welt 31. Jg., Göttingen 1980 (S. 311-332); Sterbling, Anton: Eliten im Modernisierungsprozeß. Ein Theoriebeitrag zur vergleichenden Strukturanalyse unter besonderer Berücksichtigung grundlagentheoretischer Probleme, Hamburg 1987, insb. S. 71 ff; Sterbling, Anton: Soziale Integration – soziologische Anmerkungen zu einem vielfach in der Schwebe gehaltenen Begriff, in: Beetz, Stephan/Jacob, Ülf/Sterbling, Anton (Hrsg.): Soziologie über die Grenzen – Europäische Perspektiven. Festschrift für Herrn Professor Dr. Dr. h.c. Bálint Balla zum 75. Geburtstag, Hamburg 2003 (S. 471-485), insb. S. 472 ff.

chen Veränderungsmöglichkeiten und Vereinbarkeiten bzw. Unvereinbarkeiten sie damit unterliegen.

Fundamentale intellektuelle Auffassungsunterschiede über die Beschaffenheit des Werteuniversums

Einerseits treffen wir auf die Auffassung, individuell oder kollektiv zurechenbare „letzte" Werte, ob religiös begründet oder nicht, seien stets partiell inkommensurabel und liegen in einem ewigen, nicht zuletzt interessen- und willensbestimmten Kampf miteinander.[32] In Anlehnung an Max Weber könnte man diese Vorstellung auch als „Polytheismus" der Werte bezeichnen.[33] Grundwerte und Wertbezüge, die praktische moralische oder politische und gleichsam auch intellektuelle Bewertungen abstützen, sind zwar im Prinzip auch von jenen, die entsprechende Wertüberzeugungen oder Bewertungen nicht teilen, unvoreingenommen und sachgerecht rekonstruierbar; die das praktische Urteilen und Handeln leitenden „letzten" Wertmaximen selbst aber sind „objektiv" oder rational nicht begründbar, sie stellen letztlich eine Sache des „Glaubens" und des „Wollens" dar.

Daher müssen institutionelle Arrangements gefunden und ein intellektuelles Verständnis entwickelt werden, die dieser Tatsache Rechnung tragen – und sie gleichsam ertragbar und handhabbar machen; einerseits dadurch, dass letzte Wertüberzeugungen privatisiert und damit aus den ständigen politischen Auseinandersetzungen herausgehalten werden; andererseits aber auch dadurch, dass der gegebene Wertdissens im intellektuellen Prozess artikuliert und in der intellektuellen Auseinandersetzung so durchdekliniert und aufgearbeitet wird, dass seine aufhebbaren Komponenten

---

[32] Siehe: Weber, Max: Wissenschaft als Beruf, in: Weber, Max: Gesammelte Aufsätze zur Wissenschaftslehre, Tübingen [7]1988 (S. 582-613), insb. S. 603 f.

[33] In einer spezifischen und zugleich konsequenten Ausprägungsform wird diese Position – wie schon angedeutet – von Max Weber vertreten. Siehe: Weber, Max: Gesammelte Aufsätze zur Wissenschaftslehre, Tübingen [7]1988; Weber, Max: Gesammelte politische Schriften, Tübingen [5]1988; Hennis, Wilhelm: Max Webers Fragestellung. Studien zur Biographie des Werks, Tübingen 1987; Sterbling, Anton (Hrsg.): Zeitgeist und Widerspruch. Soziologische Überlegungen über Gesinnung und Verantwortung, Hamburg 1993; Sterbling, Anton: Gegen die Macht der Illusionen. Zu einem Europa im Wandel, Hamburg 1994, insb. S. 29 ff.

wie auch seine unaufhebbaren Reste sichtbar und handhabbar werden.[34] Dies setzt allerdings voraus, dass zumindest der Grundwert der Glaubens-, Meinungs- und Äußerungsfreiheit in letzten Wertfragen weitgehend Konsens findet und – natürlich auch in interkulturellen Zusammenhängen und Austauschprozessen – institutionell gesichert ist; das heißt mit anderen Worten, dass das Grundprinzip der weltanschaulichen Toleranz uneingeschränkte Anerkennung findet.[35] Ebenso, dass der praktische Entscheidungsprozess in einzelnen Bereichen nach weitgehend akzeptierten, wenn auch stets veränderbaren Verfahrensregeln funktioniert und dass intellektuelle Reflexionsprozesse und praktische Entscheidungsvorgänge eigene, autonome Sphären mit eigenen „Semantiken" bilden.[36] Intellektuelle Urteile können dabei natürlich als kritische Korrektive praktischer Entscheidungsprozesse fungieren, sie können auch als Begründungskomponente praktischer Entscheidungen auftreten, ohne diese allerdings – etwa im Sinne ideologisch-dogmatischer Vorgaben – zu präjudizieren.

Eine zumindest in einigen wesentlichen Punkten andere Auffassung vertritt beispielsweise Pierre Bourdieu, der den Intellektuellen auf einen Grundsatz unbestreitbarer humanistischer Werte mit universalistischem Geltungsanspruch verpflichtet versteht.[37] Diese Verpflichtung bringt den Intellektuellen notwendig in eine permanente Opposition zu allen realen Herrschaftsordnungen und Machtstrukturen, zumal in diesen universalistische Werte, die den unverzichtbaren Maßstab intellektueller Kritik bilden sollten, bestenfalls bruchstückhaft realisiert sind. Die im interkulturellen

---

[34] Siehe: Albert, Hans/Topitsch, Ernst (Hrsg.): Werturteilsstreit, Darmstadt [2]1979; Lepsius, M. Rainer: Interessen, Ideen und Institutionen, Opladen [2]2009; Sterbling, Anton: Intellektuelle Kritik und sozialwissenschaftliche Erkenntnistätigkeit, in: Sterbling, Anton: Wege der Modernisierung und Konturen der Moderne im westlichen und östlichen Europa, Wiesbaden 2015 (S. 9-37).

[35] Siehe zu entsprechende Überlegungen über den Grundwert der Freiheit auch: Sterbling, Anton: Über Freiheit. Allgemeine Reflexionen und Stellungnahmen, in: Sterbling, Anton: Krisen und Wandel, Hamburg 2009 (S. 87-113).

[36] Siehe: Luhmann, Niklas: Gesellschaftsstruktur und Semantik. Studien zur Wissenssoziologie der modernen Gesellschaft I, Frankfurt a. M. 1980.

[37] Natürlich hat diese Position eine Vielzahl von Anhängern. Es ist zu vermuten, dass sich die Mehrzahl westlicher Intellektueller dazu bekennen. Siehe: Bourdieu, Pierre: Der Korporativismus des Universellen. Die Rolle des Intellektuellen in der modernen Welt, in Bourdieu, Pierre: Die Intellektuellen und die Macht, Hamburg 1991 (S. 41-65).

Kommunikationsprozess gewonnenen oder darin immer wieder bestätigten transkulturellen universalistischen Werte bilden dieser Auffassung nach die Grundlage, von der aus Intellektuelle prinzipiell kritisch und doch mit praktischen Folgen auf die reale Gestalt einzelner Herrschaftsordnungen einwirken müssen.

Nochmals eine ganz andere Auffassung von den das „intellektuelle" Geschehen fundierenden Leitwerten suchen ideologisch geschlossene, totalitäre Herrschaftsordnungen normativ vorzugeben und institutionell zu realisieren. Hierbei ist eine Vielzahl gesellschafts- und herrschaftsrelevanter Werte wie auch ihre zulässigen Interpretationen rigide festgelegt und aller weiteren intellektuellen Auseinandersetzung enthoben. Die Wertpositionen, die für das intellektuelle Urteil zulässig sind, werden machtpolitisch im Sinne weitgehend durchgearbeiteter ideologischer Überzeugungssysteme vorgegeben. Jeder intellektuelle oder politische Rekurs auf abweichende Werte oder Wertauslegungen wird untersagt und verfolgt oder zumindest institutionell beschnitten, so dass die intellektuelle Reflexion und Kritik – zumindest soweit sie diesen Vorgaben folgen oder sich ihren Zwängen nicht entziehen können – hier lediglich einen sehr engen Spielraum haben und von vielen Denkmöglichkeiten und Bewertungsalternativen – und nicht selten natürlich auch vom interkulturellen Gedankenaustausch – abgeschnitten bleiben.[38]

Aus diesen grundlegenden Auffassungsdifferenzen über die Verfassung der Wertsphären und aus den institutionellen Unterschieden des Herrschaftsrahmens, in den das intellektuelle Geschehen eingebunden ist, resultieren viele jener problematischen Ambivalenzen, die im interkulturellen Kommunikationsprozess – auch und nicht zuletzt über Werte, Wertordnungen und Wertbindungen – festgestellt werden können.[39]

---

[38] Siehe auch: Sterbling, Anton: Eliten im Modernisierungsprozeß, in: Mittelstraß, Jürgen (Hrsg.): Wohin geht die Sprache? Wirklichkeit – Kommunikation – Kompetenz, Essen 1989 (S. 206-219); Sterbling, Anton: Modernisierung und soziologisches Denken. Analysen und Betrachtungen, Hamburg 1991, insb. S. 201 ff; Sterbling, Anton: Stalinismus in den Köpfen – zur kommunistischen Gewaltherrschaft in Rumänien, in: Zeitschrift für Siebenbürgische Landeskunde, 30.(101.) Jg., Heft 1, Köln-Weimar-Wien 2007 (S. 78-88).

[39] Siehe: Sterbling, Anton: Der ambivalente Beitrag der Intellektuellen in der interkulturellen Kommunikation, in: Giordano, Christian/Dougoud, Roberta Colombo/Kappus, Elke-Nicole (Hrsg.): Interkulturelle Kommunikation im Nationalstaat, Münster-New York-München-Berlin 1998 (S. 45-56).

Anschauungen, Ideologien und „objektive" Erkenntnis

Mit Blick auf die fundamentale Bedeutung der Kultur sei zudem an einige soziologische Grunderkenntnisse – die allerdings in dieser „Wissenschaft" in ihrer Neigung zur Ideologie selbst oft unterschlagen werden[40] – erinnert. Dabei geht es letztlich um unhintergehbare Gegebenheiten, die dem Menschen als Kultur- und Sozialwesen, seinem Denken und Handeln, eigen erscheinen.

Das alltägliche Denken und Handeln der Menschen ist – genauer betrachtet – nur in einem geringen Maße auf „objektive" Erkenntnis ausgerichtet. Es beruht vielmehr ganz überwiegend auf vielfach überkommenen, weitgehend kulturell und gesellschaftspezifisch vorgeprägten und vor allem auf „Soziales" bezogenen Sinnmustern und Handlungsorientierungen,[41] die für die Angehörigen menschlicher Gemeinschaften oder Kollektiva eine mehr oder weniger unhinterfragte Bedeutung aufweisen und die durch alltägliche Kommunikationsprozesse in ihrer Selbstverständlichkeit auch immer wieder validiert und bestätigt werden. Darin – und insbesondere in den Sozialisationsprozessen, die die ständige, weitgehend sprachgebundene Übertragung von Wert- und Wissensbeständen, von Sinnmustern, von reziproken Kommunikationsgewohnheiten und Handlungsroutinen, von einer Generation auf die andere leisten – liegt gleichsam auch die „Macht" der Gesellschaft über das Individuum begründet.[42]

Natürlich gibt es in diesen Vorgängen der kollektiven geistigen „Ökonomie der Wirklichkeit",[43] auf denen die gesellschaftliche Praxis beruht

---

[40]   Siehe: Sterbling, Anton: Intellektuelle Kritik, Werturteilsfreiheit und Fragen der sozialwissenschaftlichen Erkenntnistätigkeit, in: Sterbling, Anton: Verwerfungen in Modernisierungsprozessen. Soziologische Querschnitte, Hamburg 2012 (S. 15-45); Boudon, Raymond: Ideologie. Geschichte und Kritik eines Begriffs, Reinbek bei Hamburg 1988.

[41]   Siehe dazu auch: Claessens, Dieter: Instinkt, Psyche, Geltung. Zur Legitimation menschlichen Verhaltens, Köln-Opladen ²1970; Gellner, Ernest: Pflug, Schwert und Buch. Grundlinien der Menschheitsgeschichte, München 1993; Dux, Günter/Wenzel, Ulrich (Hrsg.): Der Prozeß der Geistesgeschichte. Studien zur ontogenetischen und historischen Entwicklung des Geistes, Frankfurt a. M. 1994.

[42]   Siehe: Durkheim, Emile: Les formes élémentaires de la vie religieuse, Paris 1968.

[43]   Es mag etwas metaphorisch klingen, über die „Ökonomie der Wirklichkeit" als geistige und insbesondere auch als kollektive geistige Tätigkeit zu sprechen. Diese Formulierung erscheint allerdings nicht nur im Rahmen des kunsttheoretischen „Diskurses" gängig, sondern auch im psychologischen und erkenntnistheoretischen

und die uns gleichsam als spezifische „Lebenswelten"[44] entgegen treten, auch geistige Innovationen, Irritationen, Wissensveränderungen und nicht zuletzt Wertewandel. Viel stärker als solche Veränderungen sind allerdings gewöhnlich die Beharrungstendenzen, die Perpetuierungsvorgänge des sozial Gegebenen, im Sinne der individuellen Aneignung, Teilhabe und Reproduktion kulturell vorgegebener, kollektiv weitgehend geteilter, mehr oder weniger verbindlicher Sinnmuster und der ihnen innewohnenden, schwer erschütterbaren Welt- und Selbstverständnisse. Dies gilt für die vormoderne, archaische und traditionale Gesellschaft ohnehin in einem nahezu uneingeschränkten Maße.[45] Es trifft aber auch in einem weitgehenden Umfang auf die moderne Gesellschaft und ihre Individuen zu, selbst wenn diese im Einzelfall grundsätzlich in der Lage erscheinen, diese „sozialen" Gegebenheiten und „Determinationen" kritisch zu reflektieren und sich davon eventuell auch ein Stück oder sogar weitgehend zu emanzipieren.

Erst mit dem wissenschaftlichen Denken – und zunächst und grundsätzlich einfacher in den Naturwissenschaften als in den Geistes-, Kultur- und Sozialwissenschaften – entwickelte sich allmählich die Fähigkeit zur „objektiven", das heißt von spezifischen Wert- und Interessenbindungen, von bestimmten sozialen Standorten und Perspektiven weitgehend losgelösten, Erkenntnis, die sich als solche auf bestimmte Methoden, das heißt systematische Vorgänge der empirischen Wirklichkeitsprüfung, und auf solcherart bewährte Wissensbestände (Theorien) stützt.[46] Aber selbst in den Wissen-

---

Sinn anschlussfähig. Siehe dazu auch: Vormweg, Heinrich: Eine andere Lesart. Über neue Literatur, Neuwied-Berlin 1972.

[44] Zum Begriff der „Lebenswelt" siehe auch: Schütz, Alfred: Der sinnhafte Aufbau der sozialen Welt. Eine Einleitung in die verstehende Soziologie, Frankfurt a. M. 1974; Schütz, Alfred/Luckmann, Thomas: Strukturen der Lebenswelt, Frankfurt a. M. 1979 (2 Bde); Berger, Peter L./Luckmann, Thomas: Die gesellschaftliche Konstruktion der Wirklichkeit, Frankfurt a. M. 1969; Luckmann, Thomas: Wissen und Gesellschaft. Ausgewählte Aufsätze 1981-2002, Konstanz 2002; Habermas, Jürgen: Theorie des kommunikativen Handelns. Band 2: Zur Kritik der funktionalistischen Vernunft, Frankfurt a. M. 1981.

[45] Siehe dazu auch: Tenbruck, Friedrich H.: Die Soziologie vor der Geschichte, in: Kölner Zeitschrift für Soziologie und Sozialpsychologie, Sonderheft 16, Opladen 1972 (S. 29-58).

[46] Siehe: Sterbling, Anton: ‚Wissensgesellschaft' und ‚Informationszeitalter'. Zum Wandel der Wissensgrundlagen der Moderne, in: Sterbling, Anton: Wege der Modernisierung und Konturen der Moderne im westlichen und östlichen Europa, Wiesbaden 2015 (S. 39-66), insb. S. 57 ff.

schaften ist die geforderte „Objektivität" im Sinne der „Werturteilsfreiheit" oft ein sehr schwierig einzulösendes Desidarat,[47] und nicht alle zeitgenössischen Menschen sind wissenschaftlich geschult. Selbst die zu wissenschaftlichem Denken und zur „objektiven" Erkenntnis fähigen und neigenden Menschen sind im Hinblick auf dieses Vermögen zumeist auf bestimmte Teilgebiete der Realität, auf bestimmte Wirklichkeitsausschnitte, spezialisiert. Und natürlich auch Sozialwissenschaftler sind in ihrer alltäglichen Lebenspraxis nicht zur kritischen „Dauerreflexion", zur ständigen Loslösung von ihren eigenen Interessenbezügen und Wertbindungen, fähig oder bereit. Auch der moderne Mensch – bei all seinen mehr oder weniger gegebenen kritischen Erkenntnisfähigkeiten – bleibt in seiner sozialen Praxis, in seiner alltäglichen „Lebenswelt", an mehr oder weniger unhinterfragte, kulturell und nicht zuletzt sprachlich[48] vermittelte und mithin weitgehend vorgeprägte Selbstverständlichkeiten und Selbstverständnisse gebunden, wie stark auch dynamische Wissenszuwächse und Wertewandel, Globalisierung und Mobilität, „Verfremdung" und „Entfremdung" zu beschleunigten Veränderungen der kollektiven und individuellen Wert- und Wissensgegebenheiten, der sozial maßgeblichen Sinnmuster und Handlungsorientierungen führen mögen.[49]

Auf der individuellen Ebene wird diese Tendenz zur Verfestigung, Stabilisierung und Fortschreibung (des praktisch Bewährten) in der geistigen Ökonomie der Wirklichkeit u.a. durch die Herausbildung von Einstellungen[50] erkennbar. Einstellungen können als relativ stabile Bewusstseinskom-

---

[47] Siehe: Weber, Max: Gesammelte Aufsätze zur Wissenschaftslehre, Tübingen [7]1988; Sterbling, Anton: Rationalität und Wissenschaft. Allgemeine und aktuelle Überlegungen zur Werturteilsproblematik, in: Sterbling, Anton: Gegen die Macht der Illusionen. Zu einem Europa im Wandel, Hamburg 1994 (S. 29-81).

[48] Zur „Macht" der Sprache über die Sprechenden siehe auch: Sterbling, Anton: Zur Grundlegung einer systematischen Sprachwissenschaft durch Ferdinand de Saussure. Ein Rekonstruktionsversuch des strukturalistischen Ansatzes in wissenschaftstheoretischer und wissenschaftshistorischer Absicht, in: Sterbling, Anton: Polizeiwissenschaft, Sprachwissenschaft und Sozialwissenschaften. Fragen der disziplinären Identität und Interdisziplinarität, Rothenburger Beiträge. Polizeiwissenschaftliche Schriftenreihe (Band 72), Rothenburg/Oberlausitz 2014 (S. 39-71).

[49] Siehe auch: Sterbling, Anton: Zumutungen der Moderne. Kultursoziologische Analysen, Hamburg 2007.

[50] Die Einstellungsforschung ist insbesondere ein Gebiet der Psychologie und Sozialpsychologie. Siehe auch: Irle, Martin: Lehrbuch der Sozialpsychologie, Göttingen-Toronto-Zürich 1975, insb. S. 178 ff.

plexe oder „Mentalitätserscheinungen", in denen sich spezifische Wissens-, Bewertungs- und Wahrnehmungsmuster und nicht selten auch affektuelle Komponenten verbinden, betrachtet werden. Sie beinhalten gleichsam Grundorientierungen oder „Koordinatensysteme" menschlicher Wirklichkeitsdeutungen und Verhaltensweisen und schaffen damit, neben und im Zusammenwirken mit sozialen Normen und Institutionen, Machtverteilungen und Interessenlagen, spezifische Erwartbarkeiten, Vorhersehbarkeiten und Berechenbarkeiten des menschlichen Handelns, die erst normales soziales Zusammenleben ermöglichen. Nicht selten finden sich Einstellungen allerdings auch mit Vorurteilen oder Selbst- und Fremdstereotypen bis hin zu distinkten „Feindbildern" verknüpft, bilden axiale Elemente solcher sozialer Konstrukte, die natürlich auch zur kollektiven geistigen „Ökonomie der Wirklichkeit" gehören.

Die individuelle Ebene der Einstellungen wiederum ist mit der der kollektiv geteilten Anschauungen eng verbunden und darüber hinaus nicht selten auch in der religiöser Weltanschauungen und Ideologien verankert. Folgt man Gellner,[51] so sind menschliche „Anschauungen" jene kulturell tief verwurzelten, weitgehend gesellschaftsbestimmten und gesellschaftsbezogenen kollektiven Orientierungen und Sinnmuster, die sich dem einzelnen Menschen – allein durch seine Zugehörigkeit zu einer spezifischen Kultur oder einem bestimmten sozialen Milieu – mehr oder weniger selbstverständlich mitgegeben finden und die sich daher nur durch intentionale und zumeist individuell angestrengte kritische Denkprozesse und Erkenntnistätigkeiten hinterfragen und eventuell auch modifizieren oder ganz außer Kraft setzen lassen. Natürlich bestätigen und validieren menschliche Kollektiva nicht nur durch die Alltagsroutinen ihrer gesellschaftlichen Praxis die für sie geltenden „Anschauungen" und verleihen ihnen damit einen mehr oder weniger unerschütterlichen, jedenfalls schwer hinterfragbaren Charakter, sondern sie bekräftigen besonders relevante „Anschauungen" auch durch darauf ausgerichtete Rituale, Sozialisationsprozesse und natürlich ebenso durch entsprechende Sanktionsmittel. Dies wird im Falle reli-

---

[51] Siehe dazu: Gellner, Ernest: Pflug, Schwert und Buch. Grundlinien der Menschheitsgeschichte, München 1993. Siehe auch: Vowinckel, Gerhard: Gesinnungstäter und Strategen. Sozioökologie politisch-moralischer Denkformen, in: Sterbling, Anton (Hrsg.): Zeitgeist und Widerspruch. Soziologische Reflexionen über Gesinnung und Verantwortung, Hamburg 1993 (S. 27-49).

giöser Anschauungssysteme oder auch bei modernen Ideologien besonders greifbar.

Ideologien, die oft mit gesellschaftlichen Herrschaftssystemen verbunden – als deren Legitimitätsgrundlage, oder aber auch als deren radikale geistige Hinterfragungsinstanz – in Erscheinung treten, stellen sich zumeist als umfassende, ganzheitliche und weltanschaulich geschlossene Weltdeutungs- und Interessenrationalisierungssysteme dar.[52] Sie sind in der Regel fest mit bestimmten Wertsystemen, Wertüberzeugungen und Interessenlagen verschränkt und haben als geschlossene Weltanschauungen eine ausgeprägte Tendenz, sich gegen jegliche kritische Hinterfragung zu „immunisieren". Damit versperren sich Ideologien oft auch evidenten empirischen Wirklichkeitsfeststellungen und sind nicht zuletzt gegenüber wissenschaftlichen Erkenntnissen „immun".

Herrschaftsideologien sichern ihren absoluten Geltungsanspruch – auch gegenüber kritischen wissenschaftlichen Erkenntnissen – nicht selten durch Machtmittel, Verdrängungen, Manipulationen und Umdeutungen, durch „Propaganda",[53] ebenso durch die herrschaftstechnische Marginalisierung der sozialen Relevanz wissenschaftlicher Erkenntnisse oder kritischer Denkalternativen überhaupt ab. Nicht selten beanspruchen moderne Ideologien aber auch für sich selbst einen Wissenschaftlichkeitsanspruch, suchen sich mit der „Aura" einer Wissenschaft zu umgeben, oder – ähnlich wie Religionen durch ihre Theologien – eine „wissenschaftliche" Begründung ihrer Anschauungssysteme in Anspruch zu nehmen. Dies gilt insbesondere für Ideologien marxistischer Observanz, aber auch für nationalistische, die

---

[52] Dennoch wäre es irreführend, wie in der marxistischen Denktradition üblich, Ideologie mit „falschem Bewusstsein" oder gar „richtigem Bewusstsein" gleichzusetzen. Zu Fragen der Ideologie siehe vor allem: Geiger, Theodor: Ideologie und Wahrheit. Eine soziologische Kritik des Denkens, Stuttgart-Wien 1953; Mannheim, Karl: Ideologie und Utopie, Frankfurt a. M. ⁵1969; Mannheim, Karl: Wissenssoziologie, Neuwied 1970; Boudon, Raymond: Ideologie. Geschichte und Kritik eines Begriffs, Reinbek bei Hamburg 1988.

[53] Daher haben Sozialwissenschaften auch eine zentrale ideologiekritische Aufgabe. Siehe auch: Sterbling, Anton: Stalinismus in den Köpfen – zur kommunistischen Gewaltherrschaft in Rumänien, in: Zeitschrift für Siebenbürgische Landeskunde, 30.(101.) Jg., Heft 1, Köln-Weimar-Wien 2007 (S. 78-88); Sterbling, Anton: Intellektuelle Kritik und sozialwissenschaftliche Erkenntnistätigkeit, in: Sterbling, Anton: Wege der Modernisierung und Konturen der Moderne im westlichen und östlichen Europa, Wiesbaden 2015 (S. 9-37).

beispielweise auf geschichtsmythologischen oder auch auf „sozialdarwinistischen" oder „rassistischen" Begründungen gestützt sein können.[54]

Interkulturalität und Geschichte – Ost- und Südosteuropa und die Problematik der Entstehung und Relevanz von Nationalkulturen

Die Kulturen ost- und südosteuropäischer Gesellschaften und ihre Menschen zu verstehen, heißt stets auch, ihre Geschichte zu kennen. Nicht nur, dass diese Geschichte kompliziert, oftmals von Jahrhunderte langer Fremdherrschaft bestimmt und fast immer von ethnischer Vielfalt und folgenreichen interkulturellen Begegnungen, Überlagerungen[55] und Konflikten geprägt erscheint. Das geschichtliche Denken, weit zurück reichende kollektive Erinnerungen und nicht zuletzt historische „Mythen" bestimmen bis heute vielfach das alltägliche Wissen und politische Denken der Menschen.[56] Der aus Rumänien stammende Schriftsteller Richard Wagner bringt dies pointiert, aber zugleich trefflich auf den Begriff: „In jeder Debatte mit einem Osteuropäer fällt von vornherein das Wort Geschichte – nicht als Stichwort, sondern als magisches Wort."[57] Wichtige Aspekte der Geschichte und der „Lebenswelten" ost- und südosteuropäischer Gesellschaften zu kennen, bildet mithin einen Teil der interkulturellen Wissensgrundlagen und Handlungskompetenzen, nicht zuletzt in der Begegnung mit Menschen, die als Migranten aus diesen Teilen Europas und ebenso als deutsche Aussiedler zu uns nach Deutschland gekommen sind oder zukünf-

---

[54] Siehe: Boudon, Raymond: Ideologie. Geschichte und Kritik eines Begriffs, Reinbek bei Hamburg 1988; Dumont, Louis: Individualismus. Zur Ideologie der Moderne, Frankfurt a. M.-New York 1991.

[55] Siehe auch: Giordano, Christian: Politische Krisen in Südost- und Osteuropa? Zum Problem des chronischen Legitimitätsdefizits in postsozialistischen Gesellschaften, in: Balla, Bálint/Dahmen, Wolfgang/Sterbling, Anton (Hrsg.): Demokratische Entwicklungen in der Krise? Politische und gesellschaftliche Verwerfungen in Rumänien, Ungarn und Bulgarien, Beiträge zur Osteuropaforschung 19, Hamburg 2015 (S. 13-32).

[56] Siehe: Boia, Lucian: Geschichte und Mythos. Über die Gegenwart des Vergangenen in der rumänischen Gesellschaft, Köln-Weimar-Wien 2003.

[57] Siehe: Wagner, Richard: Osteuropa oder die permanente Kollaboration, in: Kursbuch, Heft 115, Berlin 1994 (S. 175-181), vgl. S. 175. Siehe auch: Wagner, Richard: Mythendämmerung. Einwürfe eines Mitteleuropäers, Berlin 1993.

tig noch kommen werden.[58] In diesem Zusammenhang stehen auch viele Anliegen, sich ausgewählten historischen und „lebensweltlichen"[59] Fragen Ost- und Südosteuropas zuzuwenden. Dabei sind allgemeinere Überlegungen zur Entstehung und Relevanz von „Nationalkulturen" bis heute von hervorragender Bedeutung.

Wie Justin Stagl überzeugend dargelegt hat, erfolgte die Entstehung oder Schaffung moderner Nationalkulturen in den letzten zwei bis drei Jahrhunderten, durch die Auseinandersetzung mit der Hochkultur einerseits und der Volkskultur andererseits, deren jahrtausendelange getrennte Entwicklung bis dahin kulturbestimmend war.[60] Die Nationalkultur bildet sich durch die Ablehnung, gleichsam aber auch durch die selektive Übernahme und Aufwertung und die spezifische Verklammerung und Umformung bestimmter Elemente der übergreifenden alteuropäischen Hochkultur und der räumlich begrenzteren Volkskultur heraus. Mit der modernen Staaten- und Nationenbildung[61] kam es zugleich zur Entstehung und Konsolidierung einer modernen institutionellen Infrastruktur, die in vielen Fällen staatliche Schulen und Hochschulen, nationale Museen, Nationaltheater, Akademien, national organisierte Künstler- und Wissenschaftsverbände, landesweite

---

[58] Siehe auch: Sterbling, Anton (Hrsg.): Migrationsprozesse, Probleme von Abwanderungsregionen, Identitätsfragen. Beiträge zur Osteuropaforschung, Band 12, Hamburg 2006.

[59] Siehe auch: Sterbling, Anton: „Lebenswelten" im Sozialismus. Anpassung und Widerstand, in: Balla, Bálint/Sterbling, Anton (Hrsg.): Europäische Entwicklungsdynamik, Beiträge zur Osteuropaforschung 17, Hamburg 2009 (S. 53-85), insb. S. 56 ff.

[60] Die alteuropäische „Hochkultur" war vor allem die des Adels und der zumeist lateinisch kommunizierenden höheren Geistlichkeit und Gelehrtenschaft, zumindest soweit es das katholische Alteuropa betrifft. Mit der Reformation setzte sodann bekanntlich die allmähliche Entwicklung nationaler Kulturen ein, ein nationalkultureller Entwicklungsvorgang, der sich zeitlich verzögert dann auch in anderen Teilen Europas, zum Beispiel in Südosteuropa, zutrug. Siehe: Stagl, Justin: Volkskultur, Hochkultur, Nationalkultur, in: Balla, Bálint/Sterbling, Anton (Hrsg.): Zusammenbruch des Sowjetsystems – Herausforderung für die Soziologie, Hamburg 1996 (S. 213-238).

[61] Siehe auch: Sterbling, Anton: Staaten- und Nationenbildung in Südosteuropa, in: Sterbling, Anton: Kontinuitäten und Wandel in Rumänien und Südosteuropa. Historisch-soziologische Analysen, München 1997 (S. 99-114); Sterbling, Anton: Unterdrückung, Ideologie und der untergründige Fortbestand der Mythen, in: Dahlmann, Dittmar/Potthoff, Wilfried (Hrsg.): Mythen, Symbole und Rituale. Die Geschichtsmächtigkeit der Zeichen in Südosteuropa im 19. und 20. Jahrhundert, Frankfurt a. M. u.a.O. 2000 (S. 275-293), insb. S. 280 ff.

Massenmedien usw. umfasste und die wesentlich zur Standardisierung und Diffusion[62] nationalkultureller Vorstellungen und Symbole sowie Wert- und Wissensbestände beitrug. Dabei kam insbesondere bestimmten Gruppen der Intelligenz und der Intellektuellen nicht nur eine Schlüsselbedeutung in der Verbreitung nationalkultureller Ideen und Vorstellungen zu, sondern diese Intellektuellengruppen erwiesen sich vielfach auch als Schöpfer und Umgestalter nationalkultureller Wert- und Wissensbestände bis hin zur Erfindung nationaler Herkunftslegenden und historischer Mythen.[63]

Kultur und „linguistische" und „semantische" Aspekte der Sprache

Nun soll nochmals die Bedeutung der Sprache im interkulturellen Verständigungsprozess reflektiert werden. Dabei möchte ich mich auf eine Unterscheidung beziehen, die M. Rainer Lepsius getroffen hat – nämlich die Unterscheidung zwischen dem linguistischen und dem semantischen Aspekt der Sprache;[64] also die Unterscheidung zwischen Sprachkenntnissen, die die Verwendung der Sprache als Medium der Kommunikation ermöglichen, und der Bedeutungsebene der Sprache, genauer gesagt: der verschiedenen Sprachen, der unterschiedliche Erfahrungswelten und historische

---

[62] Siehe: Deutsch, Karl W.: Nationenbildung, Nationalstaat, Integration, Düsseldorf 1972.

[63] Siehe: Berding, Helmut (Hrsg.): Mythos und Nation. Studien zur Entwicklung des kollektiven Bewußtseins in der Neuzeit 3, Frankfurt a. M. 1996; Boia, Lucian: Geschichte und Mythos. Über die Gegenwart des Vergangenen in der rumänischen Gesellschaft, Köln-Weimar-Wien 2003; Höpken, Wolfgang/Sundhaussen, Holm (Hrsg.): Eliten in Südosteuropa. Rolle, Kontinuitäten, Brüche in Geschichte und Gegenwart, München 1998; Sterbling, Anton: Strukturfragen und Modernisierungsprobleme südosteuropäischer Gesellschaften, Hamburg 1993, insb. S. 169 ff; Sterbling, Anton: „Kritik als Beruf" oder das „Dauerdilemma" der Intellektuellen „zwischen Ost und West", in: Sterbling, Anton/Zipprian, Heinz (Hrsg.): Max Weber und Osteuropa, Hamburg 1997 (S. 205-227).

[64] Prof. Dr. Dr. h.c. M. Rainer Lepsius hat diese Unterscheidung im Rahmen eines Vortrags am „Europakolleg" in Hamburg im März 1996 getroffen. Unter den deutschen Soziologen zählt Lepsius zweifellos zu den besten Kennern der europäischen Entwicklungen. Siehe zum Beispiel: Lepsius, M. Rainer: Die Europäische Union als Herrschaftsverband eigener Prägung, in: Joerges, Christian/Mény, Yves/Weiler, J. H. H. (Hrsg.): What Kind of Constitution for What Kind of Polity? Responces to Joschka Fischer, Florence-Cambridge/Mass. 2000 (S. 203-212).

Traditionen, verschiedene kulturelle Sinnmuster und Wertvorstellungen korrespondieren. Auf dieser Ebene der Bedeutungszuschreibungen gibt es – wie bereits ausgeführt – viele, zumeist unreflektierte Grundüberzeugungen und stillschweigend angenommene Selbstverständlichkeiten,[65] die von „Fremden", selbst wenn sie die betreffende Sprache einigermaßen kennen und sprechen können, mitunter schwer zu erfassen und nachzuvollziehen sind.

Der linguistische Aspekt – wie ich dies etwas verkürzt nennen möchte – ist aber gegenüber der semantischen Dimension in der europäischen Zusammenarbeit und Verständigung und insbesondere im Verständigungsprozess zwischen Ost und West eher das kleinere Problem. Wenn Ralf Dahrendorf bereits 1990 zur „Revolution in Europa" anmerkte: „Die Wiedervereinigung der Sprache bringt die Geschichte, von der hier die Rede sein soll, auf den Begriff. Zwei Systeme, die auf zwei Weltbildern beruhten, brauchten zwei Sprachen. (...) Durch die Hinnahme der Tatsache, daß die andere Seite ihre eigenen Begriffe und Formulierungen verwendet, wurden beide Systeme stabilisiert. ... Das ist plötzlich wie weggeblasen. Wir treffen uns, und wir reden miteinander, wie wir das überall tun würden.",[66] wenn er mithin den Hauptaspekt der Veränderungen in Europa darin sah, dass die Trennung zwischen zwei ideologisch geprägten Sprachen verschwunden sei und dass die Wissenschaftler und Intellektuellen nunmehr zu einer gemeinsamen Sprache zurückgefunden hätten, betrachtete er die Dinge zweifellos sehr optimistisch. Er erfasste dabei keineswegs die gesamte Problematik, um die es auf dem wissenschaftlichen und intellektuellen Gebiet in Europa geht.

Der demokratische Umbruch der Jahre 1989/1990 in Osteuropa hat allenfalls günstigere Ausgangsbedingungen geschaffen, zu einer gemeinsamen, ideologie- und vorurteilsfreien Sprache, zu einer Sprache mit einer ähnlichen Semantik, die eine substantielle wissenschaftliche und intellektuelle Kommunikation ermöglicht, zu finden. Allerdings ist dies ein schwieriges, zeitaufwendiges und mühseliges Unterfangen, das nicht nur

---

[65] Etzioni spricht in diesem Sinne von einer „Gemeinschaft für selbstverständlich gehaltener Grundannahmen" („community-of-assumtions"). Siehe: Etzioni, Amitai: Die aktive Gesellschaft, Opladen 1975, insb. S. 203.

[66] Siehe: Dahrendorf, Ralf: Betrachtungen über die Revolution in Europa, in einem Brief, der an einen Herrn in Warschau gerichtet ist, Stuttgart 1990, vgl. S. 15 f.

guten Willen, sondern auch intensive intellektuelle Übersetzungs-, Verständigungs- und Konsensfindungsbemühungen erforderlich macht und das auch heute noch keineswegs so weit fortgeschritten erscheint, dass es einen erfolgreichen Abschluss erkennen lassen würde. Vielmehr stehen wir noch mitten in diesem Austauschprozess zwischen Wissenschaftlern und Intellektuellen in Europa und erkennen neben den Gemeinsamkeiten gleichsam auch die großen Differenzen, die Missverständnisse, die schwer abzubauenden Vorurteile und kulturellen Fixierungen – natürlich auch die eigenen – immer deutlicher. Hinzu kommt, dass wir sehen, dass keineswegs alle Intellektuellen, alle Geistes-, Kultur- und Sozialwissenschaftler in Europa an diesem Kommunikations- und Verständigungsprozess beteiligt sind oder ihn überhaupt akzeptieren und fördern wollen. Unter den Intellektuellen in Ost- und Südosteuropa,[67] aber keineswegs nur hier, gibt es vielmehr durchaus einflussreiche und definitionsmächtige Gruppen und Strömungen, die ihre nationale oder kulturelle Identität durch die gegenwärtigen europäischen Entwicklungen und Globalisierungsprozesse gefährdet sehen und die mithin nach wie vor ethnozentrische und (extrem) nationalistische Abgrenzungspositionen vertreten.[68]

Ohne eine intensive interkulturelle Kommunikation und intellektuelle Übersetzungsarbeit, durch die sich allmählich eine gemeinsame, kommunikativ abgesicherte „europäische Verständigungssemantik" herausbildet, wird wohl auch den politisch angestrebten europäischen Erweiterungs- und Integrationsprozessen kaum ein durchgreifender und nachhaltiger Erfolg beschieden sein. Dies kann man selbst für einen Kernbereich der europäischen Transformations- und Annäherungsprozesse, die gesellschaftlichen Basisinstitutionen behaupten.[69] Es reicht nicht aus und wird vermutlich nicht zu den angestrebten Modernisierungsfortschritten und Anpassungs-

---

[67] Siehe: Schubert, Gabriella/Sundhaussen, Holm (Hrsg.): Pro- und antiwestliche Diskurse in den Balkanländern/Südosteuropa, Südosteuropa-Jahrbuch 34, München 2008.

[68] Siehe dazu auch: Sterbling, Anton: Kontinuität und Wandel in Rumänien und Südosteuropa. Historisch-soziologische Analysen, München 1997; Sterbling, Anton: Intellektuelle, Eliten, Institutionenwandel. Untersuchungen zu Rumänien und Südosteuropa, Hamburg 2001.

[69] Siehe auch: Sterbling, Anton: Kulturelle Differenz und Semantik der Institutionen, in: Moosmüller, Alois (Hrsg.): Konzepte kultureller Differenz, Münster-New York-München-Berlin 2009 (S. 161-175).

prozessen führen, wenn demokratische, marktwirtschaftliche und rechts-staatliche Institutionen lediglich „formal" übernommen werden, und eine Übernahme der entsprechenden institutionellen Semantiken aber unter-bleibt. Die „Semantik", der Sinn- und Bedeutungszusammenhang einer In-stitution umfasst nicht nur ihre Leitideen, sondern ebenso die Einstellun-gen, die Wissens- und Handlungskompetenzen und die Tiefenüberzeugun-gen der im Rahmen dieser Institution Verantwortung tragenden und han-delnden Akteure. Ohne hinreichende Kenntnis und Akzeptanz der semanti-schen Tiefendimensionen einer Institution, erscheint deren effizientes Funktionieren allemal prekär. Darin liegt gegenwärtig eines der Hauptprob-leme des Institutionenwandels in Europa begründet.[70] Etwas allgemeiner gefasst, kann man dies auch die Kulturverankerung und Kulturgebunden-heit der spezifischen Ausprägungen von Institutionen nennen.

Kultur und Interkulturalität – ein vorläufiges Zwischenfazit

Interkulturalität bedeutet neben vielem anderen die reflexive Fähigkeit, den eigenen sozialen Standort zu wechseln und sich in die Denk- und Sicht-weise des Angehörigen einer anderen Kultur zu vertiefen.[71] Auf diese Art eine fremde Kultur zu verstehen, sie gleichsam semantisch zu „decodie-ren", bedeutet allerdings nicht, für alle Werthaltungen und Weltanschauun-gen einer anderen, fremden Kultur unbedingtes Verständnis im Sinne un-kritischer Billigung aufbringen zu müssen oder gar die Grundlagen und Werthaltungen der eigenen Kultur in diesem Licht grundsätzlich in Frage stellen oder aufgeben zu müssen. Allerdings bedeuten interkulturelle Fähig-keiten, Einsichten und Positionierungen nicht zuletzt auch die eigene Kul-tur dezentriert, also von außen, sehen zu können und kritisch mit ihren eventuell aus dieser Sicht problematischen Gewissheiten und Selbstver-ständnissen umzugehen.

Aus soziologischer Perspektive ist nicht nur die Ausstattung einzelner Individuen mit stets von kulturellen Wertbezügen und Vorstellungen be-

---

[70] Siehe: Nedelmann, Birgitta (Hrsg.): Politische Institutionen im Wandel. Kölner Zeitschrift für Soziologie und Sozialpsychologie, Sonderheft 35, Opladen 1995.

[71] Siehe auch: Moosmüller, Alois (Hrsg.): Konzepte kultureller Differenz, Münster-New York-München-Berlin 2009.

stimmten subjektiven Sinnmustern als orientierungs- und richtungsgebende Grundelemente ihres Handelns relevant, sondern kulturspezifische Werte und Wertordnungen liegen auch sozialen Normen und Konventionen und ebenso Institutionen[72] und letztlich auch ganzen Gesellschaft- und Herrschaftsordnungen[73] zu Grunde, die wiederum den Möglichkeits- und Wahrscheinlichkeitshorizont des individuellen und kollektiven Handelns eingrenzen und ein gutes Stück vorgeben. Wenn vorhin von der „semantischen" Dimension der Sprache die Rede war, so sind auch diese kulturellen Bezüge sprachlichen Ausdrucks- und Verständigungsvermögens und mithin auch interkultureller Kommunikation gemeint.

Es sollte wohl hinreichend deutlich geworden sein: Interkulturelle Erkundungen und Erkenntnisse ebenso wie interkulturelle Aufklärung und Bildung sind in der Regel aufwändige und langwierige Vorgänge, bedeuten sie doch immer auch geistige Herausforderungen bei der Einarbeitung in verschiedene neue Gebiete der Geschichte, der Zeitgeschichte und der „Lebenswelten" der Menschen. Ob dann am Ende ein besseres Verständnis steht, ist eine begründete Hoffnung, aber keineswegs eine Gewissheit. Auch diesbezüglich gilt, dass man aus der Geschichte zwar immer etwas lernt, aber was daraus gelernt wird, weitgehend offen ist. Ebenso wie die nicht zuletzt vom individuellen und kollektiven Wissen abhängige „Zukunft" von Gesellschaften und der Menschheit insgesamt „offen" – und doch gleichzeitig und weitgehend in die Verantwortung der denkenden und handelnden Menschen gestellt erscheint.[74]

---

[72] Siehe: Sterbling, Anton: Kulturelle Differenz und Semantik der Institutionen, in: Moosmüller, Alois (Hrsg.): Konzepte kultureller Differenz, Münster-New York-München-Berlin 2009 (S. 161-175).

[73] Siehe: Lepsius, M. Rainer: Modernisierungspolitik als Institutionenbildung: Kriterien institutioneller Differenzierung, in: Lepsius, M. Rainer: Interessen, Ideen und Institutionen, Opladen ²2009 (S. 53-62); Sterbling, Anton: Das „Weber-Paradigma" als Grundlage eines historisch-vergleichenden Analyseansatzes, in: Sterbling, Anton: Verwerfungen in Modernisierungsprozessen. Soziologische Querschnitte, Hamburg 2012 (S. 113-127).

[74] Zur Offenheit und Wissensabhängigkeit der Zukunft der Menschheit oder genauer gesagt zur Offenheit der Zukunft wegen ihrer Wissensabhängigkeit, aus der sich gleichsam auch die Selbstverantwortlichkeit des Menschen ergibt, siehe auch: Popper, Karl R./Lorenz, Konrad: Die Zukunft ist offen. Das Altenberger Gespräch, München-Zürich ³1988.

Literatur

Albert, Hans/Topitsch, Ernst (Hrsg.): Werturteilsstreit, Darmstadt [2]1979

Bahrdt, Hans Paul: Schlüsselbegriffe der Soziologie. Eine Einführung mit Lehrbeispielen, München 1984

Balla, Bálint/Sterbling, Anton (Hrsg.): Globalisierung, Europäisierung, Regionalisierung – unter besonderer Berücksichtigung ihrer Erscheinungsformen und Auswirkungen im östlichen Europa, Beiträge zur Osteuropaforschung 16, Hamburg 2009

Balla, Bálint/Sterbling, Anton (Hrsg.): Europäische Entwicklungsdynamik, Beiträge zur Osteuropaforschung 17, Hamburg 2009

Berding, Helmut (Hrsg.): Mythos und Nation. Studien zur Entwicklung des kollektiven Bewußtseins in der Neuzeit 3, Frankfurt a. M. 1996

Berger, Peter L./Luckmann, Thomas: Die gesellschaftliche Konstruktion der Wirklichkeit, Frankfurt a. M. 1969

Bergmann, Jörg/Hahn, Alois/Luckmann, Thomas (Hrsg.): Religion und Kultur, Kölner Zeitschrift für Soziologie und Sozialpsychologie, Sonderheft 33, Opladen 1993

Boia, Lucian: Geschichte und Mythos. Über die Gegenwart des Vergangenen in der rumänischen Gesellschaft, Köln-Weimar-Wien 2003

Boudon, Raymond: Ideologie. Geschichte und Kritik eines Begriffs, Reinbek bei Hamburg 1988

Bourdieu, Pierre: Der Korporativismus des Universellen. Die Rolle des Intellektuellen in der modernen Welt, in Bourdieu, Pierre: Die Intellektuellen und die Macht, Hamburg 1991 (S. 41-65)

Claessens, Dieter: Instinkt, Psyche, Geltung. Zur Legitimation menschlichen Verhaltens, Köln-Opladen [2]1970

Dahrendorf, Ralf: Betrachtungen über die Revolution in Europa, in einem Brief, der an einen Herrn in Warschau gerichtet ist, Stuttgart 1990

Deutsch, Karl W.: Nationenbildung, Nationalstaat, Integration, Düsseldorf 1972

Dumont, Louis: Individualismus. Zur Ideologie der Moderne, Frankfurt a. M.-New York 1991

Durkheim, Emile: Les formes élémentaires de la vie religieuse, Paris 1968

Dux, Günter/Wenzel, Ulrich (Hrsg.): Der Prozeß der Geistesgeschichte. Studien zur ontogenetischen und historischen Entwicklung des Geistes, Frankfurt a. M. 1994

Eisenstadt, Samuel N.: Tradition, Wandel und Modernität, Frankfurt a. M. 1979

Etzioni, Amitai: Die aktive Gesellschaft, Opladen 1975

Geiger, Theodor: Ideologie und Wahrheit. Eine soziologische Kritik des Denkens, Stuttgart-Wien 1953

Gehlen, Arnold: Über Kultur, Natur und Natürlichkeit, in: Gehlen, Arnold: Anthropologische und sozialpsychologische Untersuchungen, Reinbek bei Hamburg 1986 (S. 78-92)

Gellner, Ernest: Pflug, Schwert und Buch. Grundlinien der Menschheitsgeschichte, München 1993

Giesen, Bernhard: Gesellschaftliche Identität und Evolution. Ein Vergleich soziologischer Theorietraditionen, in: Soziale Welt 31. Jg., Göttingen 1980 (S. 311-332)

Giordano, Christian: Politische Krisen in Südost- und Osteuropa? Zum Problem des chronischen Legitimitätsdefizits in postsozialistischen Gesellschaften, in: Balla, Bálint/Dahmen, Wolfgang/Sterbling, Anton (Hrsg.): Demokratische Entwicklungen in der Krise? Politische und gesellschaftliche Verwerfungen in Rumänien, Ungarn und Bulgarien, Beiträge zur Osteuropaforschung 19, Hamburg 2015 (S. 13-32)

Habermann, Gerd: Der Wohlfahrtsstaat. Die Geschichte eines Irrwegs, Frankfurt a. M.-Berlin 1994

Habermas, Jürgen: Ein Fragment (1977): Objektivismus in den Sozialwissenschaften, in: Habermas, Jürgen: Zur Logik der Sozialwissenschaften, Frankfurt a. M. 1985 (S. 541-607)

Habermas, Jürgen: Theorie des kommunikativen Handelns. Band 2: Zur Kritik der funktionalistischen Vernunft, Frankfurt a. M. 1981

Habermas, Jürgen: Theorie des kommunikativen Handelns, Frankfurt a. M. 1981 (2 Bde)

Hegel, Georg Wilhelm Friedrich: Phänomenologie des Geistes, Werke 3. Band, Frankfurt a. M. 1986

Hegel, Georg Wilhelm Friedrich: Vorlesungen über die Philosophie der Geschichte, Werke 12. Band, Frankfurt a. M. 1986

Hennis, Wilhelm: Max Webers Fragestellung. Studien zur Biographie des Werks, Tübingen 1987

Herder, Johann Friedrich: Ideen zur Philosophie der Geschichte der Menschheit, Bodenheim 1995

Höpken, Wolfgang/Sundhaussen, Holm (Hrsg.): Eliten in Südosteuropa. Rolle, Kontinuitäten, Brüche in Geschichte und Gegenwart, München 1998

Holenstein, Elmar: Kulturphilosophische Perspektiven. Schulbeispiel Schweiz. Europäische Identität auf dem Prüfstand. Globale Verständigungsmöglichkeiten, Frankfurt a. M. 1998

Husserl, Edmund: Ideen zu einer reinen Phänomenologie und phänomenologischen Philosophie. Erstes Buch: Einführung in die reine Phänomenologie, Den Haag 1950

Irle, Martin: Lehrbuch der Sozialpsychologie, Göttingen-Toronto-Zürich 1975

Kahl, Thede/Vyslonzil, Elisabeth/Woldan, Alois (Hrsg.): Herausforderung Osteuropa. Die Offenlegung stereotyper Bilder, Wien 2004

Lepsius, M. Rainer: Institutionenanalyse und Institutionenpolitik, in: Nedelmann, Birgitta (Hrsg.): Politische Institutionen im Wandel, Sonderband 35, Kölner Zeitschrift für Soziologie und Sozialpsychologie, Opladen 1995 (S. 392-403)

Lepsius, M. Rainer: Modernisierungspolitik als Institutionenbildung: Kriterien institutioneller Differenzierung, in: Lepsius, M. Rainer: Interessen, Ideen und Institutionen, Opladen ²2009 (S. 53-62)

Lepsius, M. Rainer: Interessen, Ideen und Institutionen, Opladen ²2009

Lepsius, M. Rainer: Die Europäische Union als Herrschaftsverband eigener Prägung, in: Joerges, Christian/Mény, Yves/Weiler, J. H. H. (Hrsg.): What Kind of Constitution for What Kind of Polity? Responces to Joschka Fischer, Florence-Cambridge/Mass. 2000 (S. 203-212)

Luckmann, Thomas: Wissen und Gesellschaft. Ausgewählte Aufsätze 1981-2002, Konstanz 2002

Luhmann, Niklas: Gesellschaftsstruktur und Semantik. Studien zur Wissenssoziologie der modernen Gesellschaft I, Frankfurt a. M. 1980

Luhmann, Niklas: Das Erziehungssystem der Gesellschaft, Darmstadt 2002

Luhmann, Niklas: Die Religion der Gesellschaft, Darmstadt 2002

Luhmann, Niklas: Die Wissenschaft der Gesellschaft, Darmstadt 2002

Luhmann, Niklas: Die Kunst der Gesellschaft, Darmstadt 2002

Malinowski, Bronislaw: Schriften zur Anthropologie, Frankfurt a. M. 1986

Mannheim, Karl: Ideologie und Utopie, Frankfurt a. M. [5]1969

Mannheim, Karl: Wissenssoziologie, Neuwied 1970

Mead, George H.: Gesammelte Aufsätze, Frankfurt a. M. 1987 (2 Bde)

Moosmüller, Alois (Hrsg.): Konzepte kultureller Differenz, Münster-New York-München-Berlin 2009

Müller, Ernst Wilhelm/König, René/Koepping, Klaus-Peter/Drechsel, Paul (Hrsg.): Ethnologie als Sozialwissenschaft. Kölner Zeitschrift für Soziologie und Sozialpsychologie, Sonderheft 26, Opladen 1984

Nedelmann, Birgitta (Hrsg.): Politische Institutionen im Wandel. Kölner Zeitschrift für Soziologie und Sozialpsychologie, Sonderheft 35, Opladen 1995

Neidhardt, Friedhelm/Lepsius, M. Rainer/Weiß, Johannes (Hrsg.): Kultur und Gesellschaft, Kölner Zeitschrift für Soziologie und Sozialpsychologie, Sonderheft 27, Opladen 1986

Nikles, Bruno W./Weiß, Johannes (Hrsg.): Gesellschaft. Organismus – Totalität – System, Hamburg 1975

Ollig, Hans-Ludwig (Hrsg.): Neukantianismus. Texte der Marburger und der Südwestdeutschen Schule, ihre Vorläufer und Kritiker, Stuttgart 1982

Parsons, Talcott: The Social System, London 1951

Parsons, Talcott: Gesellschaften. Evolutionäre und komparative Perspektiven, Frankfurt a. M. 1975

Plake, Klaus/Schulz, Wolfgang K. (Hrsg.): Entillusionierung als Programm. Beiträge zur Soziologie von Shmuel N. Eisenstadt, Weinheim 1993

Popper, Karl R./Lorenz, Konrad: Die Zukunft ist offen. Das Altenberger Gespräch, München-Zürich [3]1988

Schelsky, Helmut: Die Arbeit tun die anderen. Klassenkampf und Priesterherrschaft der Intellektuellen, Opladen [2]1975

Schubert, Gabriella/Dahmen, Wolfgang (Hrsg.): Bilder vom Eigenen und vom Fremden aus dem Donau-Balkan-Raum. Analysen literarischer und anderer Texte, München 2003

Schubert, Gabriella/Sundhaussen, Holm (Hrsg.): Pro- und antiwestliche Diskurse in den Balkanländern/Südosteuropa, Südosteuropa-Jahrbuch 34, München 2008

Schütz, Alfred: Der sinnhafte Aufbau der sozialen Welt. Eine Einleitung in die verstehende Soziologie, Frankfurt a. M. 1974

Schütz, Alfred/Luckmann, Thomas: Strukturen der Lebenswelt, Frankfurt a. M. 1979 (2 Bde)

Stagl, Justin: Volkskultur, Hochkultur, Nationalkultur, in: Balla, Bálint/Sterbling, Anton (Hrsg.): Zusammenbruch des Sowjetsystems – Herausforderung für die Soziologie, Hamburg 1996 (S. 213-238)

Sterbling, Anton: Eliten im Modernisierungsprozeß. Ein Theoriebeitrag zur vergleichenden Strukturanalyse unter besonderer Berücksichtigung grundlagentheoretischer Probleme, Hamburg 1987

Sterbling, Anton: Eliten im Modernisierungsprozeß, in: Mittelstraß, Jürgen (Hrsg.): Wohin geht die Sprache? Wirklichkeit – Kommunikation – Kompetenz, Essen 1989 (S. 206-219)

Sterbling, Anton: Modernisierung und soziologisches Denken. Analysen und Betrachtungen, Hamburg 1991

Sterbling, Anton (Hrsg.): Zeitgeist und Widerspruch. Soziologische Überlegungen über Gesinnung und Verantwortung, Hamburg 1993

Sterbling, Anton: Strukturfragen und Modernisierungsprobleme südosteuropäischer Gesellschaften, Hamburg 1993

Sterbling, Anton: Rationalität und Wissenschaft. Allgemeine und aktuelle Überlegungen zur Werturteilsproblematik, in: Sterbling, Anton: Gegen die Macht der Illusionen. Zu einem Europa im Wandel, Hamburg 1994 (S. 29-81)

Sterbling, Anton: Gegen die Macht der Illusionen. Zu einem Europa im Wandel, Hamburg 1994

Sterbling, Anton: Staaten- und Nationenbildung in Südosteuropa, in: Sterbling, Anton: Kontinuitäten und Wandel in Rumänien und Südosteuropa. Historisch-soziologische Analysen, München 1997 (S. 99-114)

Sterbling, Anton: Kontinuität und Wandel in Rumänien und Südosteuropa. Historisch-soziologische Analysen, München 1997

Sterbling, Anton: „Kritik als Beruf" oder das „Dauerdilemma" der Intellektuellen „zwischen Ost und West", in: Sterbling, Anton/Zipprian, Heinz (Hrsg.): Max Weber und Osteuropa, Hamburg 1997 (S. 205-227)

Sterbling, Anton: Der ambivalente Beitrag der Intellektuellen in der interkulturellen Kommunikation, in: Giordano, Christian/Dougoud, Roberta Colombo/Kappus, Elke-Nicole (Hrsg.): Interkulturelle Kommunikation im Nationalstaat, Münster-New York-München-Berlin 1998 (S. 45-56)

Sterbling, Anton: Unterdrückung, Ideologie und der untergründige Fortbestand der Mythen, in: Dahlmann, Dittmar/Potthoff, Wilfried (Hrsg.): Mythen, Symbole und Rituale. Die Geschichtsmächtigkeit der Zeichen in Südosteuropa im 19. und 20. Jahrhundert, Frankfurt a. M. u.a.O. 2000 (S. 275-293)

Sterbling, Anton: Intellektuelle, Eliten, Institutionenwandel. Untersuchungen zu Rumänien und Südosteuropa, Hamburg 2001

Sterbling, Anton: Sprache und Verständigung im europäischen Kontext – linguistische und semantische Aspekte, in: Südostdeutsche Vierteljahresblätter, 51. Jg., München 2002 (S. 321-324)

Sterbling, Anton: Soziale Integration – soziologische Anmerkungen zu einem vielfach in der Schwebe gehaltenen Begriff, in: Beetz, Stephan/Jacob, Ulf/ Sterbling, Anton (Hrsg.): Soziologie über die Grenzen – Europäische Perspektiven. Festschrift für Herrn Professor Dr. Dr. h.c. Bálint Balla zum 75. Geburtstag, Hamburg 2003 (S. 471-485)

Sterbling, Anton (Hrsg.): Migrationsprozesse, Probleme von Abwanderungsregionen, Identitätsfragen. Beiträge zur Osteuropaforschung, Band 12, Hamburg 2006

Sterbling, Anton: Zumutungen der Moderne. Kultursoziologische Analysen, Hamburg 2007

Sterbling, Anton: Stalinismus in den Köpfen – zur kommunistischen Gewaltherrschaft in Rumänien, in: Zeitschrift für Siebenbürgische Landeskunde, 30.(101.) Jg., Heft 1, Köln-Weimar-Wien 2007 (S. 78-88)

Sterbling, Anton: Über Freiheit. Allgemeine Reflexionen und Stellungnahmen, in: Sterbling, Anton: Krisen und Wandel, Hamburg 2009 (S. 87-113)

Sterbling, Anton: Krisen und Wandel, Hamburg 2009

Sterbling, Anton: „Lebenswelten" im Sozialismus. Anpassung und Widerstand, in: Balla, Bálint/Sterbling, Anton (Hrsg.): Europäische Entwicklungsdynamik, Beiträge zur Osteuropaforschung 17, Hamburg 2009 (S. 53-85)

Sterbling, Anton: Kulturelle Differenz und Semantik der Institutionen, in: Moosmüller, Alois (Hrsg.): Konzepte kultureller Differenz, Münster-New York-München-Berlin 2009 (S. 161-175)

Sterbling, Anton: Fragen der Sicherheit in unsicheren Zeiten. Lokale Befunde und internationale Entwicklungszusammenhänge. Rothenburger Beiträge. Polizeiwissenschaftliche Schriftenreihe (Band 54), Rothenburg/Oberlausitz 2010

Sterbling, Anton: Professionalisierungsaussichten der Polizei? Voraussetzungen, Chancen, Notwendigkeiten und Grenzen, in: Groß, Hermann/Schmidt, Peter (Hrsg.): Empirische Polizeiforschung XIII: Job, Beruf oder Profession?, Frankfurt a. M. 2011 (S. 23-44)

Sterbling, Anton: Intellektuelle Kritik, Werturteilsfreiheit und Fragen der sozialwissenschaftlichen Erkenntnistätigkeit, in: Sterbling, Anton: Verwerfungen in Modernisierungsprozessen. Soziologische Querschnitte, Hamburg 2012 (S. 15-45)

Sterbling, Anton: Das „Weber-Paradigma" als Grundlage eines historisch-vergleichenden Analyseansatzes, in: Sterbling, Anton: Verwerfungen in Modernisierungsprozessen. Soziologische Querschnitte, Hamburg 2012 (S. 113-127)

Sterbling, Anton: Zur Grundlegung einer systematischen Sprachwissenschaft durch Ferdinand de Saussure. Ein Rekonstruktionsversuch des strukturalistischen Ansatzes in wissenschaftstheoretischer und wissenschaftshistorischer Absicht, in: Sterbling, Anton: Polizeiwissenschaft, Sprachwissenschaft und Sozialwissenschaften. Fragen der disziplinären Identität und Interdisziplinarität, Rothenburger Beiträge. Polizeiwissenschaftliche Schriftenreihe (Band 72), Rothenburg/Oberlausitz 2014 (S. 39-71)

Sterbling, Anton: Intellektuelle Kritik und sozialwissenschaftliche Erkenntnistätigkeit, in: Sterbling, Anton: Wege der Modernisierung und Konturen der Moderne im westlichen und östlichen Europa, Wiesbaden 2015 (S. 9-37)

Sterbling, Anton: ‚Wissensgesellschaft' und ‚Informationszeitalter'. Zum Wandel der Wissensgrundlagen der Moderne, in: Sterbling, Anton: Wege der Modernisierung und Konturen der Moderne im westlichen und östlichen Europa, Wiesbaden 2015 (S. 39-66)

Sterbling, Anton: Kultur und Interkulturalität. Das Banat, Donauraum, Balkanimpressionen, Rothenburger Beiträge. Polizeiwissenschaftliche Schriftenreihe, Rothenburg/Oberlausitz 2015

Sterbling, Anton: Kollektive Identitäten, in: Kollmorgen, Raj/Merkel, Wolfgang/Wagener, Hans-Jürgen (Hrsg.): Handbuch Transformationsforschung, Wiesbaden 2015 (S. 581-586)

Sterbling, Anton: Zuwanderung, Kultur und Grenzen in Europa, Aachen 2015

Tenbruck, Friedrich H.: Die Soziologie vor der Geschichte, in: Kölner Zeitschrift für Soziologie und Sozialpsychologie, Sonderheft 16, Opladen 1972 (S. 29-58)

Vormweg, Heinrich: Eine andere Lesart. Über neue Literatur, Neuwied-Berlin 1972

Vowinckel, Gerhard: Homo sapiens sociologicus, oder: Der Egoismus der Gene und die List der Kultur, in: Kölner Zeitschrift für Soziologie und Sozialpsychologie, 43. Jg., Opladen 1991 (S. 520-541)

Vowinckel, Gerhard: Gesinnungstäter und Strategen. Sozioökologie politisch-moralischer Denkformen, in: Sterbling, Anton (Hrsg.): Zeitgeist und Widerspruch. Soziologische Reflexionen über Gesinnung und Verantwortung, Hamburg 1993 (S. 27-49)

Wagner, Richard: Mythendämmerung. Einwürfe eines Mitteleuropäers, Berlin 1993

Wagner, Richard: Osteuropa oder die permanente Kollaboration, in: Kursbuch, Heft 115, Berlin 1994 (S. 175-181)

Weber, Max: Wissenschaft als Beruf, in: Weber, Max: Gesammelte Aufsätze zur Wissenschaftslehre, Tübingen [7]1988 (S. 582-613)

Weber, Max: Gesammelte Aufsätze zur Wissenschaftslehre, Tübingen [7]1988

Weber, Max: Gesammelte politische Schriften, Tübingen [5]1988

Weiß, Johannes: Max Webers Grundlegung der Soziologie. Eine Einführung, München 1975

Wimmer, Andreas: Kultur. Zur Reformulierung eines sozialanthropologischen Grundbegriffs, in: Kölner Zeitschrift für Soziologie und Sozialpsychologie, 48. Jg., Opladen 1996 (S. 401-425)

Winkler, Heinrich August/Kaelble, Hartmut (Hrsg.): Nationalismus – Nationalitäten – Supranationalität, Stuttgart 1993

Abendländische Rationalisierung, Kunst, Integration[1]

Die abendländische Rationalisierung führte in die Moderne, brachte die modernen Gesellschaften mit ihren spezifischen Wertordnungen und Institutionen, mit ihrer eigenen Kultur und Ausdrucksformen der Kunst hervor. Dabei war der europäische Aufbruch in die Moderne stets auch von verschiedenen Bewegungen der Gegenmoderne[2] begleitet, die dem davon bestimmten Zeitalter, das trotz gegenteiliger Behauptungen noch keineswegs der Postmoderne gewichen ist,[3] ein spannungsgeladenes und ambivalentes Gepräge gaben. Dies zeigt sich nicht zuletzt in den widersprüchlichen Tendenzen der Kunst, in der sich in den letzten beiden Jahrhunderten moderne Avantgarde und antimodernistische Strömungen mitunter schroff begegneten oder – wie etwa in der deutschen Romantik[4] – eigentümlich ver-

---

[1] Dieser Beitrag greift unter anderem eigene Gedanken aus dem Band: Sterbling, Anton: Wege der Modernisierung und Konturen der Moderne im westlichen und östlichen Europa, Wiesbaden 2015, auf. Er lag meinem Vortrag unter dem gleichen Titel im Rahmen des internationalen Kolloquiums „Migranten-Enkulturation und regionale Resilienz", im Haus „Klingewalde", Görlitz, am 18. November 2015, zu Grunde.

[2] Siehe auch: Beck, Ulrich: Das Zeitalter der Nebenfolgen und die Politisierung der Moderne, in: Beck, Ulrich/Giddens, Anthony/Lash, Scott: Reflexive Modernisierung. Eine Kontroverse, Frankfurt a. M. 1996 (S. 19-112), insb. S. 58 f.

[3] Anders als es aus der Perspektive avancierter Intellektueller erscheinen mag, ist die Postmoderne noch nicht zur bestimmenden „Signatur" der Gegenwart geworden. Zur Postmoderne-Diskussion siehe: Lyotard, Jean-Francois: La condition postmoderne, Paris 1979; Welsch, Wolfgang (Hrsg.): Wege aus der Moderne. Schlüsseltexte der Postmoderne-Diskussion, Weinheim 1988.

[4] Natürlich war die von dem Bestreben der „Wiederverzauberung der Welt" geprägte deutsche Romantik kulturkritische Reaktion auf den Rationalismus, die Aufklärung, den aufkommenden Industrialismus und die Vorzeichen der Moderne schlechthin. Siehe: Weiß, Johannes: Wiederverzauberung der Welt? Bemerkungen zur Wiederkehr der Romantik in der gegenwärtigen Kulturkritik, in: Neidhardt, Friedhelm/Lepsius, M. Rainer/Weiß, Johannes (Hrsg.): Kultur und Gesellschaft, Kölner Zeitschrift für Soziologie und Sozialpsychologie, Sonderheft 27, Opladen 1986 (S. 286-301). Denkt man indes beispielsweise an das Werk Ludwig Tiecks oder E.T.A. Hoffmanns so lassen sich darin schreibtechnische Elemente und Formen der Wirklichkeitsperzeption finden, die die Moderne des 20. Jahrhunderts in vielen Hinsichten vorwegnehmen. Siehe: Kolf, Bernd: Ludwig Tieck in seiner Zeit, in: Ludwig Tieck, Cluj-Napoca 1975 (S. 265-285), insb. S. 271 und S. 276 f. Heißenbüttel, Helmut: Zur Tradition der Moderne. Aufsätze und Anmerkungen 1964-1971, Neuwied-Berlin 1972, insb. S. 7 ff.

mischten. Diese Ambivalenzen und die „Zerrissenheit" sind markante Kennzeichen der Moderne, moderner Gesellschaften und moderner Menschen, die insbesondere im Spannungsfeld zwischen ihrer „Innen- und Außengeleitetheit" stehen.[5] Dies bestimmt die überaus offenen und weiten Integrationskapazitäten moderner Gesellschaften – wie auch einige wenige, aber entscheidende Integrationsanforderungen, die sich in diesen ausmachen lassen.

Im Folgenden möchte ich einige Stichworte zum Verständnis der abendländischen Rationalisierung und Moderne, zur Kunst in diesem Kontext und eben auch zu den integrativen Fähigkeiten moderner Gesellschaften und deren Grenzen ansprechen. Der Blick bleibt dabei vor allem auf die Kultur – auf die „Leitkultur" der Moderne, ihre Ambivalenzen und ihre gegenwärtigen Fragen gerichtet. Anders, als dies von manchen Soziologen vertreten wird, erscheint das Festhalten an einer solchen „Leitkultur", die nicht weniger als die Wertgrundlagen der abendländischen Moderne selbst sichert, unabdingbar.[6]

---

[5]   Siehe dazu eingehender: Sterbling, Anton: Der „innengeleitete" und der „außengeleitete" Mensch im Horizont der Moderne, in: Sterbling, Anton: Wege der Modernisierung und Konturen der Moderne im westlichen und östlichen Europa, Wiesbaden 2015 (S. 113-138).

[6]   Zwar kann man den klaren und soziologisch gründlich reflektierten Überlegungen Hans-Georg Soeffners weitgehend folgen, allerdings nicht seiner abschließenden These zustimmen, die zumindest auf den ersten Blick eine auch durch den Titel des Artikels ziemlich leichtfertig ausgedrückte Absage an die abendländisch-rationale „Leitkultur" zu Gunsten gleichsam beliebig verhandelbarer und allein gesellschaftsvertraglich paktierter Wert- und Ordnungsgrundlagen staatlich verfasster moderner Gesellschaften bedeutet. Dies wäre nicht nur eine Teilabsage an die Soziologie Emile Durkheims und Talcott Parsons wie auch – in einem anderen Sinne – an die Soziologie Max Webers und ebenso Ferdinand Tönnies', in der spezifischen Wendung, die der Artikel dem „Gemeinschafts"-Begriff gibt. Die Argumentation Soeffners hat auch insofern einen utopischen Überschuss, als sie in Jürgen Habermas' Denktradition die Sanktions- und Machtstrukturen gegenüber Verständigungs- und Konsensstrukturen „konstruktivistisch" (Friedrich August von Hayek) ausblendet. Nun wissen wir als Soziologen aber doch allzu gut, dass selbst die „modernsten", demokratisch verfassten politischen Herrschaftsordnungen mehr oder weniger „vermachtet" sind und dass das konsensorientierte Verhandlungsprinzip als Grundlage eines immer wieder neu verhandelbaren Gesellschaftsvertrages dann schnell seine Relevanz verlieren kann, wenn mächtige Mehrheiten (z.B. auf Grund ganz bestimmter sozialdemographischer Entwicklungen) dieses Prinzip nicht mehr akzeptieren oder wenn Minderheiten mächtig genug erscheinen, ihre zumeist ideologisch begründeten und legitimierten Herrschaftsprinzipien gegenüber demokratischen Grundsätzen durchzusetzen. Das 20. Jahrhundert hält ja genügend einschlägige Beispiele dafür vor. Schließlich enthält Soeffners Argumentation auch einen gravieren-

Stichworte zum Verständnis der Moderne

Vorbereitet durch die materiellen und geistigen Entwicklungen der vorausgegangenen Jahrhunderte, insbesondere durch die Entfaltung der bürgerlichen Stadtkultur, die Renaissance, die protestantische Kulturrevolution und den Durchbruch der modernen Naturwissenschaften, wurde der Aufbruch in die Moderne unmittelbar durch die Gedanken der Aufklärung, durch den mit der englischen industriellen Revolution beginnenden Industrialismus und durch die von der Französischen Revolution eingeleitete „Fundamentaldemokratisierung" der abendländischen Gesellschaften geprägt.[7] Die Moderne ist insofern ein tiefgreifendes und umfassendes, in der materiellen wie in der geistigen Kultur, im sozialen, wirtschaftlichen und politischen Leben wie in der Kunst markant in Erscheinung tretendes Phänomen, das gleichwohl nicht alle sozialen Lebensverhältnisse und Handlungsbereiche erfasste und revolutionierte, sondern ganz offenkundig auf die Persistenz der Tradition traf – und auch antimoderne Gegenbewegungen auslöste.[8] Bei

---

den Selbstwiderspruch, indem sie zum Schluss die „Rechtskultur" als „Schutzherrin" des „Gesellschaftsvertrages" erklärt. Beruht aber nicht jede normative Ordnung und „Rechtskultur" ihrerseits auf grundlegenden „Wertideen", auf einer spezifischen Wertordnung, wäre mit Max Weber zu fragen? Und erscheint die abendländische Wertordnung als Ergebnis langfristiger Rationalisierungsprozesse nicht als jenes spezifische Wertgefüge bzw. jene „Leitkultur", die in einer universalgeschichtlich-vergleichenden Perspektive allein eine säkulare, freiheitliche und kritisch-rationale Diskurskultur hervorgebracht hat und bislang abzusichern vermag? Wenn diese „Leitkultur" und ihre spezifische Wertordnung aber jene „Rechtskultur" begründet und sichert, die für jeden vernünftigen „Gesellschaftsvertrag" unverzichtbar erscheint, warum soll man sie dann vergessen oder verwerfen? Siehe: Soeffner, Hans-Georg: Vergesst eure Leitkultur!, in: Frankfurter Allgemeine Zeitung, vom 12. Januar 2016, online: http://www.faz.net/aktuell/feuilleton/debatten/hans-georg-soeffner-vergesst-eure-leitkultur-14007001.html (Abgerufen: 15.1.2016). Siehe auch: Hayek, Friedrich August von: Die Irrtümer des Konstruktivismus und die Grundlagen legitimer Kritik gesellschaftlicher Gebilde, Tübingen 1975.

[7] Siehe: Bendix, Reinhard: Modernisierung und soziale Ungleichheit, in: Fischer, Wolfram (Hrsg.): Wirtschafts- und sozialgeschichtliche Probleme der frühen Industrialisierung, Berlin 1968 (S. 179-246); Bendix, Reinhard: Freiheit und historisches Schicksal. Heidelberger Max Weber-Vorlesungen 1981, Frankfurt a. M. 1982; Mannheim, Karl: Mensch und Gesellschaft im Zeitalter des Umbaus, Bad Homburg-Berlin-Zürich 1967.

[8] Immer wieder ist nachdrücklich auf die Persistenz der Traditionalität und das Phänomen der „partiellen Modernisierung" hingewiesen worden. Siehe: Rüschemeyer, Dietrich: Partielle Modernisierung, in: Zapf, Wolfgang (Hrsg.): Theorien des sozialen Wandels, Köln-Berlin ³1971 (S. 382-396); Giordano, Christian/Hettlage, Robert (Hrsg.): Bauerngesellschaften im Industriezeitalter. Zur Rekonstruktion ländli-

genauerer Betrachtung ist die Überlagerung und Umformung traditionaler Wertbestände, Institutionen und sozialer Strukturelemente selbst in den fortgeschrittensten Gesellschaften ein bis heute unabgeschlossener Vorgang. Mehr noch gilt dies für ost- und südosteuropäische oder eine Vielzahl außereuropäischer Gesellschaften und nicht zuletzt der islamischen Welt.[9] Dennoch stellt der Durchbruch der Moderne ein grundlegend neues und zugleich universalhistorisch folgenreiches Moment der abendländischen und globalen Entwicklungen dar.

Mit dem Schritt in die Moderne hat der langfristig voranschreitende Prozess der Intellektualisierung und der okzidentalen Rationalisierung eine neue Qualität gewonnen, die nicht weniger als – in den Worten Max Webers ausgedrückt – die „Entzauberung der Welt" bedeutet. Wie Weber indes nachdrücklich betont, heißt dies aber „nicht eine zunehmende allgemeine Kenntnis der Lebensbedingungen, unter denen man steht. Sondern sie bedeutet etwas anderes: das Wissen davon oder den Glauben daran: daß man, wenn man nur wollte, jederzeit erfahren könnte, daß es also prinzipiell keine geheimnisvollen unberechenbaren Mächte gebe, die da hineinspielen, daß man vielmehr alle Dinge – im Prinzip – durch Berechnen beherrschen könne."[10] Das Wissen oder der Glaube an die prinzipielle Erkennbarkeit und rationale Beherrschung der Dinge und das damit verbundene radikale Veränderungspotenzial der Moderne stellen eine Möglichkeit des intellektuellen Verhältnisses zur Welt dar, das allerdings keine erschöpfende Antwort auf letzte Sinnfragen des Lebens bietet. Ganz im Gegenteil: Mehr als in vormodernen Kulturen lässt die Frage nach dem Sinn des Lebens und insbesondere die Unausweichlichkeit des Todes den modernen, den aufge-

---

cher Lebensformen, Berlin 1989; Sterbling, Anton: Widersprüchliche Moderne und die Widerspenstigkeit der Traditionalität, Hamburg 1997.

[9] Zu Ost- und Südosteuropa siehe: Sterbling, Anton: Strukturfragen und Modernisierungsprobleme südosteuropäischer Gesellschaften, Hamburg 1993; Sterbling, Anton: Kontinuität und Wandel in Rumänien und Südosteuropa. Historisch-soziologische Analysen, München 1997; Sterbling, Anton: Intellektuelle, Eliten, Institutionenwandel. Untersuchungen zu Rumänien und Südosteuropa, Hamburg 2001; Sterbling, Anton: Entwicklungsverläufe, Lebenswelten und Migrationsprozesse. Studien zu ländlichen Fragen Südosteuropas. Buchreihe Land-Berichte (Band 5), Aachen 2010; Sterbling, Anton: Verwerfungen in Modernisierungsprozessen. Soziologische Querschnitte, Krämer Verlag, Hamburg 2012.

[10] Siehe: Weber, Max: Wissenschaft als Beruf, in: Weber, Max: Gesammelte Aufsätze zur Wissenschaftslehre, Tübingen [7]1988 (S. 582-613), vgl. S. 594.

klärten Kulturmenschen ratlos. Und angesichts solcher, mehr oder weniger bewusster Ratlosigkeit – die gewissermaßen als zwangsläufiges Nebenprodukt der Steigerung der Eigenproblematik und Eigenrationalität einzelner Wert- und Handlungssphären entsteht[11] – muss die Moderne stets inkonsequent bleiben, muss sie ihren Gegentendenzen, die sich nicht zuletzt in der Kunst Ausdruck verschaffen, Raum geben und Zugeständnisse machen.

Natürlich zeigt sich die Reflexion der Moderne im Hinblick auf diese notwendige Inkonsequenz nicht durchgängig aufgeschlossen, keineswegs mit sich versöhnt und auch nicht immer tolerant. Das sich nicht Abfinden können mit den Inkonsequenzen der Moderne hat indes viele unterschiedliche Ausprägungen. Soweit es die Kunst betrifft, so reagiert diese auf die durch die Moderne hervorgebrachten oder zumindest sichtbar gewordenen Inkonsequenzen und Widersprüche gelegentlich radikal, aber eigentlich nicht intolerant. Die Kunst ist in ihrem Verhältnis zur Moderne nicht nur vielfältig gespalten, sondern sie erhebt einen emphatischen Erlösungsanspruch auch nur noch selten, und wenn, dann zumeist subjektiv gewendet. Wenn die Kunst radikal auf die Rettung des Ganzen setzt, dann bleibt sie sich, bei aller Eigenbedeutung, die sie sich beimisst, in der Regel den Grenzen ihrer Geltung bewusst.

Neben und anders als die Kunst sind es vor allem moderne Ideologien, die Elemente rationaler Weltdeutung mit Interessen und letzten Wertideen in umfassenden Überzeugungssystemen in Einklang zu bringen suchen.[12] In den Totalitätsansprüchen solcher Ideologien, die nicht zuletzt als unterschiedlich geartete Überwindungsversuche der Inkonsequenzen der Moderne zu entziffern sind, findet aber gleichsam das genaue Gegenteil des Intendierten seinen sinnfälligsten Ausdruck: die unüberwindlichen Widersprüche und Brüche der Moderne. Etwas überpointiert kann man sagen: die trotz scheinbarer Geschlossenheit unvermeidlichen Aporien moderner Ideologien bringt nicht zuletzt die Heterogenität und innere Widersprüch-

---

[11] Siehe: Schluchter, Wolfgang: Religion und Lebensführung, Frankfurt a. M. 1988 (2 Bde); Schluchter, Wolfgang: Unversöhnte Moderne, Frankfurt a. M. 1996.

[12] Zum Begriff der Ideologie siehe: Albert, Hans/Topitsch, Ernst (Hrsg.): Werturteilsstreit, Darmstadt ²1979; Boudon, Raymond: Ideologie. Geschichte und Kritik eines Begriffs, Reinbek bei Hamburg 1988; Sterbling, Anton: Gegen die Macht der Illusionen. Zu einem Europa im Wandel, Hamburg 1994, insb. S. 58 ff.

lichkeit der Moderne und ihre Unmöglichkeit, eine geschlossene, einheitliche Gestalt wiederzufinden, zum Ausdruck.

Die geschichtsmächtigen Ideologien des 19. und 20. Jahrhunderts – meines Erachtens spricht vieles dafür, den Begriff der Ideologie deutlich von dem der Religion abzusetzen und eng an den Kontext der Moderne zu binden[13] – sind selbst Ausdruck veränderter gesellschaftlicher Grundhaltungen und Produkte intellektueller Rationalisierung im Erfahrungshorizont der Neuzeit. Wenn Karl Jaspers befindet: „Der Mensch ist das Wesen, das nicht nur ist, sondern weiß, daß es ist. Selbstbewußt erforscht er seine Welt und verwandelt sie planend. Er ist hindurchgebrochen durch das Naturgeschehen, das nur die ungewußte Wiederholung des unwandelbar gleichen bleibt; er ist das Wesen, das nicht schon als Dasein restlos erkennbar ist, sondern frei noch entscheidet, was es ist: der Mensch ist Geist, die Situation des eigentlichen Menschen seine geistige Situation."[14] – so gewinnt diese Aussage im Kontext der Moderne und nicht zuletzt unter dem Eindruck der „Entzauberung der Welt" und angesichts moderner Ideologien eine besondere Relevanz. Denn der Mensch ist zu einem Punkt der Selbsterkenntnis avanciert, der ihn seine Macht und zugleich seine Ohnmacht, seine Gestaltungsfreiheit und seine Abhängigkeit von den selbstgeschaffenen, historisch gewordenen Verhältnissen sachlich und illusionsfrei erkennen lässt – zumindest soweit er das will, könnte man dem im Sinne Webers hinzufügen.

Noch eine ganz wichtige Anmerkung ist zur abendländischen Rationalisierung hinzuzufügen: Institutionell bedeutet sie eine ganz spezifische Ausprägung der institutionellen Differenzierung und der Regelung interinstitutioneller Konflikte.[15] Ihren Ausdruck findet dies in der Herausbildung

---

[13] Siehe: Fürstenberg, Friedrich: Ein analytisches Modell zur soziologischen Theorie des 19. Jahrhunderts, in: Rüegg, Walter/Neuloh, Otto (Hrsg.): Zur soziologischen Theorie und Analyse des 19. Jahrhunderts, Göttingen 1971 (S. 22-33).

[14] Siehe: Jaspers, Karl: Die geistige Situation der Zeit, Berlin-Leipzig 1931, vgl. S. 6.

[15] Folgt man Lepsius, so lässt sich Webers gesamtgesellschaftliche Institutionenanalyse auf das allgemein formulierbare Ergebnis bringen: „die weltgeschichtliche Sonderentwicklung des Okzidents beruht auf spezifischen Differenzierungen in der institutionellen Ordnung und den dadurch bedingten inter-institutionellen Konflikten." Siehe: Lepsius, M. Rainer: Modernisierungspolitik als Institutionenbildung: Kriterien institutioneller Differenzierung, in: Lepsius, M. Rainer: Interessen, Ideen und Institutionen, Opladen 1990 (S. 53-62), vgl. S. 54; Sterbling, Anton: Gegen die Macht der Illusionen. Zu einem Europa im Wandel, Hamburg 1994, insb. S. 31 ff.

einer überschaubaren Zahl von gesellschaftlichen Teilsystemen oder – in den Worten Niklas Luhmanns[16] – „Funktionssystemen", deren Leistungsfähigkeit im Wesentlichen darauf beruht, dass sie weitgehend autonom ihrer „Eigenrationalität" und „Eigenproblematik" folgen. Eines dieser spezifischen Funktionssysteme ist das der Kunst.[17]

Zum Verständnis und den Anliegen der Kunst

Den unzähligen Versuchen, das Wesen der Kunst zu ergründen und auf den Begriff zu bringen, soll hier kein weiterer hinzugefügt werden. Die Erschließung eines essentialistischen oder emphatischen Kunstbegriffes wird hier nicht nur deshalb unterlassen, weil die erfahrungswissenschaftliche Sozialisation und die positivistisch disziplinierte Sichtweise uns heute geradezu verbietet, nach so etwas wie dem Wesen der Dinge zu fragen. Auch Gründe des Argumentationsaufwandes sprechen für ein bescheideneres Vorgehen. In unserem Überlegungszusammenhang dürfte es durchaus genügen, einige Stichworte aufzugreifen, die heute in der Kennzeichnung und Abgrenzung des künstlerischen Tuns und Schaffens geläufig sind.

Zum einen wird vertreten – und diesem Standpunkt können wir uns durchaus anschließen –, dass eine enge Korrespondenz zwischen Kunst und „Können" besteht. Kunst hieße demnach vor allem Perfektion oder Virtuosität der Ausführung, auf welchen künstlerischen Schaffensakt oder auf welches Kunstprodukt man diese Qualifizierung auch immer beziehen mag. Von Perfektion oder Virtuosität oder Meisterhaftigkeit der Ausführung lässt sich indes nur sprechen, wenn ein spezifischer Sinnzusammenhang gegeben ist, der das künstlerische Tun als solches eindeutig identifizierbar macht; und wenn darüber hinaus ein mehr oder weniger verbindliches symbolisches Ausdrucks- oder Regelsystem feststeht, dem Bewertungskriterien oder Ideale der Kunstproduktion inhärent sind. Kunst als „Können" zu beurteilen, ist demnach nur möglich, wenn man den „symbolischen Code", das geltende Ausdruckssystem der Kunst, das von Kunstgattung zu Kunstgattung, von Stilepoche zu Stilepoche und von Kultur zu Kultur

---

[16] Siehe vor allem: Luhmann, Niklas: Soziale Systeme. Grundriß einer allgemeinen Theorie, Frankfurt a. M. 1984.

[17] Siehe: Luhmann, Niklas: Die Kunst der Gesellschaft, Frankfurt a. M. 1995.

deutlich variiert, kennt, akzeptiert und bis zu einem gewissen Grade beherrscht. Kunst ist aber – und dies gilt gerade in der Moderne ganz besonders – nicht nur Können im Sinne kodifizierter Prinzipien, Regeln und Maßstäbe, sondern auch Können im Sinne innovativer Leistungen, bis hin zu solchen Innovationen, die tragende Prinzipien der bis dahin geltenden ästhetischen Regelsysteme oder symbolischen Codes selbst revolutionieren und umstürzen.

In der heute gängigen soziologischen Terminologie könnte man Kunst auch als ein in hohem Maße „selbstreferenziell" konstituiertes und gesteuertes System begreifen,[18] dem unter den Bedingungen der Moderne starke innovative Tendenzen eigen sind. Dies verweist gleichsam auf ein zweites gängiges Attribut der Kunst. Neben Können wird mit Kunst noch eine weiteres Merkmal assoziiert: nämlich „künstlich" im Sinne von artifiziell, konstruiert, erfunden, gemacht. Schon bei Gottfried Benn heißt es, dass ein Gedicht „gemacht" werde, und noch viel ausdrücklicher ist die „Machart" des Kunstwerks von Walter Benjamin oder von Helmut Heißenbüttel, Heinrich Vormweg oder Dieter Wellershoff bedacht und in den Vordergrund der Kunsttheorie und -kritik gerückt worden.[19] Neben Selbstreferenzialität ist also konstruktivistische Selbstreflexivität ein wichtiger und geradezu unverzichtbarer Aspekt moderner Kunstproduktion,[20] bei aller Bedeutung, die die Intuition, Spontanität und Inspiration in den kreativen Aktivitäten der Kunst selbstredend behält.

---

[18]   Siehe: Luhmann, Niklas: Soziologische Aufklärung 5. Konstruktivistische Perspektiven, Opladen 1993; Luhmann, Niklas: Die Kunst der Gesellschaft, Frankfurt a. M. 1995.

[19]   „Es gibt keine Wirklichkeit", heißt es auch bei Gottfried Benn, „es gibt das menschliche Bewußtsein, das unaufhörlich aus seinem Schöpfungsbesitz Welten bildet, umbildet, erarbeitet, erleidet, geistig prägt". Siehe: Benn, Gottfried: Autobiographische und vermischte Schriften, Band 4, vgl. S. 68. Hier zitiert nach: Konstantinovic, Zoran: Phänomenologie und Literaturwissenschaft. Skizzen zu einer wissenschaftstheoretischen Begründung, München 1973, vgl. S. 168. Siehe auch: Benjamin, Walter: Das Kunstwerk im Zeitalter seiner technischen Reproduzierbarkeit. Drei Studien zur Kunstsoziologie, Frankfurt a. M. [7]1973; Heißenbüttel, Helmut: Zur Tradition der Moderne. Aufsätze und Anmerkungen 1964-1971, Neuwied-Berlin 1972; Vormweg, Heinrich: Eine andere Lesart. Essays zur neuen Literatur, Neuwied-Berlin 1972; Vormweg, Heinrich: Das Elend der Aufklärung. Über ein Dilemma in Deutschland, Darmstadt-Neuwied 1984; Wellershoff, Dieter: Literatur und Veränderung. Versuche zu einer Metakritik der Literatur, Köln-Berlin 1969.

[20]   Siehe: Gerhards, Jürgen (Hrsg.): Soziologie der Kunst. Produzenten, Vermittler und Rezipienten, Opladen 1997.

Der Konstruktivismus, der artifizielle Charakter des Kunstproduktes ist natürlich nicht auf die moderne Kunst beschränkt. Selbst dann und dort, wo „Natürlichkeit" oder „Realismus" als bestimmende ästhetische Prinzipien oder kritische Bewertungsmaßstäbe gelten,[21] wie dies in bestimmten Kunstepochen oder Kulturen durchaus der Fall war, drückt die Forderung nach „natürlicher" oder „realistischer Darstellungsweise" doch gleichsam implizit die Einsicht in das „Nichtidentische", in den künstlichen, den konstruierten, den fiktiven Charakter des Kunstwerkes aus. Die Erfindung und Künstlichkeit, die ästhetische Autonomie des Kunstwerkes steht auch dann außer Zweifel, wenn diesem noch am ehesten zugeschrieben wird, dem „Wahrhaftigen", dem „Authentischen" oder dem „Wahren" Ausdruck verschaffen zu können.[22] Wer dies indes als Gegensatz auffasst, dem fehlt wohl jeder Sinn für Kunst.

Die Kennzeichnung der Kunst als Künstliches, Ideelles, Imaginäres und doch gleichsam auch als Wahrhaftiges, Einzigartiges, Eigentliches meint aber wohl noch etwas anderes, transportiert noch die Erinnerung oder Ahnung an etwas anderes mit. Dieses Andere ist der Anspruch der „Aura",[23] des Nichtprofanen, den das Kunstwerk erhebt, und den es gleichsam mit den „religiösen Dingen" teilt.[24]

---

[21] Siehe: Zmegac, Viktor (Hrsg.): Marxistische Literaturkritik, Frankfurt a. M. ²1972; Positionsbestimmungen. Zur Geschichte marxistischer Theorie von Literatur und Kultur am Ausgang des 19. und Beginn des 20. Jahrhunderts, Leipzig 1977; Lukács, Georg: Kunst und objektive Wahrheit. Essays zur Literaturtheorie und -geschichte, Leipzig 1977; Lukács, Georg: Schriften zur Literatursoziologie, Frankfurt a. M.-Berlin-Wien 1977.

[22] Siehe: Adorno, Theodor W.: Soziologische Schriften 1, Frankfurt a. M. 1979; Lash, Scott: Reflexivität und ihre Doppelungen: Struktur, Ästhetik und Gemeinschaft, in: Beck, Ulrich/Giddens, Anthony/Lash, Scott: Reflexive Modernisierung. Eine Kontroverse, Frankfurt a. M. 1996 (S. 195-286); Habermas, Jürgen: Theorie des kommunikativen Handelns. Band 1: Handlungsrationalität und gesellschaftliche Rationalisierung, Frankfurt a. M. 1981, insb. S. 44 ff.

[23] Siehe: Benjamin, Walter: Das Kunstwerk im Zeitalter seiner technischen Reproduzierbarkeit. Drei Studien zur Kunstsoziologie, Frankfurt a. M. ⁷1973.

[24] Siehe: Durkheim, Emile: De la définition des phénomes religieux, in: L'année sociologique, Band 2, Paris 1899 (S. 1-28); Durkheim, Emile: Die elementaren Formen des religiösen Lebens, Frankfurt a. M. 1981; Steiner, George: Language and Silence, New York 1967; Gellner, Ernest: Pflug, Schwert und Buch. Grundlinien der Menschheitsgeschichte, München 1993; Sterbling, Anton: Zur Kulturbedeutung der Religion in der deutschen Gegenwartsgesellschaft, in: Sterbling, Anton: Zumutungen der Moderne. Kultursoziologische Analysen, Hamburg 2007 (S. 75-89).

Um auf diesem Überlegungsweg aber zu keiner falschen Einseitigkeit zu gelangen: Natürlich war und ist Kunst zugleich – wie übrigens auch jede Spielart des religiösen Denkens – Auseinandersetzung mit innerweltlicher Wirklichkeit, spezifische Verarbeitungsform alltäglicher oder außeralltäglicher Lebenserfahrungen.[25] Der tiefere Abdruck, die Spur ästhetisch transponierter gesellschaftlicher Erfahrungen lässt sich ebenso im symbolischen Universum religiöser Glaubensvorstellungen wie in der Imaginations- und Darstellungsweise der Kunst aufspüren. Und doch sind Religion und Kunst ihrem Anspruch und ihrer Seinsweise nach bis heute vom Profanen deutlich geschieden, wenngleich es gegenwärtig sicherlich Tendenzen gibt, diese Differenz bis zur Unkenntlichkeit einzuebnen. Aber beispielsweise am Widerspruch zwischen der künstlerischen Programmatik eines Joseph Beuys' oder Andy Warhols und der Geltungs- und Wirkungsweise ihrer Arbeiten lässt sich gut studieren und erkennen, dass es offensichtlich einen kritischen Punkt in der Profanisierung des Kunstwerkes gibt,[26] wie schwierig dieser im Zeitalter der technischen Reproduzierbarkeit des Kunstwerkes und der Kommerzialisierung der Kunst im Sinne einer massenhaft marktfähigen Gebrauchsästhetik auch zu bestimmen sein mag.

Der kritische Scheidepunkt resultiert aus dem unaufhebbar „Nichtidentischen" zwischen künstlerischer und sozialer Wirklichkeit, auch wenn das Künstlerische immer gewöhnlicher und ausstrahlungsloser und das soziale Leben immer künstlicher, selbstinszenierter und spielerischer werden mag.[27] Auf dem signifikanten Unterschied zwischen profaner sozialer Wirklichkeit und der besonderen Sphäre der Kunst zu beharren, heißt nicht nur, den künstlichen Charakter des Kunstwerkes als konstitutives Moment desselben zu betonen. Es bedeutet auch, die Möglichkeit einer grundlegenden Opposition zwischen Kunst und sozialer Realität zu behaupten – eine Opposition, die sich auch und nicht zuletzt im immer wiederkehrenden

---

[25] Siehe auch: Hauser, Arnold: Soziologie der Kunst, Darmstadt ²1978.

[26] Zur Selbstinszenierung im Kontext moderner Lebensstile siehe auch: Hütten, Susanne/Sterbling, Anton: Expressiver Konsum. Die Entwicklung von Lebensstilen in Ost- und Westeuropa, in: Blasius, Jörg/Dangschat, Jens S. (Hrsg.): Lebensstile in den Städten. Konzepte und Methoden, Opladen 1994 (S. 122-134); Georg, Werner: Soziale Lage und Lebensstil. Eine Typologie, Opladen 1998.

[27] Siehe auch: Heißenbüttel, Helmut: Zur Tradition der Moderne. Aufsätze und Anmerkungen 1964-1971, Neuwied-Berlin 1972, insb. S. 329 ff.

Grundmotiv künstlerischer Auflehnung oder Weltflucht Ausdruck verschafft.

Moderne, Kunst sowie Kapazitäten und Grenzen der Integration moderner Gesellschaften

Die europäische Moderne bietet – gerade auch durch die Kontrapunkte gegen einen strengen Rationalismus, durch das Insistieren auf das „Nichtidentische", das die Kunst in ihrem Kontext setzt – eine weiten Raum der Integration individueller und sozialer Lebensvorstellungen und künstlerischer Äußerungsformen und ebenso auch religiöser Glaubensüberzeugungen anderer Kulturkreise. Doch bleiben dabei zumindest drei ideelle Grundlagen für den Fortbestand der Moderne selbst unabdingbar.

Erstens: Die Balance der zumindest teilweise widerstreitenden Wertideen der Freiheit,[28] Gleichheit, Sicherheit, Menschenwürde, Chancengleichheit und Solidarität, die diese in den gegebenen normativen Vorstellungen, der Rechtsordnung und den Institutionensystemen modernen westlicher Gesellschaften – und nicht zuletzt unserer eigenen staatlich organisierten Gesellschaft der Bundesrepublik Deutschland – gefunden haben. Diese Spannungsverhältnisse normativ und institutionell auszubalancieren, setzt die angesprochene Ausdifferenzierung und Autonomie wichtiger gesellschaftlicher Funktionssysteme voraus.

Als eine *zweite* unabdingbare Voraussetzung erscheint die zentrale Idee der Kritik, die in der Wissenschaft und in der Kunst, ebenso wie gegenüber bestehenden Herrschaftsverhältnisse, Institutionen, Weltanschauungen und Ideologien – und ebenso auch religiösen Glaubenssystemen – uneingeschränkt wirksam bleiben muss, um gesellschaftliche und politische Fehlentwicklungen rasch und regelmäßig korrigieren zu können. Und um jene Innovationen, jene Kreativität und jene Leistungen hervorzubringen, von denen unsere kollektive Anpassungsfähigkeit und unsere Selbststeuerungskapazitäten, unser materieller Wohlstand und unsere allgemeine Wohlfahrt und letztlich auch unsere Sicherheit und Überlebensfähigkeit entscheidend abhängt.

---

[28] Siehe dazu auch: Sterbling, Anton: Über Freiheit. Allgemeine Reflexionen und Stellungnahmen, in: Sterbling, Anton: Krisen und Wandel, Hamburg 2009 (S. 87-113).

Und schließlich drittens das konsequente Festhalten an dieser abendländischen „Leitkultur" der Moderne, wie groß die kulturelle und religiöse Vielfalt der Gesellschaft durch massive Zuwanderungen auch immer wird. Erst die kulturelle Assimilation an die Leitkultur der abendländischen Moderne stellt deren ideellen und materiellen Fortbestand bei tiefgreifenden Veränderungen der sozialdemographischen Komposition der Wohnbevölkerung sicher. Die Teilhabe an der Freiheit und Wohlfahrt moderner Gesellschaften setzt nicht nur die Akzeptanz, sondern auch die affirmative subjektive Identifikation mit deren Wertgrundlagen und Leitkultur voraus. Dies schließt zugleich das Bestreben als völlig inakzeptabel aus, eine ideologisch geschlossene oder religiös-fundamentalistisch begründete Herrschafts- und Gesellschaftsordnung kurz-, mittel- oder langfristig durchsetzen zu wollen. Dies müsste von vornherein als Prämisse und Grundregel für jeden, der in unsere freiheitlich-demokratische Gesellschaft aufgenommen werden will, festgelegt werden und uneingeschränkt gelten.

Die genannten ideellen Grundlagen unserer modernen Gesellschaft, die einen denkbar weiten Horizont an Freiheit und an rationalitätsgestützter Leistungsfähigkeit begründen, sind auch bei Millionen von Zuwanderern, aus welchen Kulturkreisen auch immer, nicht verhandelbar. Schließlich muss auch die uneingeschränkte Freiheit der Kunst, das „Nichtidentische", mit welchen inhaltlichen Bezügen und in welchen Gestaltungsformen auch immer, zum Ausdruck zu bringen, ein untrüglicher Kompass unserer modernen Kultur und Zivilisation bleiben.

Literatur

Adorno, Theodor W.: Soziologische Schriften 1, Frankfurt a. M. 1979

Albert, Hans/Topitsch, Ernst (Hrsg.): Werturteilsstreit, Darmstadt [2]1979

Beck, Ulrich: Das Zeitalter der Nebenfolgen und die Politisierung der Moderne, in: Beck, Ulrich/Giddens, Anthony/Lash, Scott: Reflexive Modernisierung. Eine Kontroverse, Frankfurt a. M. 1996 (S. 19-112)

Bendix, Reinhard: Modernisierung und soziale Ungleichheit, in: Fischer, Wolfram (Hrsg.): Wirtschafts- und sozialgeschichtliche Probleme der frühen Industrialisierung, Berlin 1968 (S. 179-246)

Bendix, Reinhard: Freiheit und historisches Schicksal. Heidelberger Max Weber-Vorlesungen 1981, Frankfurt a. M. 1982

Benjamin, Walter: Das Kunstwerk im Zeitalter seiner technischen Reproduzierbarkeit. Drei Studien zur Kunstsoziologie, Frankfurt a. M. [7]1973

Benn, Gottfried: Autobiographische und vermischte Schriften, Band 4, zitiert nach: Konstantinovic, Zoran: Phänomenologie und Literaturwissenschaft. Skizzen zu einer wissenschaftstheoretischen Begründung, München 1973

Boudon, Raymond: Ideologie. Geschichte und Kritik eines Begriffs, Reinbek bei Hamburg 1988

Durkheim, Emile: De la définition des phénomes religieux, in: L'année sociologique, Band 2, Paris 1899 (S. 1-28)

Durkheim, Emile: Die elementaren Formen des religiösen Lebens, Frankfurt a. M. 1981

Fürstenberg, Friedrich: Ein analytisches Modell zur soziologischen Theorie des 19. Jahrhunderts, in: Rüegg, Walter/Neuloh, Otto (Hrsg.): Zur soziologischen Theorie und Analyse des 19. Jahrhunderts, Göttingen 1971 (S. 22-33)

Gellner, Ernest: Pflug, Schwert und Buch. Grundlinien der Menschheitsgeschichte, München 1993

Georg, Werner: Soziale Lage und Lebensstil. Eine Typologie, Opladen 1998

Gerhards, Jürgen (Hrsg.): Soziologie der Kunst. Produzenten, Vermittler und Rezipienten, Opladen 1997

Giordano, Christian/Hettlage, Robert (Hrsg.): Bauerngesellschaften im Industriezeitalter. Zur Rekonstruktion ländlicher Lebensformen, Berlin 1989

Habermas, Jürgen: Theorie des kommunikativen Handelns. Band 1: Handlungsrationalität und gesellschaftliche Rationalisierung, Frankfurt a. M. 1981

Hauser, Arnold: Soziologie der Kunst, Darmstadt [2]1978

Hayek, Friedrich August von: Die Irrtümer des Konstruktivismus und die Grundlagen legitimer Kritik gesellschaftlicher Gebilde, Tübingen 1975

Heißenbüttel, Helmut: Zur Tradition der Moderne. Aufsätze und Anmerkungen 1964-1971, Neuwied-Berlin 1972

Hütten, Susanne/Sterbling, Anton: Expressiver Konsum. Die Entwicklung von Lebensstilen in Ost- und Westeuropa, in: Blasius, Jörg/Dangschat, Jens S. (Hrsg.): Lebensstile in den Städten. Konzepte und Methoden, Opladen 1994 (S. 122-134)

Jaspers, Karl: Die geistige Situation der Zeit, Berlin-Leipzig 1931

Kolf, Bernd: Ludwig Tieck in seiner Zeit, in: Ludwig Tieck, Cluj-Napoca 1975 (S. 265-285)

Lash, Scott: Reflexivität und ihre Doppelungen: Struktur, Ästhetik und Gemeinschaft, in: Beck, Ulrich/Giddens, Anthony/Lash, Scott: Reflexive Modernisierung. Eine Kontroverse, Frankfurt a. M. 1996 (S. 195-286)

Lepsius, M. Rainer: Modernisierungspolitik als Institutionenbildung: Kriterien institutioneller Differenzierung, in: Lepsius, M. Rainer: Interessen, Ideen und Institutionen, Opladen 1990 (S. 53-62)

Lukács, Georg: Kunst und objektive Wahrheit. Essays zur Literaturtheorie und -geschichte, Leipzig 1977

Lukács, Georg: Schriften zur Literatursoziologie, Frankfurt a. M.-Berlin-Wien 1977

Luhmann, Niklas: Soziologische Aufklärung 5. Konstruktivistische Perspektiven, Opladen 1993

Luhmann, Niklas: Soziale Systeme. Grundriß einer allgemeinen Theorie, Frankfurt a. M. 1984

Luhmann, Niklas: Die Kunst der Gesellschaft, Frankfurt a. M. 1995

Lyotard, Jean-Francois: La condition postmoderne, Paris 1979

Mannheim, Karl: Mensch und Gesellschaft im Zeitalter des Umbaus, Bad Homburg-Berlin-Zürich 1967

Positionsbestimmungen. Zur Geschichte marxistischer Theorie von Literatur und Kultur am Ausgang des 19. und Beginn des 20. Jahrhunderts, Leipzig 1977

Rüschemeyer, Dietrich: Partielle Modernisierung, in: Zapf, Wolfgang (Hrsg.): Theorien des sozialen Wandels, Köln-Berlin [3]1971 (S. 382-396)

Schluchter, Wolfgang: Religion und Lebensführung, Frankfurt a. M. 1988 (2 Bde)

Schluchter, Wolfgang: Unversöhnte Moderne, Frankfurt a. M. 1996

Soeffner, Hans-Georg: Vergesst eure Leitkultur!, in: Frankfurter Allgemeine Zeitung, vom 12. Januar 2016, online: http://www.faz.net/aktuell/feuilleton/debatten/hans-georg-soeffner-vergesst-eure-leitkultur-14007001.html (Abgerufen: 15.1.2016)

Steiner, George: Language and Silance, New York 1967

Sterbling, Anton: Strukturfragen und Modernisierungsprobleme südosteuropäischer Gesellschaften, Hamburg 1993

Sterbling, Anton: Gegen die Macht der Illusionen. Zu einem Europa im Wandel, Hamburg 1994

Sterbling, Anton: Kontinuität und Wandel in Rumänien und Südosteuropa. Historisch-soziologische Analysen, München 1997

Sterbling, Anton: Widersprüchliche Moderne und die Widerspenstigkeit der Traditionalität, Hamburg 1997

Sterbling, Anton: Intellektuelle, Eliten, Institutionenwandel. Untersuchungen zu Rumänien und Südosteuropa, Hamburg 2001

Sterbling, Anton: Zur Kulturbedeutung der Religion in der deutschen Gegenwartsgesellschaft, in: Sterbling, Anton: Zumutungen der Moderne. Kultursoziologische Analysen, Hamburg 2007 (S. 75-89)

Sterbling, Anton: Über Freiheit. Allgemeine Reflexionen und Stellungnahmen, in: Sterbling, Anton: Krisen und Wandel, Hamburg 2009 (S. 87-113)

Sterbling, Anton: Entwicklungsverläufe, Lebenswelten und Migrationsprozesse. Studien zu ländlichen Fragen Südosteuropas. Buchreihe Land-Berichte (Band 5), Aachen 2010

Sterbling, Anton: Verwerfungen in Modernisierungsprozessen. Soziologische Querschnitte, Hamburg 2012

Sterbling, Anton: Der „innengeleitete" und der „außengeleitete" Mensch im Horizont der Moderne, in: Sterbling, Anton: Wege der Modernisierung und Konturen der Moderne im westlichen und östlichen Europa, Wiesbaden 2015 (S. 113-138)

Sterbling, Anton: Wege der Modernisierung und Konturen der Moderne im westlichen und östlichen Europa, Wiesbaden 2015

Vormweg, Heinrich: Eine andere Lesart. Essays zur neuen Literatur, Neuwied-Berlin 1972

Vormweg, Heinrich: Das Elend der Aufklärung. Über ein Dilemma in Deutschland, Darmstadt-Neuwied 1984

Weber, Max: Wissenschaft als Beruf, in: Weber, Max: Gesammelte Aufsätze zur Wissenschaftslehre, Tübingen [7]1988 (S. 582-613)

Wellershoff, Dieter: Literatur und Veränderung. Versuche zu einer Metakritik der Literatur, Köln-Berlin 1969

Welsch, Wolfgang (Hrsg.): Wege aus der Moderne. Schlüsseltexte der Postmoderne-Diskussion, Weinheim 1988

Weiß, Johannes: Wiederverzauberung der Welt? Bemerkungen zur Wiederkehr der Romantik in der gegenwärtigen Kulturkritik, in: Neidhardt, Friedhelm/Lepsius, M. Rainer/Weiß, Johannes (Hrsg.): Kultur und Gesellschaft, Kölner Zeitschrift für Soziologie und Sozialpsychologie, Sonderheft 27, Opladen 1986 (S. 286-301)

Zmegac, Viktor (Hrsg.): Marxistische Literaturkritik, Frankfurt a. M. [2]1972

Sozialwissenschaftliche Anmerkungen zur sozialen Integration

> Als Wissenschaftler muss man, bei allen Gegenströmungen des Zeitgeistes, stets bei der Wahrheit bleiben, denn ansonsten verrät man sich selbst und die Wissenschaft.

Angesichts massiver Zuwanderungen[1] in die Bundesrepublik Deutschland avancierte „soziale Integration" zu einer zentralen Begrifflichkeit der politischen Rhetorik und der öffentlichen Diskussion. Dabei führt der geradezu inflationäre Gebrauch dieser Begriffe zu einem Verblassen ihres eigentlich recht anspruchsvollen und voraussetzungsreichen analytischen und insbesondere sozialwissenschaftlichen Gehalts, zu einer nahezu beliebigen Instrumentalisierung und weitgehend unverbindlichen Verwendung. Für die einen wird soziale Integration zu etwas, das wie eine Zauberformel, gleichsam auf Knopfdruck, funktioniert, wenn nur genügend guter Wille gegeben und Geld bereitgestellt wird, für andere erscheint dieser Vorgang indes, angesichts immer mehr Zuwanderer aus fernen Kulturkreisen, wie eine nahezu uneinlösbare Aufgabe und damit auch die eigene Kultur gravierend herausfordernde Konfrontation. Andere wiederum finden soziale Integration eigentlich als eine illegitime Erwartung oder Forderung, da sie die kulturelle Identität der Zuwanderer bedrohe, oder auch dysfunktional, wenn man an die grundsätzliche Rückkehrerwartung an Kriegsflüchtlinge denkt. Vor diesem problematischen Hintergrund soll in diesem Beitrag eine sozialwissenschaftlich fundierte und entsprechend differenzierte Explikation des Konzepts der „sozialen Integration" erfolgen,[2] wobei unterschiedliche In-

---

[1] Siehe dazu auch: Sterbling, Anton: Zuwanderung, Kultur und Grenzen in Europa, Aachen 2015.

[2] Mit entsprechenden Fragen der „sozialen Integration" habe ich mich bereits mehrfach ausführlich an anderen Stellen auseinandergesetzt, wobei es nicht zuletzt um die Problematik der „Konstitution gesellschaftlicher Identität" und der „Wertintegration" ging. Siehe: Sterbling, Anton: Eliten im Modernisierungsprozeß. Ein Theoriebeitrag zur vergleichenden Strukturanalyse unter besonderer Berücksichtigung

tegrationsfelder, verschiedene Aggregatebenen sowie „subjektive" und „objektive" zeitliche Verlaufsmuster der Integration aufgezeigt und in ihren Implikationen dargelegt werden sollen. Eine besondere Beachtung soll in diesem Betrachtungszusammenhang der Gesichtspunkt der „Wertintegration"[3] und damit verbunden die Fragen der Akkulturation und kulturellen Assimilation finden, wobei insbesondere auch auf die diesbezüglichen Unterschiede in segmentär bzw. funktional differenzierten und demokratisch integrierten Gesellschaften einzugehen sein wird. In den weiteren Ausführungen sollen mithin folgende Thesen diskutiert und näher begründet werden.

(1) Die soziale Integration von Zuwanderern kann – wie zum Beispiel die weitgehend gelungene Integration der deutschen Aussiedler aus dem östlichen Europa zeigte[4] – durchaus erfolgreich verlaufen. Dies ist allerdings nicht selbstverständlich. Man hat es dabei vielmehr zumeist mit komplexen, voraussetzungsreichen und schwierigen Vorgängen zu tun. Dies ist selbst dann der Fall, wenn die Ziel- oder Aufnahmegesellschaften vorzügliche Eingliederungsbedingungen und eine große Integrationsbereitschaft aufweisen.

(2) Die Voraussetzungen und Schwierigkeiten der sozialen Integration von Zuwanderern lassen sich nur in einer differenzierten Analyseperspektive, die unterschiedliche Dimensionen, Ebenen und Verlaufsaspekte des gesamten sozialen Integrationsvorgangs erfasst, angemessen verste-

---

grundlagentheoretischer Probleme, Universität der Bundeswehr, Hamburg 1987, insb. S. 71 ff; Sterbling, Anton: Soziale Integration – soziologische Anmerkungen zu einem vielfach in der Schwebe gehaltenen Begriff, in: Beetz, Stephan/Jacob, Ulf/ Sterbling, Anton (Hrsg.): Soziologie über die Grenzen – Europäische Perspektiven. Festschrift für Herrn Professor Dr. Dr. h.c. Bálint Balla zum 75. Geburtstag, Hamburg 2003 (S. 471-485).

[3] Zur zentralen Bedeutung der „Wertintegration" für menschliche Sozietäten siehe auch: Parsons, Talcott: The Social System, Glencoe 1951; Parsons, Talcott: Structure and Process in Modern Societies, Glencoe 1960; Parsons, Talcott: Sociological Theory and Modern Society, New York 1967.

[4] Siehe: Sterbling, Anton: Wege der Banater Schwaben nach dem Zweiten Weltkrieg, in: Kulturtagung 2002 Ulm. Dokumentation, Stuttgart 2003 (S. 9-28); Sterbling, Anton: Suchpfade und Wegspuren. Über Identität und Wanderung. Banater Bibliothek Band 8, München 2008; Sterbling, Anton: Im Spannungsfeld von Identität und Integration? Das Beispiel der Banater Schwaben, in: Kulturtagung 2009 Sindelfingen. Identität und Integration. Die Banater Schwaben in der Bundesrepublik Deutschland, Stuttgart 2010 (S. 19-32).

hen und richtig einordnen. Dies gilt natürlich auch für das entsprechende, auf Integration abzielende praktische Handeln.

(3) Einen entscheidenden Aspekt der gelungenen sozialen Integration, zumindest in funktional differenzierten und demokratisch integrierten modernen Gesellschaften, bildet eine ausreichende Wertintegration und damit zusammenhängend eine entsprechende kulturelle Assimilation von Zuwanderern. Dabei ist gleichzeitig zwischen den Aspekten der Integrationsfähigkeit und der Integrationsbereitschaft zu unterscheiden.

(4) Mit zunehmender kultureller Heterogenität, bei auf Dauer ausbleibender oder geringer Wertintegration, erodiert die (gemeinsame) kulturelle Wertordnung und nimmt der normative Grundkonsens einer Gesellschaft tendenziell, unter Umständen bis zu einem kritischen Punkt, ab. Dies erhöht die Gefahr sozial und kulturell begründeter gesamtgesellschaftlicher Spannungen wie auch von System- oder Verfassungskonflikten und führt geradezu notwendig zur Steigerung der Repressivität in einer staatlich verfassten Gesellschaft. Oder eben – bei Erschöpfung des wertintegrativen und repressiven Potenzials – zu deren Desintegration im Sinne einer fortschreitenden sozialen Segmentierung und Segregation bis hin zum möglichen staatlichen Zerfall.

(5) Die gegenwärtige Diskussion der Integrationsproblematik weist einen ebenso erstaunlichen wie problematischen „blinden Fleck" auf, der in der weitgehenden Vernachlässigung der für einschlägige Sozialwissenschaften wie der Soziologie und Psychologie so selbstverständlichen Erkenntnisse der Sozialisationsforschung in der Betrachtung der Fragen und Probleme der sozialen Integration liegt.

Unterschiedliche Integrationsfelder und soziale Gesamtintegration

Integration als Zustand und Prozess bedeutet unter modernen Gesellschaftsverhältnissen stets Mehreres gleichzeitig und Verschiedenes. Zunächst sind unterschiedliche Bereiche der Integration zu unterscheiden, zum Beispiel wirtschaftliche, berufliche, sozialrechtliche, politische, schulische, sprachlich-kommunikative und im engeren Sinne soziale sowie kulturelle und normative Handlungs- und Integrationsfelder, die jeweils eigene

Fragen aufwerfen und die in unterschiedlichem Maße problematisch in Erscheinung treten können.[5]

Bei der wirtschaftlichen Integration geht es vornehmlich um wirtschaftliche Betätigungsrechte und Arbeitsmöglichkeiten. Diesbezüglich konnte man und kann man im Zuge der Arbeitsmigrationen im Zusammenhang mit EU-Erweiterungen und anderer Zuwanderungsprozesse, einschließlich der Zuwanderung von Flüchtlingen und Asylbewerbern, in der Bundesrepublik Deutschland ein vielfach abgestuftes System unterschiedlicher Statusrechte und wirtschaftlicher Betätigungsmöglichkeiten feststellen, das im Hinblick auf den Zugang zum Beschäftigungssystem und zu Arbeitsmärkten zwar funktional sinnvoll begründet erscheinen mag, das aber zugleich nicht nur mit unterschiedlichen Chancen der wirtschaftlichen Integration einhergeht, sondern auch als nichtintendierte Folgeerscheinungen einen erheblichen Schwarzmarkt illegaler Beschäftigungsverhältnisse, Ausbeutungsbeziehungen und krimineller Aktivitäten hervorbrachte. Ähnlich verhält es im Hinblick auf die berufliche Integration, bei der weniger der Zugang zum Beschäftigungssystem schlechthin, sondern mehr die Nutzungs- und Verwertungsmöglichkeiten bestimmter formaler beruflicher Abschlüsse und Qualifikationen im Vordergrund steht. Dies ist ein kompliziertes Feld, bei dem sowohl bürokratische Verfahren der formalen Anerkennung von Bildungsabschlüssen, die in der Bundesrepublik Deutschland in der Zuständigkeit der Länder liegen, zu berücksichtigen sind, wie auch oft große strukturelle und qualitative Unterschiede der Bildungs- und Ausbildungssysteme und der von ihnen vermittelten Abschlüsse und letztlich auch spezifische Voraussetzungen – etwa Sprach- und Rechtskenntnisse – der praktischen Verwertbarkeit von beruflichen Qualifikationen. In vielen qualifizierten Berufen ist die praktische Tätigkeitsausübung nun einmal nicht nur an fachliche, sondern auch an mehr oder weniger weiterreichende kommunikative und „extrafunktionale" Fähigkeiten gebunden.

Bei der sozialrechtlichen Integration geht es um den Zugang zu Leistungen der sozialen Sicherungssysteme, in der Bundesrepublik Deutschland nach dem Versicherungs-, Versorgungs- und Fürsorgeprinzip, und zu sons-

---

[5] Siehe: Diehl, Claudia/Urbahn, Julia/Esser, Hartmut: Die soziale und politische Partizipation von Zuwanderern in der Bundesrepublik Deutschland, Bonn 1998; Schulte, Axel: Integrations- und Antidiskriminierungspolitik in Einwanderungsgesellschaften: Zwischen Ideal und Wirklichkeit der Demokratie, Bonn 2002.

tigen wohlfahrtsstaatlichen Leistungen. Integrationsprobleme, die sich hierbei stellen, sind teilweise in den unterschiedlichen Ausgestaltungen und
Leistungsvoraussetzungen der sozialen Sicherungssysteme in Europa und
darüber hinaus zu sehen, die zum Beispiel eine Übertragung von bereits er-
worbenen Sozialversicherungsleistungen oft sehr schwierig oder recht
nachteilig für Migranten erscheinen lassen. Dies schafft vor allem für die
eigenständige Alterssicherung vielfach gravierende Probleme. Darüber hinaus ist zu beachten, dass Systeme der sozialen Sicherheit auf der grundlegenden Wertidee der Solidarität beruhen, die bei massiver Zuwanderung
nicht nur aus ihrer generationenübergreifenden Balance geraten kann, sondern stets auch mit sensiblen Fragen der „kollektiven Identität",[6] also der
berechtigten Dazugehörigkeit oder Nichtdazugehörigkeit zur Solidarge-
meinschaft verbunden erscheint. Bei fortschreitender Zuwanderung, aber
auch in Folge anderer demographischer Entwicklungsprozesse und nicht
zuletzt im Kontext weiterer europäischer Integrationsvorgänge müssten die
soziale Sicherungssysteme und das gesamte wohlfahrtsstaatliche Institutio-
nengefüge in der Bundesrepublik Deutschland wohl so angepasst werden,
dass weder die grundlegende Wertidee der Solidarität verloren geht noch
aber das Prinzip von Leistung und Gegenleistung allzu sehr aus der Balance gerät. Auch dürften auf Dauer keine selektiven Anreize zur unsolida-
rischen Zuwanderung in Sozial- und Versorgungssysteme fortbestehen
bleiben, wie sie derzeit ganz offensichtlich – nicht zuletzt auf Grund von
deutschen und europäischen Gerichtsurteilen und wegen der im europäischen Vergleich sehr hohen Sozialleistungsstandards in der Bundesrepublik
Deutschland – gegeben erscheinen.[7]

Die politische Integration bezieht sich vor allem auf politische Partizipationsrechte, die in demokratischen Gesellschaften zumeist eng an die
Staatsangehörigkeit gebunden sind. Bei massiver Zuwanderung wächst
nicht nur der Anteil der Bevölkerung, der nicht über den „Staatsbürgersta-

---

[6]   Zu Konzepten und zur Relevanz der „kollektiven Identität" siehe auch: Sterbling,
Anton: Kollektive Identitäten, in: Kollmorgen, Raj/Merkel, Wolfgang/Wagener,
Hans-Jürgen (Hrsg.): Handbuch Transformationsforschung, Wiesbaden 2015 (S.
581-586).

[7]   Siehe dazu auch: Sterbling, Anton: Zuwanderung und Integration. Kritische Anmerkungen aus soziologischer Sicht, in: Sterbling, Anton: Zuwanderung, Kultur und
Grenzen in Europa, Aachen 2015 (S. 9-29), insb. S. 13 ff.

tus" mit gleichen Rechten und Pflichten – auch in politischer Hinsicht – verfügt. Die Gewährung der doppelten Staatsbürgerschaft, insbesondere für bestimmte Migrantengruppen, durchbricht gleichsam auch das fundamentale demokratische Prinzip gleichberechtigter „Staatsbürger" in eine andere Richtung, nämlich dahingehend, dass dies für einen Teil der Bevölkerung die privilegierte Möglichkeit der Optimierung von an die Staatsbürgerschaft gebundenen Rechten und Pflichten schafft, von der Frage der Loyalität einem Staat gegenüber, dessen Staatsbürger man ist, einmal ganz abgesehen.[8] Diese Frage der Loyalität und des Vertrauens des Staates in seine Bürger stellt sich nicht nur im zwischenstaatlichen Konfliktfall, sondern auch im Hinblick auf andere transnationale Konflikte, wenn man beispielsweise an deutsche Staatsbürger mit islamistisch-fundamentalistischen Einstellungen oder gar an die Tausenden Sympathisanten und Hunderten Kombattanten des sogenannten „Islamischen Staates" denkt.

Die schulische Integration lässt sich insbesondere am Schulerfolg der Nachkommen von Migranten in der zweiten und dritten Generation ermessen.[9] Dabei spielen Sprachkenntnisse und kommunikative Kompetenzen, aber ebenso kulturelle Wert- und Wissensbestände sowie grundlegende Einstellungen und soziale Aspirationen der Herkunftsfamilien eine maßgebliche Rolle. Die sprachliche Integration indes wird zu Recht als ein „Schlüsselfaktor" der sozialen Integration, nicht nur in der Generationenfolge, sondern auch im Hinblick auf Zuwanderer überhaupt, unabhängig von ihrem Alter, Geschlecht oder ihrer Bildung betrachtet. Ohne deutsche Sprachkenntnisse und entsprechende kommunikative Fähigkeiten ist eine erfolgreiche soziale Integration kaum vorstellbar. Davon hängen letztlich auch die sozialen Integrationschancen von Migranten im engeren Sinne ab, die sich unter anderem auf das alltägliche soziale Interaktionsgeschehen, auf soziale Verkehrskreise und das Assoziationsverhalten, auf Bekanntschafts- und Freundschaftskreise und letztlich auch auf Heiratsmuster und Partnerschaftsbeziehungen erstrecken.

---

[8]   Siehe dazu ausführlicher: Sterbling, Anton: Grenzen in Europa, in: Sterbling, Anton: Zuwanderung, Kultur und Grenzen in Europa, Aachen 2015 (S. 79-111) sowie den Beitrag über Grenzen in diesem Band.

[9]   Siehe: Kristen, Cornelia: Hauptschule, Realschule oder Gymnasium? Ethnische Unterschiede am ersten Bildungsübergang, in: Kölner Zeitschrift für Soziologie und Sozialpsychologie, 54. Jg., Opladen 2002 (S. 534-552).

Sprachkenntnisse und daran gebundene Kompetenzen sind in all diesen und weiteren Zusammenhängen zwar eine notwendige, aber keineswegs eine hinreichende Bedingung erfolgreicher sozialer Integration, wie dies mitunter missverstanden und geglaubt wird. Von entscheidender Bedeutung sind dabei, wie bereits angedeutet, die Wertintegration und insbesondere die normative und auch, zumindest in einem gewissen Maße, die sozialmoralische Integration. Darauf wird später noch einzugehen sein.

An dieser Stelle sei zunächst lediglich festgehalten, dass der Gesamtprozess der sozialen Integration recht verschiedene Handlungsfelder und Facetten erkennen lässt, wobei sich das Ausmaß der Integration einzelner Migranten und Migrantengruppen in den verschiedenen genannten Dimensionen recht unterschiedlich darstellen kann. Erst in der Kombination und im Zusammenspiel all dieser maßgeblichen Aspekte – bei Unverzichtbarkeit des Moments der kulturellen Wertintegration – kann letztlich nur von einer gelungenen sozialen Integration gesprochen werden. Eine soziale Integration ist nur bedingt erfolgreich, wenn sie partiell, also nur auf bestimmte Facetten und Handlungsfelder beschränkt bleibt.

Unterschiedliche Aggregatebenen sozialer Integration

Neben den bisher angesprochenen Handlungsfeldern sind aus soziologischer Sicht auch verschiedene Ebenen oder Reichweiten der sozialen Integration auseinander zu halten. Folgt man gängigen soziologischen Vorstellungen, so ist zwischen der Mikroebene der interpersonalen Beziehungen, der Mesoebene der Organisationen, Institutionen und intermediären Gruppen, der Makroebene oder gesamtgesellschaftlichen Ebene sowie der internationalen Ebene ein in vielen Hinsichten relevanter Unterschied vorzunehmen.[10] Die internationale und transnationale Ebene ist – nicht erst seit man von europäischer Integration spricht oder seitdem umfangreiche Wanderungsbewegungen transnationale Sozialbeziehungen und soziale Gebilde immer deutlicher erkennbar machen und bedeutsamer erscheinen lassen[11] –

---

[10]   Siehe auch: Balla, Bálint: Kommunismus und Postkommunismus handlungstheoretisch, in: Balla, Bálint/Sterbling, Anton (Hrsg.): Zusammenbruch des Sowjetsystems – Herausforderung für die Soziologie, Hamburg 1996 (S. 81-100).

[11]   Siehe zum Beispiel: Berger, Peter A./Weiß, Anja (Hrsg.): Transnationalisierung sozialer Ungleichheit. Schriftenreihe: Sozialstrukturanalyse, Wiesbaden 2008.

in der Analyse moderner Integrations- und Abgrenzungsgegebenheiten stets zweifellos relevant. Staatenbündnisse, Kolonialreiche, Hegemonialsysteme oder Kulturkreise ebenso wie Abgrenzungen zwischen Nachbarvölkern, Erbfeindschaften usw. hat es in der neueren Geschichte vielfach gegeben,[12] wobei sich auch aus individuenbezogener Sicht entsprechende Fragen der staats- und gesellschaftsübergreifenden Integration stellten.

Die in den verschiedenen Bereichen wie auch auf den unterschiedlichen Ebenen wirksamen Integrationsmechanismen können sowohl aufeinander bezogen und miteinander vermittelt sein. Sie können aber auch gegeneinander abgehoben und sogar gegenläufig in ihren strukturellen Auswirkungen zum Tragen kommen. Die bekannten und in der Soziologie vieldiskutierten Unterscheidungen zwischen „Systemintegration" und „Sozialintegration" oder „System" und „Lebenswelt" haben dies bereits hinreichend deutlich werden lassen.[13] Aber auch im Betrachtungszusammenhang der Migration lässt sich feststellen, dass zum Beispiel eine sehr starke Integration von Migrantengruppen auf der Mikroebene familialer und verwandtschaftlicher Beziehungen oder auf der Mesoebene landsmannschaftlicher oder ethnischer Sondermilieus (landsmannschaftliche/ethnische Vereine, exklusive soziale Netzwerke, entsprechend begrenzte Kommunikationsstrukturen usw.) eine stärkere Einbeziehung und Einbindung in übergreifende gesellschaftliche Strukturen – nicht immer, aber doch unter bestimmten Umständen – eher behindern als fördern kann. Auch in diesem Zusammenhang kommt es entscheidend auf den Aspekt der Wertintegration an, also inwiefern Wertvorstellungen, normative Orientierungen und sozialmoralische Überzeugungssysteme auf den verschiedenen Aggregatebenen miteinander verkoppelt sind und sich wechselseitig stützen oder

---

[12] Siehe auch: Balla, Bálint: Nation and Expansionism – Viewed by a Sociology of Scarcity, in: Balla, Bálint/Sterbling Anton (Hrsg.): Ethnicity, Nation, Culture. Central and East European Perspectives, Beiträge zur Osteuropaforschung 2, Hamburg 1998 (S. 65-104).

[13] Siehe: Lockwood, David: Soziale Integration und Systemintegration, in: Zapf, Wolfgang (Hrsg.): Theorien des sozialen Wandels. Köln-Berlin ³1971 (S. 124-137); Habermas, Jürgen: Theorie des kommunikativen Handelns, Frankfurt a. M. 1981 (2 Bde); Schimank, Uwe: Funktionale Differenzierung und Systemintegration, in: modernen Gesellschaft, in: Friedrichs, Jürgen/Jagodzinski, Wolfgang (Hrsg.): Soziale Integration, Kölner Zeitschrift für Soziologie und Sozialpsychologie, Sonderheft 39, Opladen 1999 (S. 47-65).

aber in einem grundsätzlichen Spannungs- oder Inkompatibilitätsverhältnis stehen. Darauf wird noch zurückzukommen sein.

An dieser Stelle sei zumindest beiläufig erwähnt, dass bei der näheren Betrachtung von Integrationsgegebenheiten und Integrationsvorgängen zudem – wie in der soziologischen Sozialstrukturanalyse überhaupt – verschiedene andere analytische Gesichtspunkte auseinander zu halten wären,[14] nämlich der Verteilungsgesichtspunkt von sozialen Positionen und Handlungsressourcen (insbesondere Berufsstatus, Bildung, Einkommen), der Aspekt sozialer Beziehungen und Strukturkonflikte, also maßgeblicher Vergesellschaftungs- und Vergemeinschaftungsformen, und der des sozialen Bewusstseins, also subjektiver Selbstzurechnungen und kollektiver Identitätsvorstellungen usw. Dieser Analysegesichtspunkt kann hier allerdings nicht näher vertieft werden.

Zum Verlauf von Integrationsprozessen

Auf der Grundlage erfahrungswissenschaftlicher Erkenntnisse sollen im Folgenden zeitliche Verlaufsmuster subjektiver und objektiver Aspekte der sozialen Integration von Migranten etwas näher behandelt werden. Zu diesem Zweck sei zunächst ein idealtypisches Verlaufsmodell der Integration skizziert, das insbesondere auf die zeitliche Dimension und Dynamik des komplexen Integrationsgeschehens abstellt.[15]

Wie bei vielen anderen sozialen Phänomenen lassen sich auch im Hinblick auf gesellschaftliche Integrationsprozesse stets eine subjektive und eine objektive Seite ausmachen, die beide gleichermaßen wichtig erscheinen.[16] Die objektive Seite erfasst zum Beispiel, wie weitgehend Individuen

---

[14] Siehe: Sterbling, Anton: Zur Wirkung unsichtbarer Hebel. Überlegungen zur Rolle des „sozialen Kapitals" in fortgeschrittenen westlichen Gesellschaften, in: Berger, Peter A./Vester, Michael (Hrsg.): Alte Ungleichheiten – Neue Spaltungen, Opladen 1998 (S. 189-209).

[15] Siehe: Sterbling, Anton: Dazugehörende Fremde? Besonderheiten der Integration der Rumäniendeutschen in der Bundesrepublik Deutschland, in: Roth, Klaus/Moosmüller, Alois/Köck, Christoph (Hrsg.): Zuwanderung und Integration: Kulturwissenschaftliche Zugänge und soziale Praxis, Münster-New York-München-Berlin 2004 (S. 109-124).

[16] Siehe: Hradil, Stefan (Hrsg.): Zwischen Bewußtsein und Sein. Die Vermittlung „objektiver" Lebensbedingungen und „subjektiver" Lebensweisen, Opladen 1992.

– und in unserem besonderen Falle Migranten –, in das Wirtschafts- und Beschäftigungssystem oder in die sozialen Sicherungssysteme eingliedert sind, über welche politischen Beteiligungsrechte oder Sprachkenntnisse sie verfügen, welche stabilen soziale Beziehungsmuster und Kontakte sie aufweisen usw. Mit der subjektiven Seite hingegen sind das Dazugehörigkeitsgefühl, die subjektiven Selbstzurechnung wie auch die Zufriedenheit mit der eigenen sozialen Integration gemeint. Wie bei anderen sozialen Erscheinungen, hängen auch bei der sozialen Integration – vor allem wenn man sie im Falle von Migranten im kontinuierlichen Zeitverlauf betrachtet – objektive und die subjektive Aspekte nur bedingt zusammen, wiewohl sie sich wechselseitig deutlich beeinflussen.

Im Sinne es idealtypischen Verlaufsmodells, das sich auf breite empirische Beobachtungen und theoretische Erwägungen stützt, kann man im Falle eines gelungenen Integrationsverlaufs annehmen, dass die objektive Integration mehr oder weniger kontinuierlich voranschreitet und in zwei bis drei Jahren nach der Ankunft der Migranten in der Aufnahmegesellschaft das Niveau eines sich selbst tragenden Integrationsvorgangs erreicht.[17] Der subjektive Integrationsverlauf folgt in der Regel einem etwas anderen Muster. Diesbezüglich ist zunächst vielfach ein durch Hoffnungen und Erwartungen sowie durch die Reize des Neuen bestimmtes höheres Ausgangsniveau gegeben, das sodann aber zumeist durch eine nach einigen Wochen oder Monaten einsetzende Phase der ‚Desillusionierung‘, der mehr oder weniger intensiven und zugleich psychisch belastenden Anpassungs- und Lernprozesse in einer fremden sozialen Umwelt abgelöst wird. Diese kritische Phase der „Fremdheit" und „Selbstentfremdung", in der nicht selten die Migrationsentscheidung selbst in Frage gestellt werden kann und die durch eine mehr oder weniger starke Verunsicherung und Orientierungssuche geprägt ist, kann einige Monate oder auch ein bis zwei Jahre dauern. Macht der objektive Integrationsprozess in der Zwischenzeit normale Fortschritte, erfolgen auch auf der subjektiven Seite entsprechende Weiterentwicklungen und psychische Stabilisierungsprozesse, so dass – bei einem weitgehend erfolgreichen Verlauf – der Integrationsprozess nach zwei bis

---

[17] Siehe: Esser, Hartmut: Aspekte der Wanderungssoziologie. Assimilation und Integration von Wanderern, ethnischen Gruppen und Minderheiten. Eine handlungstheoretische Analyse, Darmstadt-Neuwied 1980.

drei Jahren alle wichtigen kritischen Schwellenpunkte überschritten hat und relativ kontinuierlich weiterverläuft.

Übersicht 1: Integrationsverläufe (idealtypisches Modell)

A. Gelungene Integration   B. Gescheiterte Integration

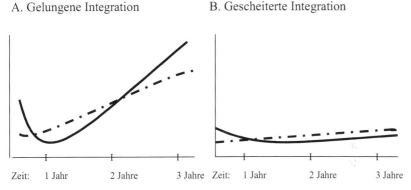

Zeit: 1 Jahr   2 Jahre   3 Jahre Zeit: 1 Jahr   2 Jahre   3 Jahre

- durchgezogene Linie: ‚subjektive' Integration
- unterbrochene Linie: ‚objektive' Integration
- vertikale Achse: Ausmaß der ‚objektiven' und der ‚subjektiven' Integration
- horizontale Achse: Zeitachse - die ersten 2 - 3 Jahre nach der Migration

Anders ist das Verlaufsmuster weniger erfolgreicher oder gescheiterter Integrationsvorgänge. In diesen Fällen können sowohl längerfristig ausbleibende Fortschritte in der objektiven Integration – zum Beispiel Zugangsschwierigkeiten zum Beschäftigungssystem, schulische Probleme der Kinder, anhaltende sprachliche Verständigungsschwierigkeiten, soziale Isolation oder Rückzug in das Migrantenmilieu usw. – aber auch und vor allem subjektive Aspekte – wie fehlende Integrationsbereitschaft, Überbetonung der eigenen kulturellen Herkunfsidentität und ihrer normativen Selbstverständnisse, freiwillige und bewusste Abgrenzung von der sozialen Außenwelt, Enttäuschungen im Hinblick auf die Wohlstandserwartungen usw. – zu dauerhaft ausbleibender Integration führen.

Eine häufige empirische Beobachtung läuft darauf hinaus, dass Integrationsprozesse vielfach scheitern, wenn nicht in den ersten zwei bis drei Jahren bestimmte kritische Schwellenwerte der objektiven wie auch der subjektiven Integration überwunden sind, wobei sich das Scheitern oder partielle Scheitern der Integration selbst in der Generationenfolge noch erheblich auswirken kann. Wie im Falle erfolgreicher Integrationsprozesse lassen sich auch im Falle weitgehend oder partiell gescheiterter Eingliederung wechselseitige Einflüsse und wechselseitige Verstärkungseffekte objektiver und subjektiver Integrationsfaktoren feststellen, ohne dass sich diese zeitlich stets im Gleichtakt befinden müssen.

Sehr wichtig ist bei diesen Verläufen wie die integrationsförderlichen oder die intergrationsverhindernden Mechanismen auf der Mikroebene der interpersonalen Beziehungen, der Mesoebene der intermediären Strukturen, etwa der landsmannschaftlichen Milieus und Organisationsformen, sowie der gesamtgesellschaftlichen Makroebene der bundesdeutschen Gesellschaft und darüber hinaus der internationalen, insbesondere der europäischen Integrationszusammenhänge, ineinander greifen oder aber gegeneinander wirken. Diesen komplizierten Spannungs- und Verschränkungsbeziehungen der unterschiedlichen Ebenen sozialer Integration gilt es bei einer reflektierten Integrationspolitik eine hinreichende und angemessene Beachtung zu schenken.[18]

Zur entscheidenden Bedeutung der Wertintegration

Von allen Bereichen der sozialen Integration, im Hinblick auf das Verhältnis der verschiedenen Aggregatebenen und auch bezogen auf die behandelten zeitlichen Verlaufsmuster kommt der Wertintegration eine entscheidende Bedeutung zu. Ohne ausreichende Wertintegration wird soziale Integration weder aus der Sicht von Zuwanderern noch aus der Sicht der Aufnahmegesellschaft zufriedenstellend gelingen. Warum ist das aus soziologischer Sicht so anzunehmen und welche Implikationen sind damit verbunden?

Wenn sich der Begriff der Kultur auch keineswegs auf den Aspekt der Werte reduzieren lässt, zumal das Universum der Kultur viel umfassender ist und gleichermaßen ideelle und symbolische wie auch materielle Dinge,

---

[18] Siehe: Sterbling, Anton: Soziale Integration – soziologische Anmerkungen zu einem vielfach in der Schwebe gehaltenen Begriff, in: Beetz, Stephan/Jacob, Ulf/Sterbling, Anton (Hrsg.): Soziologie über die Grenzen – Europäische Perspektiven. Festschrift für Herrn Professor Dr. Dr. h.c. Bálint Balla zum 75. Geburtstag, Hamburg 2003 (S. 471-485).

einschließlich technischer Artefakte, einbegreift,[19] so können Werte und Wertvorstellungen doch als ein wesentliches und gewissermaßen auch grundlegendes Element jeder Kultur aufgefasst werden.[20] Der Aspekt der Wertvorstellungen und der „objektivierten" Wertordnungen kann zudem als ein wichtiger Gesichtspunkt der sozialwissenschaftlichen Analysen von Ähnlichkeiten und Differenzen, von Stabilität und Wandel einzelner Kulturen betrachtet werden.

In der kultur- und religionssoziologischen Forschung[21] ist immer wieder konstatiert worden, dass die grundlegenden Wertbestände nahezu aller Kulturen und Religionen – zumal der Hochkulturen – ähnlich sind; das heißt, in den verschiedenen Kulturen und Religionen sind gleiche oder zumindest ähnliche Werte vorzufinden und sozial relevant. Wodurch sich einzelne Kulturen und Religionen und insbesondere Kulturkreise aber zum Teil wesentlich unterscheiden, das sind die Wertprioritäten, die Wertbeziehungen, die Geltungsbereiche sowie die spezifischen Interpretationsmodi und Vermittlungsformen einzelner Werte.[22]

Das Universum kulturell und sozial relevanter Wertvorstellung ist durch zwei wichtige Merkmale charakterisiert: *Erstens* durch die Tatsache, dass zwischen bestimmten Grundwerten oder „letzten Wertmaximen" häufig tiefgreifende Gegensätze oder Spannungen bestehen oder – in den Worten Max Webers ausgedrückt – ein ewiger und unauflöslicher „Kampf" vorherrscht.[23] So lassen sich vor allem – und diese Spannungsdimension er-

---

[19] Siehe zum Beispiel auch: Neidhardt, Friedhelm/Lepsius, M. Rainer/Weiß, Johannes (Hrsg.): Kultur und Gesellschaft, Kölner Zeitschrift für Soziologie und Sozialpsychologie, Sonderheft 27, Opladen 1986; Wimmer, Andreas: Kultur. Zur Reformulierung eines sozialanthropologischen Grundbegriffs, in: Kölner Zeitschrift für Soziologie und Sozialpsychologie, 48. Jg., Opladen 1996 (S. 401-425).

[20] Siehe zu Folgendem auch: Sterbling, Anton: Kultur und Interkulturalität, in: Sterbling, Anton: Zuwanderung, Kultur und Grenzen in Europa, Aachen 2015 (S. 47-77) sowie den entsprechenden Beitrag in diesem Band.

[21] Siehe: Bergmann, Jörg/Hahn, Alois/Luckmann, Thomas (Hrsg.): Religion und Kultur, Kölner Zeitschrift für Soziologie und Sozialpsychologie, Sonderheft 33, Opladen 1993.

[22] Siehe: Bahrdt, Hans Paul: Schlüsselbegriffe der Soziologie. Eine Einführung mit Lehrbeispielen, München 1984, insb. S. 48 ff.

[23] Siehe: Weber, Max: Wissenschaft als Beruf, in: Weber, Max: Gesammelte Aufsätze zur Wissenschaftslehre, Tübingen [7]1988 (S. 582-613), vgl. S. 603; Sterbling, Anton: Gegen die Macht der Illusionen. Zu einem Europa im Wandel, Hamburg 1994, insb. S. 29 ff und S. 225 ff.

scheint im Hinblick auf die Verfassung sozialer Ordnungen besonders relevant – tiefe und institutionell nur äußerst schwierig vermittelbare Gegensätze zwischen den Grundwerten der individuellen Freiheit einerseits und der sozialen Gleichheit und kollektiven Sicherheit andererseits feststellen.[24] Aber beispielsweise auch die letztlich unaufhebbaren Unvereinbarkeiten zwischen dem grundlegenden Wert des unabrückbaren Glaubens an einen bestimmten Gott und dem Grundwert der religiösen Glaubensfreiheit.

Auch zwischen Wertvorstellungen, die sich auf die kollektive Identität und Selbstzurechnung beziehen, bestehen in der Regel gewisse Spannungen, die vor allem in den Prozessen der modernen Staaten- und Nationenbildung konfliktreich in Erscheinung getreten sind und vielfach auch heute noch virulent erscheinen.[25] Samuel N. Eisenstadt sprach in diesem Sinne von drei zentralen „symbolischen Codes", die sich in der Konstruktion institutioneller Ordnungen als besonders wichtig erweisen. Diese „symbolischen Codes" oder Wertmuster beziehen sich im Einzelnen auf Fragen der religiös-existentiellen Weltdeutung, auf die soziale Ordnung im engeren Sinne und auf die „kollektive Identität".[26] Ebenso lassen sich mithin Grundspannungen zwischen innerweltlichen und außerweltlichen Wertorientierungen wie auch zwischen einer Vielzahl anderer Werte ausmachen.

Das Universum kulturell relevanter Werte ist *zweitens* aber auch dadurch gekennzeichnet, dass die potenziellen Wertgegensätze in den einzelnen Kulturen oder Religionen durch einen zumindest teilweise verbindlichen Konsens über Wertprioritäten und Interpretationsmodi der Werte ent-

---

[24] Die jahrzehntelange Systemkonkurrenz zwischen kapitalistischen und sozialistischen Staaten war nicht zuletzt ein prägnanter Ausdruck des Gegensatzes zwischen freiheitlich-individualistischen bzw. kollektivistisch-egalitären Wertprioritäten folgenden institutionellen Ordnungssystemen. Siehe auch: Sterbling, Anton: Strukturfragen und Modernisierungsprobleme südosteuropäischer Gesellschaften, Hamburg 1993; Dumont, Louis: Individualismus. Zur Ideologie der Moderne, Frankfurt a. M.-New York 1991; Habermann, Gerd: Der Wohlfahrtsstaat. Die Geschichte eines Irrwegs, Frankfurt a. M.-Berlin 1994.

[25] Siehe: Winkler, Heinrich August/Kaelble, Hartmut (Hrsg.): Nationalismus – Nationalität – Supranationalität, Stuttgart 1993; Sterbling, Anton: Staaten- und Nationenbildung in Südosteuropa, in: Sterbling, Anton: Kontinuitäten und Wandel in Rumänien und Südosteuropa. Historisch-soziologische Analysen, München 1997 (S. 99-114).

[26] Siehe: Eisenstadt, Samuel N.: Tradition, Wandel und Modernität, Frankfurt a. M. 1979, insb. S. 15 ff; Plake, Klaus/Schulz, Wolfgang K. (Hrsg.): Entillusionierung als Programm. Beiträge zur Soziologie von Shmuel N. Eisenstadt, Weinheim 1993.

schärft und so in eine mehr oder weniger konsistente, hierarchisch strukturierte Wertordnung gebracht werden. Die Eigentümlichkeit und Besonderheit einzelner Kulturen besteht nicht zuletzt – wenn auch nicht ausschließlich – darin, welche Wertprioritäten in der betreffenden Kultur konsensuell und zumeist auch unhinterfragt festgelegt sind und welche kollektiven Identitätsvorstellungen sich damit verbinden.

Kulturspezifische Werte und Wertordnungen bestimmen das soziale Handeln zumindest in dreifacher Hinsicht: als Begründungs- und Legitimationsgrundlage normativer Systeme und insbesondere der geltenden Rechtsordnung, als entsprechende Grundlage des gegebenen Institutionensystems wie auch als unmittelbar sinngebundenes Orientierungssystem des menschlichen Handelns. Bestehende Gesellschaftsordnungen beruhen insofern weitgehend auf spezifischen kulturellen Wertideen und Wertordnungen, wie man in der Denktradition Max Webers im Sinne eines ebenso anspruchsvollen wie bislang bewährten sozialwissenschaftlichen „Erkenntnisprogramms" vertreten kann.[27]

Eine moderne, funktional differenzierte und demokratisch integrierte, staatlich verfasste Gesellschaft kann daher – anders als segmentär differenzierte, traditionale oder vormoderne Vielvölkerimperien – auf Dauer nicht als „multikulturelle" Gesellschaft, im Sinne eines gleichwertigen gesamtgesellschaftlichen Geltungsanspruchs mehrerer unterschiedlicher und gleichsam auch konkurrierender Kulturen, bestehen. Dies gilt zumindest dann, wenn man – wie eben dargelegt – eine spezifische Wertordnung als Kernbereich jeder eigenständigen Kultur betrachtet. Nur ein ausreichender gesamtgesellschaftlicher Konsens über unabdingbare Grundwerte und die ihnen korrespondierenden Rechtsnormen kann mithin auf Dauer den stabilen Bestand, die Funktions- und Anpassungsfähigkeit und die Konfliktregelungskapazität einer institutionellen und gesellschaftlichen Gesamtordnung sichern. Dies heißt, der Vorrang einer auf einem verbindlichen Konsens der grundlegenden Wertordnung beruhenden gesamtgesellschaftlichen „Leitkultur" und insbesondere der in diesem Sinne geltenden Rechtsordnung erscheint unabdingbar. Dieser vorrangigen Leitkultur haben sich stets

---

[27] Siehe: Sterbling, Anton: Das „Weber-Paradigma" als Grundlage eines historisch-vergleichenden Analyseansatzes, in: Sterbling, Anton: Verwerfungen in Modernisierungsprozessen. Soziologische Querschnitte, Hamburg 2012 (S. 113-127).

alle abweichenden Wertvorstellungen, soziale Konventionen und sittliche Normen verschiedener sozialer, ethnischer oder religiöser Teil- und Subkulturen im Zweifelsfall unterzuordnen, also soweit sich ein entsprechender Grunddissens abzeichnet und insbesondere wenn sich grundsätzliche normative Konflikte ergeben.[28]

Insofern ist Wertintegration und damit zusammenhängend auch ein gewisses Maß an notwendiger kultureller Assimilation von Migranten, bei allem Kultur- und Wertepluralismus moderner Gesellschaften, als Bedingung einer erfolgreichen sozialen Integration unerlässlich. Diese Erkenntnis ist bei politisch verantwortlichem Handeln bei der Ermöglichung von Zuwanderungen unterschiedlicher Migrantengruppen stets zu berücksichtigen; und dies führt zu der konkreten Frage weiter, wie weit eine stets bestimmte kognitive, affektuelle und wertbezogene Einstellungen und Anschauungen einschließende kulturelle Assimilationsfähigkeit und Assimilationswilligkeit der Migranten gegeben ist, denn davon sind letztlich auch deren tatsächliche Integrationschancen, deren Integrationsfähigkeit und Integrationsbereitschaft, im Verhältnis zu den Integrationspotenzialen und Eingliederungskapazitäten der Aufnahmegesellschaft maßgeblich mitbestimmt. Soziale Integration ist zum Scheitern verurteilt, wenn elementare Grundlagen und Dispositionen einer „Wertintegration" fehlen.

Folgen einer unzureichenden Wertintegration – die desintegrierte Gesellschaft und der repressive oder zerfallende Staat

Die Fähigkeit und Bereitschaft zum „Wertkonsens" nimmt mit steigender kultureller Heterogenität nicht zu, sondern gewöhnlich ab. Dies gilt insbesondere dann, wenn die Voraussetzungen und Chancen zur sozialen Integration die integrativen Kapazitäten weit übersteigen – wie dies bei massiven Zuwanderungen häufig der Fall ist – oder der Wille und die Bereitschaft zur sozialen Eingliederung bei Migranten eigentlich gar nicht vorhanden sind. Strukturell sind dann Erscheinungsformen der „Parallelgesellschaft", normative Doppelstrukturen, Retraditionalisierungs- und Ethnisie-

---

[28] Siehe auch: Sterbling, Anton: Interkulturalität, „weiche" Normen und soziale Konventionen. Beobachtungen aus dem multiethnischen Banat, in: Moosmüller, Alois/ Möller-Kiero, Jana (Hrsg.): Interkulturalität und kulturelle Diversität, Münster-New York-München-Berlin 2014 (S. 141-153).

rungstendenzen moderner Gesellschaften wie auch Phänomene ausgeprägter Devianz und partieller Anomie und mit Sicherheit eine starke Zunahme entsprechend begründeter Konflikte zu erwarten, die es ansatzweise in Deutschland bereits gibt und die sich in Frankreich oder Großbritannien indes, in der Erscheinungsform vielfach gewaltsamer Revolten oder „brennender" Vorstädte noch deutlicher beobachten lassen. Und natürlich sind in solchen sozialen Entwicklungszusammenhängen auch Erscheinungen eines weitgehend entfesselten Terrorismus, etwa islamistischen Ursprungs, wie sie 2015 die französische Hauptstadt Paris bereits zwei Mal in schrecklicher Weise heimgesucht und erschüttert haben, zu erwarten. Ebenso werden nationalistische und rechtspopulistische Gegenreaktionen in der Gestalt entsprechend ausgerichteter Parteien oder sozialer Bewegungen deutlichen Auftrieb erhalten und den demokratischen Grund- und Wertekonsens mithin zunehmend in Frage stellen.[29]

Es geht bei der sozialen Integration vor allem auch um die affirmative „subjektive" Dazugehörigkeit, die in funktional differenzierten Gesellschaften stets auch ein gewisses Maß an kultureller Assimilation und Loyalität dem eigenen Staat gegenüber voraussetzt.[30] Ohne eine hinreichende „Wertintegration" auf der Grundlage eines tragfähigen gesamtgesellschaftlichen Wertkonsens[31] bleiben eigentlich nur Repressions- und Sanktionsmittel, um die mehrheitlich gewünschte gesellschaftliche Ordnung aufrecht zu erhalten, und solche Mittel erschöpfen sich bekanntlich, soweit sie nicht nur angedroht werden, sondern regelmäßig eingesetzt werden müssen. Die Folgen sind zunächst steigende Repressivität und militante Aggressivität in der Gesellschaft, die sodann zu Verfassungs- und Systemkonflikten sowie zu tiefen sozialen Spannungen und Spaltungen oder letztlich auch zu massiven staatlichen Krisen führen können. Ob das supranationale Institutio-

---

[29]   Siehe dazu auch: Sterbling, Anton: Zuwanderungsprobleme als Herausforderung der „Vernunftdemokratie" im europäischen Kontext. Irrtümer gegenwärtiger Politik aus soziologischer Sicht in: Silesia Nova. Vierteljahresschrift für Kultur und Geschichte, 12. Jahrgang, Heft 4, Dresden-Breslau 2015 (in Vorbereitung) sowie den entsprechenden Beitrag in diesem Band.

[30]   Siehe: Esser, Hartmut: Sprache und Integration. Die sozialen Bedingungen und Folgen des Spracherwerbs von Migranten, Frankfurt a. M.-New York 2006.

[31]   Siehe auch: Messelken, Karlheinz: Politikbegriffe der modernen Soziologie. Eine Kritik der Systemtheorie und der Konflikttheorie – begründet aus ihren Implikationen für die gesellschaftliche Praxis, Köln-Opladen ²1970.

nensystem der Europäischen Union dabei eine eher stabilisierende oder eher krisenverschärfende Rolle spielen wird, erscheint weitgehend offen.

Der „blinde Fleck" oder das sozialisationstheoretische Bindeglied einer realistischen Analyse der sozialen Integration

Eine realistische sozialwissenschaftliche Analyse komplexer sozialer Integrationsvorgänge kann nicht ohne systematische Berücksichtigung entwicklungspsychologisch fundierter sozialisationstheoretischer Erkenntnisse erfolgen. Diese Komponente einer sozialwissenschaftlich seriösen Integrationsdiskussion erscheint gegenwärtig indes weitgehend vernachlässigt oder unterschlagen zu werden. Dies ist gleichsam ein „blinder Fleck" der gegenwärtigen, zumeist recht oberflächlichen und leichtfertigen politischen Integrationsdebatte.

Bezieht man die sozialisationstheoretische Perspektive mit ein, so ist die Erkenntnis ebenso wichtig, dass Sozialisation für alle Menschen einen lebenslangen Prozess bildet, wie dass es für Migranten, insbesondere im Erwachsenenalter, eine besondere Art der Sozialisation, die sogenannte „Spätsozialisation",[32] zu berücksichtigen gilt. Sozialisation wird maßgeblich von spezifischen entwicklungspsychologischen, sozialen und kulturellen Rahmenbedingungen bedingt aufgefasst, wobei deren Verlauf und Zwischenergebnisse – aus der Sicht der Gesellschaft – idealtypisch als ein gelungener, ein defizitärer oder ein fehlgeleiteter Prozesses bewertet werden kann. Dabei wird als Sozialisation ein komplexer, lebenslanger Gesamtvorgang verstanden, bei dem einerseits vielfältige intendierte und nichtintendierte Einflüsse und Vermittlungsprozesse und andererseits die subjektiven Aneignungsvorgänge jener Wert- und Wissensbestände, jener Sinnmuster und Orientierungen des Handelns erfolgen, die den Menschen letztlich zu einem sozial kompetenten, uneingeschränkt beteiligungsfähigen Mitglied der jeweiligen Gesellschaft machen wie auch diese Handlungskompetenz durchgängig erhalten und an neue Lebensumstände anpassen.[33]

---

[32] Siehe dazu eingehender: Haeberlin, Friedrich: Zwischen Flucht und Integration, Die Eingliederung junger Flüchtlinge als Problem der Spätsozialisation, Stuttgart 1971.

[33] Zur Sozialisationsforschung siehe zum Beispiel: Scherr, Albert: Sozialisation, Person, Individuum, in: Korte, Herrmann/Schäfers, Bernhard (Hrsg.): Einführung in die Hauptbegriffe der Soziologie, Wiesbaden ⁷2008 (S. 45-68); Hurrelmann, Klaus:

Wenn bereits bei Angehörigen einer in einem stabilen kulturellen Kontext lebenden Gesellschaft entwicklungspsychologisch, sozialstrukturell, milieuspezifisch usw. durchaus erklärbare Sozialisationsdefizite oder auch subkulturell spezifische Erscheinungen der Fehlsozialisation festzustellen sind, die nicht selten bis in die frühkindliche Sozialisationsphase[34] zurückreichen und in der Adoleszenz eine oft besonders kritische Phase erkennen lassen, so sind besondere Schwierigkeiten und Probleme vielfach auch bei der „Spätsozialisation" von Migranten zu erwarten, denn Sozialisation ist zwar eine dynamischer, kreativer und durch das selbstreflexive Subjekt zumindest teilweise mit beeinflussbarer Gesamtvorgang, aber auch ein voraussetzungsreicher,[35] in den verschiedenen Phasen aufeinander aufbauender Entwicklungsprozess, der nicht zu jedem Zeitpunkt völlig neu begonnen werden kann. Ganz im Gegenteil: Wir wissen hinreichend genau, wie bedeutsam bereits frühkindliche Erfahrungen und Sozialstationseinflüsse sind, welche Relevanz im schulischen Kontext erworbene oder nicht erworbene Denkfähigkeiten und Wissensbestände haben, welche sozialmoralischen Tiefenprägungen oder weltanschauliche Grundvorstellungen in der Kindheit und Jugend erfolgen oder welche Bedeutung bestimmten Rahmenbedingungen der beruflichen Sozialisation zukommt, um die Schwierigkeiten der Spätsozialisation – vor allem bei einem Wechsel aus einem traditionalen in ein modernes Sozialmilieu oder aus einem Kulturkreis in einen anderen – einigermaßen ermessen zu können. In der Spätsozialisation solcher Migranten müssen nicht nur bestimmte, zum Teil grundlegende Sozialisationsvorgänge, wie etwa die Sprachsozialisation, nachgeholt werden, die normalerweise bereits viel früher erfolgen, sondern in der Spätsozialisation liegen beim Sozialisanden nicht selten bereits relativ stabile Ein-

---

Sozialisation, in: Endruweit, Günter/Trommsdorff, Gisela (Hrsg.): Wörterbuch der Soziologie, Stuttgart [2]2002 (S. 604-611); Hurrelmann, Klaus/Bauer, Ullrich/Grundmann, Matthias/Walper, Sabine (Hrsg.): Handbuch der Sozialisationsforschung, Weinheim [8]2015.

[34] Siehe auch: Piaget, Jean: Theorien und Methoden der modernen Erziehung, Frankfurt a. M. 1974; Piaget, Jean: Probleme der Entwicklungspsychologie. Kleine Schriften, Hamburg 1993.

[35] Siehe auch: Sterbling, Anton: Beispielhafte Integration der Banater Schwaben und Integrationsprobleme anderer Migrantengruppen, in: Sterbling, Anton: Zuwanderung, Kultur und Grenzen in Europa, Aachen 2015 (S. 31-46), insb. S. 33 ff.

stellungen, (Welt-)Anschauungen,[36] sozialmoralische Grundhaltungen, habituelle Verhaltensmuster und Persönlichkeitsstrukturen vor, die durch Prozesse mehr oder weniger tiefgreifender kognitiver und normativer Veränderungen und kultureller Assimilation an zum Teil ganz andere kulturelle und normative Standards und soziale Erwartungsstrukturen angepasst werden müssen. Wer diese im Einzelfall oft sehr schwierigen Vorgänge der Spätsozialisation ignoriert oder verkennt, hat über soziale Integration in eine moderne, funktional differenzierte Gesellschaft einfach noch nicht hinreichend seriös und verantwortlich nachgedacht.

Literatur

Bahrdt, Hans Paul: Schlüsselbegriffe der Soziologie. Eine Einführung mit Lehrbeispielen, München 1984

Balla, Bálint: Kommunismus und Postkommunismus handlungstheoretisch, in: Balla, Bálint/Sterbling, Anton (Hrsg.): Zusammenbruch des Sowjetsystems – Herausforderung für die Soziologie, Hamburg 1996 (S. 81-100)

Balla, Bálint: Nation and Expansionism – Viewed by a Sociology of Scarcity, in: Balla, Bálint/Sterbling Anton (Hrsg.): Ethnicity, Nation, Culture. Central and East European Perspectives, Beiträge zur Osteuropaforschung 2, Hamburg 1998 (S. 65-104)

Berger, Peter A./Weiß, Anja (Hrsg.): Transnationalisierung sozialer Ungleichheit. Schriftenreihe: Sozialstrukturanalyse, Wiesbaden 2008

Bergmann, Jörg/Hahn, Alois/Luckmann, Thomas (Hrsg.): Religion und Kultur, Kölner Zeitschrift für Soziologie und Sozialpsychologie, Sonderheft 33, Opladen 1993

Diehl, Claudia/Urbahn, Julia/Esser, Hartmut: Die soziale und politische Partizipation von Zuwanderern in der Bundesrepublik Deutschland, Bonn 1998

Dumont, Louis: Individualismus. Zur Ideologie der Moderne, Frankfurt a. M.-New York 1991

Claessens, Dieter: Instinkt, Psyche, Geltung. Zur Legitimation menschlichen Verhaltens, Köln-Opladen [2]1970

Dux, Günter/Wenzel, Ulrich (Hrsg.): Der Prozeß der Geistesgeschichte. Studien zur ontogenetischen und historischen Entwicklung des Geistes, Frankfurt a. M. 1994

---

[36] Siehe dazu auch: Claessens, Dieter: Instinkt, Psyche, Geltung. Zur Legitimation menschlichen Verhaltens, Köln-Opladen [2]1970; Gellner, Ernest: Pflug, Schwert und Buch. Grundlinien der Menschheitsgeschichte, München 1993; Dux, Günter/Wenzel, Ulrich (Hrsg.): Der Prozeß der Geistesgeschichte. Studien zur ontogenetischen und historischen Entwicklung des Geistes, Frankfurt a. M. 1994; Sterbling, Anton: Kultur und Interkulturalität, in: Sterbling, Anton: Zuwanderung, Kultur und Grenzen in Europa, Aachen 2015 (S. 47-77), insb. S. 59 ff.

Eisenstadt, Samuel N.: Tradition, Wandel und Modernität, Frankfurt a. M. 1979

Esser, Hartmut: Aspekte der Wanderungssoziologie. Assimilation und Integration von Wanderern, ethnischen Gruppen und Minderheiten. Eine handlungstheoretische Analyse, Darmstadt-Neuwied 1980

Esser, Hartmut: Sprache und Integration. Die sozialen Bedingungen und Folgen des Spracherwerbs von Migranten, Frankfurt a. M.-New York 2006

Gellner, Ernest: Pflug, Schwert und Buch. Grundlinien der Menschheitsgeschichte, München 1993

Habermann, Gerd: Der Wohlfahrtsstaat. Die Geschichte eines Irrwegs, Frankfurt a. M.-Berlin 1994

Habermas, Jürgen: Theorie des kommunikativen Handelns, Frankfurt a. M. 1981 (2 Bde)

Haeberlin, Friedrich: Zwischen Flucht und Integration, Die Eingliederung junger Flüchtlinge als Problem der Spätsozialisation, Stuttgart 1971

Hradil, Stefan (Hrsg.): Zwischen Bewußtsein und Sein. Die Vermittlung „objektiver" Lebensbedingungen und „subjektiver" Lebensweisen, Opladen 1992

Hurrelmann, Klaus: Sozialisation, in: Endruweit, Günter/Trommsdorff, Gisela (Hrsg.): Wörterbuch der Soziologie, Stuttgart [2]2002 (S. 604-611)

Hurrelmann, Klaus/Bauer, Ullrich/Grundmann, Matthias/Walper, Sabine (Hrsg.): Handbuch der Sozialisationsforschung, Weinheim [8]2015

Kristen, Cornelia: Hauptschule, Realschule oder Gymnasium? Ethnische Unterschiede am ersten Bildungsübergang, in: Kölner Zeitschrift für Soziologie und Sozialpsychologie, 54. Jg., Opladen 2002 (S. 534-552)

Lockwood, David: Soziale Integration und Systemintegration, in: Zapf, Wolfgang (Hrsg.): Theorien des sozialen Wandels. Köln-Berlin [3]1971 (S. 124-137)

Messelken, Karlheinz: Politikbegriffe der modernen Soziologie. Eine Kritik der Systemtheorie und der Konflikttheorie – begründet aus ihren Implikationen für die gesellschaftliche Praxis, Köln-Opladen [2]1970

Neidhardt, Friedhelm/Lepsius, M. Rainer/Weiß, Johannes (Hrsg.): Kultur und Gesellschaft, Kölner Zeitschrift für Soziologie und Sozialpsychologie, Sonderheft 27, Opladen 1986

Parsons, Talcott: The Social System, Glencoe 1951

Parsons, Talcott: Structure and Process in Modern Societies, Glencoe 1960

Parsons, Talcott: Sociological Theory and Modern Society, New York 1967

Piaget, Jean: Theorien und Methoden der modernen Erziehung, Frankfurt a. M. 1974

Piaget, Jean: Probleme der Entwicklungspsychologie. Kleine Schriften, Hamburg 1993

Plake, Klaus/Schulz, Wolfgang K. (Hrsg.): Entillusionierung als Programm. Beiträge zur Soziologie von Shmuel N. Eisenstadt, Weinheim 1993

Scherr, Albert: Sozialisation, Person, Individuum, in: Korte, Hermann/Schäfers, Bernhard (Hrsg.): Einführung in die Hauptbegriffe der Soziologie, Wiesbaden [7]2008 (S. 45-68)

Schimank, Uwe: Funktionale Differenzierung und Systemintegration der modernen Gesellschaft, in: Friedrichs, Jürgen/Jagodzinski, Wolfgang (Hrsg.): Soziale Integration,

Kölner Zeitschrift für Soziologie und Sozialpsychologie, Sonderheft 39, Opladen 1999 (S. 47-65)

Schulte, Axel: Integrations- und Antidiskriminierungspolitik in Einwanderungsgesellschaften: Zwischen Ideal und Wirklichkeit der Demokratie, Bonn 2002

Sterbling, Anton: Eliten im Modernisierungsprozeß. Ein Theoriebeitrag zur vergleichenden Strukturanalyse unter besonderer Berücksichtigung grundlagentheoretischer Probleme, Universität der Bundeswehr, Hamburg 1987

Sterbling, Anton: Strukturfragen und Modernisierungsprobleme südosteuropäischer Gesellschaften, Hamburg 1993

Sterbling, Anton: Gegen die Macht der Illusionen. Zu einem Europa im Wandel, Hamburg 1994

Sterbling, Anton: Staaten- und Nationenbildung in Südosteuropa, in: Sterbling, Anton: Kontinuitäten und Wandel in Rumänien und Südosteuropa. Historisch-soziologische Analysen, München 1997 (S. 99-114)

Sterbling, Anton: Zur Wirkung unsichtbarer Hebel. Überlegungen zur Rolle des „sozialen Kapitals" in fortgeschrittenen westlichen Gesellschaften, in: Berger, Peter A./ Vester, Michael (Hrsg.): Alte Ungleichheiten – Neue Spaltungen, Opladen 1998 (S. 189-209)

Sterbling, Anton: Soziale Integration – soziologische Anmerkungen zu einem vielfach in der Schwebe gehaltenen Begriff, in: Beetz, Stephan/Jacob, Ulf/Sterbling, Anton (Hrsg.): Soziologie über die Grenzen – Europäische Perspektiven. Festschrift für Herrn Professor Dr. Dr. h.c. Bálint Balla zum 75. Geburtstag, Hamburg 2003 (S. 471-485)

Sterbling, Anton: Wege der Banater Schwaben nach dem Zweiten Weltkrieg, in: Kulturtagung 2002 Ulm. Dokumentation, Stuttgart 2003 (S. 9-28)

Sterbling, Anton: Dazugehörende Fremde? Besonderheiten der Integration der Rumäniendeutschen in der Bundesrepublik Deutschland, in: Roth, Klaus/Moosmüller, Alois/Köck, Christoph (Hrsg.): Zuwanderung und Integration: Kulturwissenschaftliche Zugänge und soziale Praxis, Münster-New York-München-Berlin 2004 (S. 109-124)

Sterbling, Anton: Suchpfade und Wegspuren. Über Identität und Wanderung. Banater Bibliothek Band 8, München 2008

Sterbling, Anton: Im Spannungsfeld von Identität und Integration? Das Beispiel der Banater Schwaben, in: Kulturtagung 2009 Sindelfingen. Identität und Integration. Die Banater Schwaben in der Bundesrepublik Deutschland, Stuttgart 2010 (S. 19-32)

Sterbling, Anton: Das „Weber-Paradigma" als Grundlage eines historisch-vergleichenden Analyseansatzes, in: Sterbling, Anton: Verwerfungen in Modernisierungsprozessen. Soziologische Querschnitte, Hamburg 2012 (S. 113-127)

Sterbling, Anton: Interkulturalität, „weiche" Normen und soziale Konventionen. Beobachtungen aus dem multiethnischen Banat, in: Moosmüller, Alois/Möller-Kiero, Jana (Hrsg.): Interkulturalität und kulturelle Diversität, Münster-New York-München-Berlin 2014 (S. 141-153)

Sterbling, Anton: Kollektive Identitäten, in: Kollmorgen, Raj/Merkel, Wolfgang/Wagener, Hans-Jürgen (Hrsg.): Handbuch Transformationsforschung, Wiesbaden 2015 (S. 581-586)

Sterbling, Anton: Zuwanderung und Integration. Kritische Anmerkungen aus soziologischer Sicht, in: Sterbling, Anton: Zuwanderung, Kultur und Grenzen in Europa, Aachen 2015 (S. 9-29)

Sterbling, Anton: Beispielhafte Integration der Banater Schwaben und Integrationsprobleme anderer Migrantengruppen, in: Sterbling, Anton: Zuwanderung, Kultur und Grenzen in Europa, Aachen 2015 (S. 31-46)

Sterbling, Anton: Kultur und Interkulturalität, in: Sterbling, Anton: Zuwanderung, Kultur und Grenzen in Europa, Aachen 2015 (S. 47-77)

Sterbling, Anton: Grenzen in Europa, in: Sterbling, Anton: Zuwanderung, Kultur und Grenzen in Europa, Aachen 2015 (S. 79-111)

Sterbling, Anton: Zuwanderung, Kultur und Grenzen in Europa, Aachen 2015

Sterbling, Anton: Zuwanderungsprobleme als Herausforderung der „Vernunftdemokratie" im europäischen Kontext. Irrtümer gegenwärtiger Politik aus soziologischer Sicht in: Silesia Nova. Vierteljahresschrift für Kultur und Geschichte, 12. Jahrgang, Heft 4, Dresden-Breslau 2015 (in Vorbereitung)

Weber, Max: Wissenschaft als Beruf, in: Weber, Max: Gesammelte Aufsätze zur Wissenschaftslehre, Tübingen [7]1988 (S. 582-613)

Wimmer, Andreas: Kultur. Zur Reformulierung eines sozialanthropologischen Grundbegriffs, in: Kölner Zeitschrift für Soziologie und Sozialpsychologie, 48. Jg., Opladen 1996 (S. 401-425)

Winkler, Heinrich August/Kaelble, Hartmut (Hrsg.): Nationalismus – Nationalitäten – Supranationalität, Stuttgart 1993

Zur Asymmetrie der internationalen Abhängigkeit der Bundesrepublik Deutschland und die Kernpunkte einer Alternative

> „In diesem Entscheidungsverbund ist die Erst-
> einschätzung neuer Aufgaben, insbesondere
> der Flüchtlingsfrage, bei neuen Entwicklungen
> oder Einsichten für bessere Lösungen offen."[1]

Wenn sich auf ihren Macherhalt fixierte Politiker und ihre Parteien in einer Kaskade politischer Fehlentscheidungen befinden, so neigen sie oft dazu, den erfolgten Fehlentscheidungen weitere, in den Folgen mitunter noch schlimmere hinzuzufügen, einen unbeirrten Kurs der Rechtfertigung dieser Entscheidungen zu verfolgen und in dieser Befangenheit völlig unempfänglich für grundlegende Alternativen zu erscheinen. Dies führt letztlich zu tiefen gesellschaftlichen Verwerfungen und politischen Krisen,[2] die nur durch ein kategorisches Umdenken und eine entsprechende Veränderung der Grundrichtung politischer Entscheidungspfade zu beheben sind.[3]

Eine Reihe politischer Fehlentscheidungen der deutschen Politik bzw. an denen die deutsche Politik mehr oder weniger maßgeblich beteiligt war, kann aus heutiger Sicht in der Einführung des Euro oder zumindest der Aufnahme von Staaten in den Euro-Raum, die die dafür notwendigen Minimalvoraussetzungen ersichtlich nicht erfüllten, in den übereilten Erweiterungen der Europäischen Union 2004 und 2007 durch eine Reihe von Staaten, die weder wirtschaftlich, noch rechtsstaatlich, noch politisch, noch in-

---

[1] Siehe: Kirchhof, Paul: Unsere Wertegemeinschaft. Wenn die Freiheit ins Leere läuft, in: Frankfurter Allgemeine Zeitung, vom 21. Januar 2016, online: http://www.faz.net/aktuell/feuilleton/debatten/maximen-zur-freiheit-und-zur-sicherheit-140229-53.html (Abgerufen: 21.1.2016).

[2] Siehe auch: Sterbling, Anton: Krisen und Wandel, Hamburg 2009.

[3] Der große Vorteil demokratischer Systeme liegt gerade darin, dass Machtmandate lediglich auf eine bestimmte Zeit vergeben werden und regelmäßige Wahlen mehr oder weniger zuverlässige institutionelle Vorkehrungen dagegen sind, dass sich politische Fehlentscheidungen und dadurch bewirkte gesellschaftliche Fehlentwicklungen nicht auf Dauer verfestigen. Siehe dazu auch: Popper, Karl R.: Die offene Gesellschaft und ihre Feinde, Tübingen [7]1992 (2 Bde).

stitutionell dafür entwickelt und konsolidiert genug waren,[4] sowie in der Festlegung und Erweiterung des „Schengen-Raumes" in einer Weise, die mit hohen Risiken des Schutzes der Außengrenzen und ebenso des unvertretbaren Anstiegs der grenzüberschreitenden Kriminalität und des organisierten Verbrechens verbunden waren,[5] gesehen werden. Weitere kardinale Fehlentscheidungen der deutschen Politik erfolgten insbesondere 2015, aber auch bereits davor, in der Flüchtlings- und Zuwanderungsproblematik,[6] auf die ich mich hauptsächlich konzentrieren werde. Meine drei Leitthesen dazu können folgendermaßen formuliert werden:

Erstens: Die deutsche Politik ist in einem weitgehend selbstverschuldeten Gefüge asymmetrischer internationaler Abhängigkeitsbeziehungen befangen, die die Bundesrepublik Deutschland – entgegen dem vordergründigen Eindruck, eine europäische „Führungsmacht" zu sein – international in hohem Maße gefügig und erpressbar macht. Entscheidend dabei sind nicht die Abhängigkeiten oder Interdependenzen selbst, die es in internationalen Beziehungen immer gibt, sondern die spezifische Asymmetrie[7] dieser Beziehungen und der damit verbundenen Einfluss- und Handlungschancen. Dies soll durch einige drastische Beispiele illustriert werden.

Zweitens: Diese asymmetrischen Abhängigkeitsbeziehungen werden gleichsam als „alternativlos" dargestellt, obwohl sie dies bei gründlicher Analyse natürlich keineswegs sind. Es handelt sich vielmehr um Folgen eigentlich jederzeit korrigierbarer politischer Fehlauslegungen

---

[4] Siehe auch: Balla, Bálint/Dahmen, Wolfgang/Sterbling, Anton (Hrsg.): Demokratische Entwicklungen in der Krise? Politische und gesellschaftliche Verwerfungen in Rumänien, Ungarn und Bulgarien, Beiträge zur Osteuropaforschung 19, Hamburg 2015.

[5] Zur Grenzkriminalität und ihrer subjektiven Wahrnehmung im grenznahen Raum durch die Bürger siehe auch: Sterbling, Anton: Sicherheit und Lebensqualität im Landkreis Görlitz. Ergebnisse einer Bürgerbefragung, Rothenburger Beiträge. Polizeiwissenschaftliche Schriftenreihe (Band 78), Rothenburg/Oberlausitz 2015.

[6] Siehe: Sterbling, Anton: Zuwanderung, Kultur und Grenzen in Europa, Aachen 2015.

[7] Im vorliegenden Betrachtungszusammenhang kann man durchaus der Grundidee asymmetrischer Beziehungen, wie sie von Herfried Münkler im Hinblick auf Kriege ausgearbeitet wurde, folgen. Siehe vor allem: Münkler, Herfried: Der Wandel des Krieges. Von der Symmetrie zur Asymmetrie, Weilerswist 2006.

und Fehlentscheidungen, deren grundsätzliche Korrektur allerdings eine entsprechend konsequente Einsicht und einen dezidierten politischen Willen quer durch alle maßgeblichen demokratischen Parteien voraussetzt.

Drittens: Bestehen demnach sehr wohl auch realistische Alternativen, die die gegebenen und zugleich weitgehend selbstverschuldeten asymmetrischen internationalen Abhängigkeiten der Bunderepublik Deutschland aufheben oder zumindest mindern könnten. Diese betreffen zunächst einen wichtigen Ausgangspunkt der Probleme, nämlich die extensiven Fehlauslegungen des geltenden deutschen Asylrechts und die gleichzeitige weitgehende Außerkraftsetzung der im Rahmen der Europäischen Union paktierten diesbezüglichen rechtlichen Regelungen. In dieser Hinsicht müssten sich Eliten und Parteien allerdings nicht nur politisch klar zu Alternativen und zu Konsequenz entscheiden, sondern auch einen entsprechenden Grundkonsens anstreben und erreichen. Eine breite Zustimmung in der Bevölkerung wäre hierbei allerdings zu erwarten und würde die Prozesse entsprechend erleichtern. Insofern handelt es sich vor allem um ein Parteien- und Elitenproblem.[8] Auch dies soll exemplarisch, im Hinblick auf notwendigen politischen und rechtlichen Entscheidungen, angesichts der gegenwärtig weitgehend illegalen und unkontrollierten Massenzuwanderungsprozesse, illustriert werden.

Zur asymmetrischen internationalen Abhängigkeit und gleichzeitigen Erpressbarkeit Deutschlands

Wir erinnern uns vielleicht noch, Anfang März 2015, im Zusammenhang mit den damals sehr heftigen Auseinandersetzungen um die griechische Schuldenkrise und dem weiteren Verbleib Griechenlands im „Euro-Raum" meldete sich der griechische Verteidigungsminister der damals noch neuen

---

[8] Siehe: Sterbling, Anton: Észrevételek az elit demokráciában betölttött szerepéhez [Anmerkungen zur Rolle der Eliten in der Demokratie], in: Molnár, Katalin (Hrsg.): Társadalom – democrácia – szolidaritás. Tanulmánykötet Kozáry Andrea tiszteletére. [Gesellschaft – Demokratie – Solidarität. Festschrift für Hochschullehrerin Andrea Kozáry], Budapest 2013 (S. 62-74). Siehe auch: Münkler, Herfried: Wie das Versagen der Eliten nun Europa zerstört, in: Die Welt, vom 30. Januar 2016, online: http://www.welt.de/wirtschaft/article151042741/Wie-das-Versagen-der-Eliten-nun-Europa-zerstoert.html (Abgerufen: 30.1.2016).

ersten Tsipras-Regierung, Panos Kammenos, zu Wort und drohte „Wenn sie Griechenland einen Schlag versetzen, dann sollen sie wissen, dass [...] die Migranten Papiere bekommen und nach Berlin gehen". Dem fügte er sinngemäß hinzu „Und wenn unter den Flüchtlingen auch Mitglieder der Terrormiliz „Islamischer Staat" (IS) sein sollten, sei Europa durch seine Haltung zu Griechenland in der Schuldenfrage selbst dafür verantwortlich", so Kammenos. Im gleichen Spiegel-Artikel heißt es dann auch noch: „Der griechische Außenminister Nikos Kotzias hatte am Freitag am Rande des EU-Außenministertreffens in der lettischen Hauptstadt Riga gewarnt, Griechenland könne zum Einfallstor für „Millionen Immigranten und Tausende Dschihadisten" werden, sollte das Land wirtschaftlich zusammenbrechen."[9]

Diese Aussagen haben damals für gewisse Irritationen und empörte Reaktionen gesorgt, aber: Waren es nicht eher realistische Prognosen denn nur Drohungen, könnte man im Rückblick fragen? Zwar hat man Griechenland letztlich gar nicht scheitern lassen oder aus dem „Euro-Raum" gedrängt, sondern im Sommer 2015 mit weiteren Milliarden Euro an Krediten und Kreditzusagen versorgt. Aber die Hundertausenden von Flüchtlingen sind doch, zumeist über Griechenland und die „Balkan-Route", gekommen. Zwar nicht alle „nach Berlin", wie der griechische Verteidigungsminister buchstäblich drohte, aber wohl in der Größenordnung von über einer Million im Jahr 2015 in die Bundesrepublik Deutschland. Und selbst auf die griechischen „Papiere" haben die meisten von ihnen verzichten „müssen" und wohl auch gerne verzichtet, so rasch wurden sie von den griechischen Behörden – entgegen paktierter und natürlich rechtlich fortbestehenden Verpflichtungen Griechenlands als Erstaufnahmeland (im Sinne des Schengen-Abkommens, Dublin II, Dublin III usw.) – „durchgewunken".[10]

Diese unter EU-Mitgliedern eigentlich völlig inakzeptablen Drohungen und Erpressungsversuche und gravierenden, bis heute fortdauernden Verletzungen vertragsrechtlich bindend eingegangener Verpflichtungen schei-

---

[9] Siehe: „Schuldenstreit: Griechischer Minister droht Europa mit Flüchtlingswelle", in: Spiegel-Online-Politik, vom 10. März 2015, online: http://www.spiegel.de/politik/ausland/griechische-minister-kammenos-droht-europa-mit-fluechtlingen-a-1022 450.html (Abgerufen: 14.12.2015).

[10] Siehe dazu auch: Siems, Dorothea: Athen zeigt sich als renitentes Mitglied der EU, in: Die Welt, vom 28. Januar 2016, online: http://www.welt.de/debatte/kommentare/article151557725/Athen-zeigt-sich-als-renitentes-Mitglied-der-EU.html (Abgerufen: 28.1.2016).

nen allerdings so gut wie vergessen, jedenfalls weitgehend irrelevant in der gegenwärtigen Diskussion und Lagebeurteilung. Ebenso übrigens wie mit allen Mitteln zu dementieren versucht wird, dass sich unter den Hunderttausenden von Flüchtlingen auch „Dschihadisten" befinden könnten, wie ja bereits der griechische Verteidigungsminister vorausschauend und zugleich drohend ankündigte. Trotz gegenteiliger Evidenz, wie nicht zuletzt durch die Attentate von Paris am 13. November 2015 und die Route mindestens von zwei der Attentäter erkennbar wurde,[11] meinen deutsche Politiker immer noch, dass zwischen beiden Dingen, den Massenzuwanderungsbewegungen und den um sich greifenden Gefahren des islamistischen Terrorismus kein Zusammenhang hergestellt werden dürfe, so als ob sich ein offenkundiger Nexus allein dadurch auflösen würde, dass man ihn verschweigt oder ihn anzusprechen unterlässt oder dies sogar drohend untersagt.[12]

Eine solche dogmatische Haltung bedeutet aus meiner Sicht allerdings nicht nur eine gefährliche Realitätsverdrängung und einen gravierenden Realitätsverlust, sondern auch einen darüber hinausgehenden Versuch, der Öffentlichkeit eine ideologisch fixierte Realitätsdeutung, gegen jedes bessere Wissen, aufzuzwingen zu versuchen. Dieses Muster – aus der Zeit des

---

[11] Siehe: „Attentäter sollen absichtlich als Flüchtlinge eingereist sein", in: Frankfurter Allgemeine Zeitung, vom 16. Dezember 2015, online: http://www.faz.net/aktuell/politik/kampf-gegen-den-terror/anschlaege-in-paris-attentaeter-sollen-absichtlich-als-fluechtlinge-einge-reist-sein-13968835.html (Abgerufen: 16.12.2015).

[12] An dieser Stelle sei nur angemerkt, dass eine solche Behauptung nicht nur gegen jede Erfahrung und pragmatische Vernunft spricht, sondern auch gegen eine logische Beweismöglichkeit, reichen doch schon einige wenige evidente Fälle aus, eine solche Aussage drastisch zu falsifizieren, während eine empirische Verifikation bei einer so großen Zahl von Fällen, die dazu überprüft werden müssten, kaum möglich erscheint – und nach einer erfolgten Falsifikation eigentlich auch hinfällig wäre, es sei denn, man nimmt die zur empirischen Falsifikation dienenden Fallbeispiele einfach nicht zur Kenntnis und „immunisiert" sich dagegen. Damit gibt man natürlich auch die für reife Demokratien eigentlich selbstverständliche Prämisse des „mündigen Bürgers" zu Gunsten des volkspädagogisch erziehungs- und betreuungsbedürftigen Menschen auf. Vor einer solchen Entwicklung der Entmündigung des freien Bürgers – für die uns die kommunistische Herrschaft als warnendes Bespiel steht – wurde immer wieder auch von mir gewarnt. Siehe: Sterbling, Anton: Problematica judecăţiilor de valoare în ştiinţele sociale [Zur Werturteilsproblematik in den Sozialwissenschaften], in: Rotaru, Traian/Poledna, Rudolf/Roth, Andrei (Hrsg.): Studii Weberiene [Weber-Studien], Cluj-Napoca 1995 (S. 111-128); Sterbling, Anton: Über Freiheit. Allgemeine Reflexionen und Stellungnahmen, in: Sterbling, Anton: Krisen und Wandel, Hamburg 2009 (S. 87-113).

kommunistischen Macht- und Ideologiemonopols hinlänglich bekannt[13] – reiht sich in einen Gesamtzusammenhang politischer Irrtümer und sie begleitender Versuche, ursächliche Ausgangspunkte zu vernebeln oder zu verdrängen und bestimmte Entwicklungszusammenhänge gezielt umzudeuten. Dies ist allerdings gefährlich und bedroht letztlich auch die Grundlagen unserer freiheitlich-demokratischen Ordnung.

Im Folgenden seien noch einige weitere kurze Hinweise auf die Geschehnisse des Jahres 2015 gegeben, die heute, ebenfalls wider besseres Wissen, in einem ganz anderen Licht dargestellt werden, nämlich gleichsam so, als hätte man es plötzlich mit einer in diesem Ausmaß unvorhersehbaren und letztlich auch unbeherrschbaren „Naturgewalt" von Flüchtlingsströmen zu tun gehabt und nicht mit einem weitgehend vorhersehbaren und durch eigene politische Weichenstellungen, Versäumnisse und Fehlentscheidungen mit hervorgerufenem und durch solche politische Handlungen auch deutlich verstärktem Phänomen.

Statt von Griechenland[14] und übrigens auch von Italien die Erfüllung der durch europäische Verträge (Schengen, Dublin II, Dublin III u.a.) klar paktierten Verpflichtungen von Erstaufnahmeländern von Flüchtlingen[15]

---

[13] Siehe: Sterbling, Anton: Stalinismus in den Köpfen, in: Orbis Linguarum, Band 27, Wroclaw/Breslau 2004 (S. 23-38).

[14] Zur ganzen Wahrheit gehört allerdings auch dazu, dass bereits im Jahre 2010 in Folge eines Rechtsverfahrens, das dem Bundesverfassungsgericht vorlag, die Rückführung eines Asylsuchenden gemäß der Dublin II-Verordnung nach Griechenland auf Grund der dort vorherrschenden unhaltbaren Zustände im Asylbereich ausgesetzt wurde. Dieses Verfahren, das mit einem Verbleib des Asylsuchenden in der Bundesrepublik Deutschland endete, hatte weitreichende präjudizierende Auswirkungen für die Folgezeit, wobei es ähnliche Urteile auch in anderen EU-Staaten gab. Obwohl eine Regelung dieser Dinge im Rahmen der EU dringlich erforderlich erschien, ist ganz unverständlicher Weise bis heute nichts dergleichen erfolgt. Vielmehr ergab sich die fortdauernd widersinnige Lage, dass man einerseits alles für die Beibehaltung Griechenlands im „Euro-Raum" unternahm, aber nichts zur Korrektur der unhaltbaren und vertragswidrigen Zustände im Asylbereich von diesem Land einforderte. Siehe dazu auch: Bundesverfassungsgericht (Hrsg.): „Erledigung des Verfahrens zur Rückführung Asylsuchender nach Griechenland gemäß der Dublin-II-Verordnung". Beschluss vom 25. Januar 2011. Pressemitteilung Nr. 6/2011 vom 26. Januar 2011, online: http://www.bundesverfassungsgericht.de/pressemitteilungen/bvg11-006.html (Abgerufen: 22.1.2016). Es handelt sich mithin um eklatante Versäumnisse verantwortungstragender Politiker, die gegenwärtig ihre entsprechenden Nachwirkungen erkennen lassen.

[15] Siehe dazu auch: Vobruba, Georg: Die Dynamik Europas, Wiesbaden 1995; Sterbling, Anton: Zuwanderung und Integration. Kritische Anmerkungen aus soziologi-

konsequent einzufordern oder aber – bei schwerwiegenden Gründen „objektiver" Nichterfüllbarkeit dieser Verpflichtungen durch diese Länder – umgehend nach gemeinsamen europäischen Maßnahmen und Lösungen zur Erfüllungsmöglichkeit dieser Verpflichtungen zu suchen – wie man das jetzt, nach vielen Monaten, weiterhin eher halbherzig und mit geringen Aussichten auf Erfolg angeht –, hat sich die EU-Politik weit über ein halbes Jahr lang, übrigens auch gegen alle wirtschaftliche Vernunft[16] und unter nahezu ständiger Inkaufnahme von Verzögerungen, Täuschungen, Invektiven und Erpressungsversuchen der griechischen Seite, auf kaum etwas anderes als auf die Beibehaltung Griechenlands im „Euro-Raum" konzentriert. Als sich die Probleme dann durch die hauptsächlich von Griechenland aus völlig verantwortungslos ermöglichten Flüchtlingsströme über die „Balkan-Route" in Ungarn Ende August 2015 zuspitzten, kam es zu einer erneuten Kette folgenreicher politischer Kurzschlusshandlungen und Fehlentscheidungen, an denen die Bundesregierung und die Bundeskanzlerin persönlich,[17] in Absprache mit der österreichischen Regierung, maßgeblich beteiligt waren. Wie ist es zu diesen Entwicklungen gekommen?

Auf die eklatanten Vertragsverletzungen Griechenlands und anderer Länder einerseits wurde bereits hingewiesen. Im Lichte der bestehenden europäischen Vertragsregelungen muss man andererseits aber ebenso deutlich darauf aufmerksam machen, dass die immer weiter um sich greifende Aufnahme von Flüchtlingen, Asylbegehrenden und anderen, zumeist illegalen Zuwanderern durch einige Kernländer der Europäischen Union und des „Schengen-Raums", wie vor allem der Bundesrepublik Deutschland, Österreich, Schweden usw., in der ersten Hälfte 2015, wie natürlich auch schon in den vorausgegangenen Jahren, zwar humanitär großzügig war, aber eben auch ein willkürliches sich Hinwegsetzen über geltende, europäisch pak-

---

scher Sicht, in: Sterbling, Anton: Zuwanderung, Kultur und Grenzen in Europa, Aachen 2015 (S. 9-29), insb. S. 9 f.

[16] Siehe: Sinn, Hans-Werner: Der Euro. Von der Friedensidee zum Zankapfel, München 2015. Auch andere Ökonomen kamen zu ähnlichen Ergebnissen.

[17] Siehe dazu auch das Interview mit dem Migrationsforscher Paul Collier (Oxford): Ettel, Anja/Zschäpitz, Holger: „Ist Merkel schuld an Flüchtlingskrise? Wer sonst?", in: Die Welt, vom 29. Januar 2016, online: http://www.welt.de/wirtschaft/article15 1603912/Ist-Merkel-schuld-an-Fluechtlingskrise-Wer-sonst.html (Abgerufen: 29.1. 2016).

tierte Regelungen bedeutete.[18] Die Sogwirkung solchen unbedachten und unabgestimmten Vorgehens darf natürlich nicht unterschätzt werden, will man richtig verstehen, was Ende August/Anfang September 2015 sodann in Ungarn erfolgte.

Die ungarische Politik war angesichts der über die „Balkan-Route" immer stärker anwachsenden Flüchtlingsströme, die zumeist in Griechenland als erstem, seine Pflichten versäumendem „Schengen-Land" ihren Ausgangspunkt nahmen, zwischen einem Durchwinken der zumeist weiter nach Österreich und Deutschland strebenden Flüchtlinge und ihrer ordnungsgemäßen Registrierung und Unterbringung im Sinne der europäischen Vertragsregelungen hin und her gerissen und zugleich in eine Situation der organisatorischen Überforderung geraten.[19] Daraufhin erfolgte Anfang September 2015 sodann jene überaus problematische Entscheidung Deutschlands und Österreichs, das geltende europäische Recht und die entsprechenden Regelungen (zeitweilig) völlig außer Kraft zu setzen, wobei ohne Zweifel gerade in Folge dieser Entscheidung die Flüchtlingsbewegungen bis in die Herkunftsregionen hinein nochmals massiv stimuliert und verstärkt wurden, so dass diese in der Folgezeit immer weiter anwuchsen, zeitweilig völlig außer Kontrolle gerieten und auch nationales Recht in der Bundesrepublik Deutschland in wichtigen Bereichen außer Geltung setzten.[20]

---

[18] Siehe: Hank, Rainer: Alle Menschen werden Brüder?, in: Frankfurter Allgemeine Zeitung, vom 20. Dezember 2015, online: http://www.faz.net/aktuell/wirtschaft/grenzen-sind-fuer-eine-offene-gesellschaft-unverzichtbar-13975137.html (Abgerufen: 20.12.2015).

[19] Dass man den ungarischen Ministerpräsidenten Viktor Orbán, der insbesondere in seiner zweiten Regierungzeit (ab 2010) demokratische Prinzipien sicherlich nicht mustergültig befolgte, der sich in der Flüchtlingsfrage aber zumindest teilweise, wenn auch möglicherweise nur zum Schein, um die Wahrung des europäischen Rechts bemühte, zum „Bösewicht" machte, ist, genauer betrachtet und bewertet, ein sehr durchsichtiges demagogisches Ablenkungsmanöver und verantwortlicher europäischer Politik eigentlich nicht würdig. Zur Krise der Demokratie in Ungarn siehe auch: Balla, Bálint/Dahmen, Wolfgang/Sterbling, Anton (Hrsg.): Demokratische Entwicklungen in der Krise? Politische und gesellschaftliche Verwerfungen in Rumänien, Ungarn und Bulgarien, Hamburg 2015, insb. S. 153 ff.

[20] Dass erst die angesprochenen, rechtlich problematischen Haltungen und Aufnahmepraktiken einiger Kernländer der Europäischen Union, die übrigens in der Zwischenzeit im Falle Schwedens und auch Österreichs deutlich korrigiert wurden, und dass insbesondere die Entscheidung der deutschen und österreichischen Regierung die „Eigendynamik" der Zuwanderungsprozesse maßgeblich leiteten und entschei-

„Alternativlos" – oder doch korrigierbare politische Fehlentscheidungen?

Wie auch immer diese singuläre Entscheidung von weitreichender und folgenreicher Tragweite, die hauptverantwortlich der deutschen Bundeskanzlerin zuzurechnen ist,[21] begründet wird – eines war sie jedenfalls nicht: Sie stand nicht im Einklang mit geltendem europäischem Recht, sondern setzte sich willkürlich und eigenmächtig über dieses hinweg. Sie war auch nicht „alternativlos", wenn man die angesprochenen Versäumnisse der ersten Jahreshälfte 2015 und die Korrekturversuche in den letzten Monaten des Jahres 2015 betrachtet, sondern – gerade im Rückblick darauf – ziemlich kurzsichtig und unbedacht. Und sie war in den unmittelbaren und mehr noch in den weitläufigen Folgen unklug und letztlich auch verantwortungslos, wie sich mehr und mehr zeigte und gewiss noch zeigen wird, wenn erst einmal die alltäglichen und die strukturellen Probleme der Integration so großer Zahlen von Zuwanderern zum Tragen kommen.[22]

Eine Folge dieser Korrekturversuche, also des Versuchs der Drosselung der Zuwanderungsströme, ist nunmehr eine weitere asymmetrische Beziehung und relativ unberechenbare internationale Abhängigkeit, nämlich die

---

dend verstärkten, versucht man nunmehr seitens der dafür Verantwortlichen und ihrer Anhängerschaften möglichst zu vernebeln, umzudeuten oder ins Vergessen zu tauchen. Im Hinblick auf die Verantwortung demokratischer Politiker für ihre Entscheidungen und fallweise auch für ihre Fehlentscheidungen haben mündige Bürger eigentlich eine andere Vorstellung und Erwartung. Es ist zu befürchten, dass nach alldem der Schaden für die politische Kultur in unserer Gesellschaft erheblich sein wird, wie man eigentlich bereits jetzt erkennen kann. Das wechselseitige Vertrauen, auf dem die politische Kompromiss- und Konsensfähigkeit beruht, wie auch das Zutrauen in die politische Lösungsfähigkeit von Problemen sind bereits stark erodiert, und der entsprechende Trend hält wohl weiter an.

[21] Siehe dazu auch das Interview mit dem Migrationsforscher Paul Collier (Oxford): Ettel, Anja/Zschäpitz, Holger: „Ist Merkel schuld an Flüchtlingskrise? Wer sonst?", in: Die Welt, vom 29. Januar 2016, online: http://www.welt.de/wirtschaft/article15 1603912/Ist-Merkel-schuld-an-Fluechtlingskrise-Wer-sonst.html (Abgerufen: 29.1. 2016).

[22] Eine Million Zuwanderer pro Jahr, die zudem zumeist aus fremden Kulturkreisen kommen, erfolgreich integrieren zu wollen, ist angesichts der gegebenen Erfahrungen mit der sozialen Integration von Migranten schlicht ein unrealistisches Vorhaben und ein unredliches Versprechen an alle Seiten. Siehe auch: Sterbling, Anton: Was ist „soziale Integration"? Sozialwissenschaftliche Anmerkungen, in: Dalberg, Dirk (Hrsg.): Immigration und Asyl, Rothenburger Beiträge. Polizeiwissenschaftliche Schriftenreihe, Rothenburg/Oberlausitz 2016 (in Vorbereitung). Siehe auch den entsprechenden Beitrag in diesem Band.

von der Türkei, auf deren weitreichende Erwartungen (immer wieder aufgestockte finanzielle Unterstützungsforderungen, Visafreiheit für türkische Staatsbürger, Wiederaufnahme der EU-Beitrittsverhandlungen usw.) man sich zwangsläufig und hastig einlassen musste und von deren Kooperationsbereitschaft und Zuverlässigkeit man fortan weitgehend abhängig sein wird. Erhebliche Bedenken angesichts der Verfassung der Demokratie, der Freiheit und der Rechtsstaatlichkeit in diesem Land sollen dabei nur am Rande erwähnt werden. Auf keinen Fall dürfen aber die um sich greifenden Konflikte in den türkischen Kurdengebieten übersehen werden, die sich bei ungünstigen Entwicklungen zu bürgerkriegsähnlichen Auseinandersetzungen ausweiten und zuspitzen und die zu einer eigenen Fluchtursache nach Europa – schlimmstenfalls von Millionen von Menschen – werden könnten. Solche neuen offenkundigen internationalen Abhängigkeiten sind natürlich kaum günstiger einzuschätzen als die bisherigen.

Eine souveräne Politik und Regierung gewinnt in internationalen Zusammenhängen, gegenüber den als „alternativlos" dargestellten Abhängigkeiten und Sachzwängen, jene im Sinne der fundamentalen Interessen des von ihr vertretenen Staatsvolkes notwendigen Spielräume, dann und nur dann, wenn sie sich in allen entscheidenden Fragen alternative Optionen schafft und sich diese als Handlungsmöglichkeit offen hält. Solche alternativen Optionen wären beispielsweise der mögliche Austritt aus dem „Euro-Raum", aus dem „Schengen-Raum" oder letztlich selbst aus der Europäischen Union.[23] Natürlich müssten solche politisch definierten und ins Spiel gebrachten Optionen nicht zwingend realisiert werden, sie könnten aber – wie es beispielsweise Großbritannien selbstbewusst vormacht – als wichtige Verhandlungsargumente und als Gegengewicht zur ständigen Erpressbarkeit auf Grund einer vermeintlichen „Alternativlosigkeit" gelten.

Im Übrigen sind auch die Vor- und Nachteile solcher supranationalen Zugehörigkeiten und Mitgliedschaften, wie die oben erwähnten, wenn man

---

[23] Albert Hirschman hat dies eindrucksvoll begründet und dieser Ansatz ist seinerzeit auch vielfach bei der Erklärung des Niedergangs der kommunistischen Herrschaft herangezogen worden, hat die „Abwanderung" als Option doch den Veränderungsdruck auf die herrschenden Regime in Osteuropa entscheidend erhöht. Siehe dazu als grundlegende Überlegungen: Hirschman, Albert O.: Exit, Voice and Loyalty. Responses to Decline in Firms, Organizations, and States, Cambridge Mass. 1970.

sie volkswirtschaftlich nüchtern durchdekliniert,[24] nicht so eindeutig, wie sie ideologisch und interessengeleitet beschönigt und geradezu mystifiziert immer wieder betont werden. Und man kann die ganze Argumentationskette natürlich auch umkehren: Die Bundesrepublik Deutschland als stärkste europäische Wirtschaftskraft und größter Nettozahler der EU dürfte einen Austritt aus dem „Euro-Raum" oder der Europäischen Union wohl besser verkraften als die meisten anderen Volkswirtschaften. Es ist also schlicht ein Trugschluss und eine wissentliche oder aus Unwissenheit von Politikern immer wieder stereotyp vertretene Selbsttäuschung, gleichermaßen unbelegt und unhinterfragt zu behaupten, die Bundesrepublik Deutschland würde am meisten vom Euro, der Europäischen Union und dem „Schengen-Raum" profitieren. Das müsste erst einmal, unter systematischer Berücksichtigung genau durchgearbeiteter wirtschaftswissenschaftlicher Argumente sowie unter realistischer Einbeziehung aller in die Zukunft verlagerter Risiken und Kosten, empirisch nachgewiesen werden, übrigens ebenso wie der immer wieder behauptete volkswirtschaftliche Nettogewinn durch Migration, der einer kritischen Nachprüfung wohl auch nicht ganz stand hält, wie Hans-Werner Sinn recht plausibel nachrechnete.[25]

---

[24] So hat der EU-Binnenmarkt zwar zu einer Senkung der wirtschaftlichen Transaktionskosten geführt, aber der relative Anteil der deutschen Exporte in die EU-Staaten ist gleichzeitig gegenüber den Exporten in Staaten außerhalb der EU eher zurückgegangen. Noch wichtiger erscheint, dass sich das deutsche Wohlstandsniveau im Vergleich zu vielen anderen EU-Staaten seit der Übernahme des Euro als gemeinsamer Währung eher ungünstig entwickelt hat, vom Wertverlust deutscher Vermögen durch den Wertverfall des Euro gegenüber dem Dollar oder Schweizer Franken mal ganz abgesehen. Auch das Argument, der Austritt Deutschlands aus dem „Euro-Raum" würde zu einer raschen Aufwertung der deutschen Ersatzwährung und damit zu einem gravierenden internationalen Wettbewerbsnachteil führen, ist eigentlich nicht zu Ende gedacht, würde man doch mit einer eigenen Währung nicht nur währungspolitische, sondern auch andere wirtschaftspolitische Instrumente zur makroökonomischen Steuerung zurück gewinnen, die sich zum Ausgleich von Wettbewerbsnachteilen einsetzen ließen. Wären die gegenwärtigen wirtschaftlichen Wettbewerbsstärken Deutschlands hauptsächlich auf die Vorteile eines schwachen Euro gegründet, was übrigens – bei genauerer Analyse – nicht unbedingt der Fall sein dürfte, so wäre auch dies längerfristig keineswegs wünschenswert, denn es würde die weitere Innovationsbereitschaft hemmen und damit zukünftige Wettbewerbschancen deutlich beeinträchtigen.

[25] Siehe dazu: Sinn, Hans-Werner: Ökonomische Effekte der Migration, in: Frankfurter Allgemeine Zeitung, vom 3. Januar 2015, online: http://www.faz.net/aktuell/wirtschaft/wirtschaftspolitik/ifo-chef-sinn-oekonomische-effekte-der-migration-133 43999.html (Abgerufen: 1.9. 2015).

Am Scheideweg – oder die Frage nach realistischen Alternativen

Angesichts der vielschichtigen Probleme und Folgeprobleme einer weitgehend unkontrollierten Zuwanderung von über einer Million Menschen im Jahr 2015 und der Integrationsherausforderungen, die die gegebenen Kapazitäten, strebt man eine einigermaßen zufriedenstellende soziale Integration der Zuwanderer an, weit übersteigen, ließen sich seit dem Herbst 2015 zugleich vielfältige Ansätze und Maßnahmen der Gegensteuerung zur deutlichen Reduzierung der Zuwanderung erkennen, ohne dass allerdings – insbesondere im europäischen Kontext[26] – ein klares Konzept oder gar ein möglicher Konsens erkennbar wäre. Auch die erzielten Effekte sind kaum nennenswert, wenn man die Zuwanderungszahlen Anfang des Jahres 2016 betrachtet.

Angesichts der fortbestehenden Krise und dem gegebenen Entscheidungsdruck stehen die Europäische Union und Deutschland an einem Scheideweg, der sich aus meiner Sicht wie folgt darstellt, wenn man als gemeinsame Prämisse beider Wegverzweigungen realistischer Weise annimmt, dass das Wanderungs- und Zuwanderungspotenzial nach Europa aus verschiedenen Ursachen in einer Größenordnung von Hunderten Millionen besteht, dass die Mobilisierung[27] – auch traditionaler Bevölkerungsgruppen – im Prozess der Globalisierung ständig wächst und dass auf Grund in Gang befindlicher oder zu erwartender weltpolitischer Entwicklungen, nicht zuletzt verschiedener Kriege und militärischer Konflikte, Bürgerkriege, Staatenzerfalls und repressiver Herrschaftssysteme, die Zahl möglicher Kriegsflüchtlinge und Menschen mit einschlägigen Asylgründen nach unserem derzeit deutlich fehl- und überinterpretierten deutschen

---

[26] Siehe: Bolzen, Stefanie u.a.: Das war Europas Gipfel der Blamage, in: Die Welt, vom 18. Dezember 2015, online: http://www.welt.de/politik/ausland/article 150136 668/Das-war-Europas-Gipfel-der-Blamage.html (Abgerufen: 20.12.2015).

[27] Christian von Weizsäcker macht in diesem Sinne auf die gegenwärtig „säkular" niedrigen „Wanderungskosten" aufmerksam, ebenso darauf, dass in zerstörten Ländern die Kosten des objektiven und subjektiven (Heimat-)Verlustes fast „Null" sind. Die Attraktivität und den Wohlstand der Zielländer sieht er vor allem durch deren leistungsfähige Institutionensysteme gewährleistet, die allerdings durch unbegrenzte Massenzuwanderungen gefährdet werden. Siehe: Weizsäcker, Christian von: Das Erfolgsmodell des Nordens als Sehnsuchtsziel, in: Frankfurter Allgemeine Zeitung, vom 31. Januar 2016, online: http://www.faz.net/aktuell/wirtschaft/wirtschaftspolitik/wie-geht-es-weiter-mit-der-global-sozialen-marktwirtschaft-14014419.html (Abgerufen: 31.1.2016).

Flüchtlingsaufnahme- und Asylrecht potenziell wahrscheinlich ebenfalls in einem Umfang von einigen Hundert Millionen anzunehmen ist.[28] Die folgende Argumentation gilt übrigens auch dann, wenn es sich lediglich um ein Potenzial von einigen Millionen oder Zehnmillionen Menschen handeln sollte.

Der erste Ansatz wäre, bei grundsätzlicher Beibehaltung der Auslegung des derzeitigen bundesdeutschen Asylrechts lediglich einzelne Regelungen, wie eine konsequentere Rückführung nicht anerkannter Asylbewerber, Kürzungen materieller Anreize, stärkere Einschränkungen beim Familiennachzug usw., zu verschärfen und ansonsten eine europäische Lösung des besseren Schutzes der europäischen Außengrenzen und einer gerechteren Lastenverteilung anzustreben. Flankiert müsste dies durch eine Vielzahl von Arrangements mit Transit- und Herkunftsländern von Flüchtlingen und Asylbewerbern, nicht zuletzt mit entsprechenden Rückführungsabkommen, und mit einer wie auch immer gearteten Bekämpfung der Flucht- und Migrationsursachen werden.

Die Probleme eines solchen Ansatzes liegen vor allem darin, dass entsprechende europäische Lösungen schwer zu erreichen, für die Europäische Union zudem dauerhaft belastend, kostspielig und letztlich im Hinblick auf ihre Wirksamkeit, Tragfähigkeit und ihren Erfolg doch immer auch unberechenbar blieben. Es wäre wohl eher eine (zeitliche) Problemverschiebung, denn eine Problemlösung, mit stets ungewissem Ausgang. Ähnliches gilt für die erforderlichen Arrangements mit den relevanten Nichtmitgliedstaaten der Europäischen Union, also etwa den Mittelmeeranrainerstaaten oder den Ländern des westlichen Balkans. Nicht nur, dass auch diesbezüglich mit ständigen Risiken der Unzuverlässigkeit – aus welchen Gründen auch immer (Unwillen, Unfähigkeit, Überforderung, Instabilität usw.) – mit ho-

---

[28] Es wird gegenwärtig nach offiziellen Angaben von 60 Millionen Menschen auf der Flucht ausgegangen. Zum bereits Anfang der 1990er Jahre erkennbaren weltweiten Migrationspotenzial, das natürlich weit darüber hinaus geht, siehe auch: Schmid, Josef: Migration und Konflikt. Ansätze zum Paradigmenwechsel in der Wanderungsforschung, in: Münz, Rainer/Korte, Hermann/Wagner Gert (Hrsg.): Internationale Wanderungen. 28. Arbeitstagung der Deutschen Gesellschaft für Bevölkerungswissenschaft 16.-18.2. 1994 in Bochum, Berlin 1994 (S. 129-140). Zu Schätzungen des Migrationspotenzials des islamischen Raums siehe: Heinsohn, Gunnar: Es gibt in der islamischen Welt keine ‚girl friends', in: Die Welt, vom 15. Januar 2016, online: http://www.welt.de/vermischtes/article151043934/Es-gibt-in-der-islamischen-Welt-keine-girl-friends.html. (Abgerufen: 15.1.2016).

hen Gesamtkosten und einer potentiellen Erpressbarkeit[29] zu rechnen wäre, sondern es würden sich auch weitere permanente asymmetrische Abhängigkeitsbeziehungen anschließen, deren alleinige Ursache letztlich in unserem, das heißt dem europäischen und insbesondere dem bundesdeutschen, großzügigen und angesichts der weltweiten Zuwanderungspotenziale nicht mehr realistischen und zeitgemäßen Asyl- und Flüchtlingsaufnahmerecht bzw. den entsprechenden extensiven Auslegungen und praktizierten Regelungen liegt.

Natürlich kann man den Standpunkt vertreten, diese Rechte sind – als elementare Menschenrechte – „heilig" und mithin unantastbar,[30] welches auch immer die Folgen sind, und dabei gleichzeitig hoffen, die angedeuteten Veränderungen der Zuwanderungsanreize und die europäischen und internationalen Maßnahmen würden – zumindest zeitweilig – soweit wirksam sein, dass der Zuwanderungsdruck in verkraftbare Größenordnungen zurückgesteuert wird. Dies ist auf Dauer gesehen allerdings keine zuverlässige rationale Problemlösung, sondern allenfalls eine zeitweilige Problemminderung, wobei die in einem anderen Beitrag thematisierten Belastungen des demokratischen Konsens in Deutschland,[31] die permanenten konfliktreichen Herausforderungen der Europäischen Union und die angesprochenen internationalen asymmetrischen Abhängigkeiten und Erpressbarkeiten (etwa durch die Türkei,[32] aber auch andere Staaten) grundsätzlich fortbeste-

---

[29] Diese Erpressbarkeit geht so weit, dass sich die Regierungen bestimmter Staaten Afrikas oder Asiens weigern, ihre eigenen Staatsbürger zurück ins Land zu lassen, bzw. erhebliche Gegenleistungen dafür fordern. Dass es sich dabei um klare Verstöße gegen elementare Völker- und Menschenrechte handelt, wird durch die gegebene bzw. hingenommene Asymmetrie der internationalen Beziehungen weitgehend verdeckt und gleichsam als ganz normal aufgefasst.

[30] Hinter einer solchen Auslegung des Verfassungsrechts steht allerdings schon ein gravierendes, bewusst oder unbewusst aufrecht erhaltenes Missverständnis, wie der ehemalige Bundesverfassungsrichter Udo di Fabio kürzlich mit aller Klarheit und Konsequenz darlegte. Siehe: Fabio, Udo di: Migration als föderales Verfassungsproblem. Gutachten im Auftrag des Freistaates Bayern, Bonn 2015, insb. S. 91 ff.

[31] Siehe: Sterbling, Anton: Zuwanderungsprobleme als Herausforderung der „Vernunftdemokratie" im europäischen Kontext. Irrtümer gegenwärtiger Politik aus soziologischer Sicht, in: Silesia Nova. Vierteljahresschrift für Kultur und Geschichte, 12. Jahrgang, Heft 4, Dresden-Breslau 2015 (in Vorbereitung) wie auch den entsprechenden Beitrag in diesem Band.

[32] Siehe dazu beispielsweise: „Davutoglu verlangt mehr Geld von der EU", in: Frankfurter Allgemeine Zeitung, vom 22. Januar 2016, online: http://www.faz.net/aktuell/

hen würden. Ob dies ein befriedigender Dauerzustand wäre, ist sicherlich eine im Sinne der Staatsraison wie auch der Menschlichkeit durchaus berechtigte Frage, die man sich ernsthaft stellen sollte, denn was hat man im Weltmaßstab schon erreicht, wenn man mehr oder weniger willkürlich einen Bruchteil aller weltweit bedrohten Menschen, nämlich die, die sich möglicherweise am besten, am verwegensten am glücklichsten oder vielleicht auch nur am durchsetzungsfähigsten nach Deutschland durchschlagen können, hier aufnimmt und auf Dauer zu integrieren sucht, dabei allerdings zugleich den größten Teil der akut Betroffenen sich selbst überlassen muss, gleichzeitig aber eine globale Migrationsbewegung stimuliert und fördert und zudem „eigendynamisch" in Gang hält, die dann schlichtweg weder zu kontrollieren noch gar zu bewältigen ist und eigentlich nur in gewaltigen Desillusionierungen münden kann?[33]

Ein zweiter, alternativer Ansatz würde auf eine nochmalige politische Präzisierung des Asylrechts und insbesondere seiner praktischen Handhabung in der Bundesrepublik Deutschland und im EU-Kontext hinauslaufen, wobei eigentlich keine gravierenden Verfassungsänderungen erforderlich wären, sondern lediglich eine Korrektur von Fehlauslegungen des Asylrechts erfolgen müsste, die übrigens zugleich eine Anpassung an gängige internationale Standards (etwa der USA, Kanadas, Japans, Australiens usw.) bedeuten würde. Der 1993 novellierte Asylrechtsartikel 16a des Grundgesetzes ist für sich genommen und seinem Wortlaut nach denkbar klar, denn im Absatz 1 steht grundsätzlich: „(1) Politisch Verfolgte genießen Asylrecht." Dies wird allerdings im Absatz 2 dahingehend eingeschränkt „(2) Auf Absatz 1 kann sich nicht berufen, wer aus einem Mitgliedstaat der Europäischen Gemeinschaften oder aus einem anderen Drittstaat einreist, in dem die Anwendung des Abkommens über die Rechtsstel-

---

politik/fluechtlingskrise/fluechtlingskrise-davutoglu-verlangt-mehr-geld-von-der-eu-14027884.html (Abgerufen: 22.1.2016).

[33] Zu Recht wird in diesem Sinne festgestellt: „Der menschenrechtliche Moralismus scheitert am ökonomischen Gesetz der Knappheit. Solidarität ist selbst eine knappe Ressource." Siehe: Hank, Rainer: Alle Menschen werden Brüder?, in: Frankfurter Allgemeine Zeitung, vom 20. Dezember 2015, online: http://www.faz.net/aktuell/wirtschaft/grenzen-sind-fuer-eine-offene-gesellschaft-unverzichtbar-13975137.html (Abgerufen: 20.12.2015), vgl. 2 Teil. Zur Problematik der sozialen Desillusionierung siehe auch: Sterbling, Anton: Zur sozialen Macht der Illusionen, in: Sterbling, Anton: Gegen die Macht der Illusionen. Zu einem Europa im Wandel, Hamburg 1994 (S. 9-25).

lung der Flüchtlinge und der Konvention zum Schutze der Menschenrechte und Grundfreiheiten sichergestellt ist. Die Staaten außerhalb der Europäischen Gemeinschaften, auf die die Voraussetzungen des Satzes 1 zutreffen, werden durch Gesetz, das der Zustimmung des Bundesrates bedarf, bestimmt." Zudem heißt es des Weiteren „In den Fällen des Satzes 1 können aufenthaltsbeendende Maßnahmen unabhängig von einem hiergegen eingelegten Rechtsbehelf vollzogen werden."[34] Da die Bundesrepublik Deutschland ausschließlich von Staaten der Europäischen Union und darüber hinaus der Schweiz als einem als sicher geltenden Drittstaat umgeben ist, könnte sich eigentlich streng genommen kein Asylbewerber auf Artikel 16a „berufen", der auf dem Landweg aus einem solchen Nachbarland kommt. Lediglich Flugreisende aus einem Drittstaat, der aus deutscher Sicht nicht als sicheres Herkunftsland gilt, wären hiervon ausgenommen, wobei für diesen Personenkreis ohnehin Visapflichten gelten und bereits seit Jahren eigene Aufnahmeverfahren (im Flughafentransitbereich) vorgesehen sind.

Im rechtlichen Sinne wären demnach lediglich die in der Bundesrepublik Deutschland vielfach gegebenen verfassungsrechtlichen Fehlinterpretationen und „Missverständnisse" in der Handhabung politisch eindeutig zu klären, die nach Udo di Fabio in der ungerechtfertigten Neigung bestehen, „das der vom europäischen Recht adaptierte völkerrechtliche Flüchtlingsbegriff in Art. 16a GG hinein zu lesen ist und der dort garantierte individuelle Grundrechtsschutz damit verbreitert und um die mit der vom Asylkompromiss getroffenen Verfassungsentscheidung zur Begrenzung der Asylzahlen außer Kraft gesetzt ist."[35] Udo di Fabios politischer und rechtlicher Lösungsvorschlag lautet demnach: „In Wirklichkeit müssen der Bundesgesetzgeber, die Bundesverwaltung und vermutlich auch die Rechtsprechung eine systematisch folgerichtige Entscheidung treffen: entweder es bleibt beim quantitativ unbegrenzten individuellen Recht auf Asyl, bei dann auch individueller Prüfung einer drohenden politischen Verfolgung sowie der Einschränkung des Asylrechts beim Weg über sichere Drittstaaten oder aber es gilt der weite Flüchtlingsbegriff, der von der europäischen

---

[34] Siehe: Grundgesetz für die Bundesrepublik Deutschland, Baden-Baden [10]2003, vgl. S. 27 f.

[35] Siehe: Fabio, Udo di: Migration als föderales Verfassungsproblem. Gutachten im Auftrag des Freistaates Bayern, Bonn 2015, vgl. S. 92.

Staatenpraxis und vom Handbuch des UNHCR zugrunde gelegt wird, der aber dann klare Kontingentierung, wirksame Verteilungsmechanismen und die Formulierung und Durchsetzung von Kapazitätsgrenzen erfordert."[36]

Das deutsche Asylrecht und seine praktische Handhabung sollten durch entsprechende Präzisierungen und Ergänzungen entweder im strikten Sinne des Artikels 16a des Grundgesetzes angewendet oder – was angesichts der angesprochenen Größenordnung potenzieller weltweiter Antragsteller wie auch der Rahmenumstände der faktischen Einbindung des deutschen Asylrechts in übergreifende europäische Regelungen nur ehrlich und realistisch wäre – von einem verpflichtenden Aufnahmerecht für die Bundesrepublik Deutschland zu einem „Kann"-Recht (wie es das Asylrecht eigentlich auch implizit vorsieht) umgewandelt werden, das allein im vernünftigen Ermessen des deutschen Staates liegen dürfte. Das würde die oben angesprochene Zufälligkeit und Willkür der gegenwärtigen Praxis keineswegs erhöhen, sondern insofern einschränken, als solches Recht nicht „zufällig", sondern „gezielt", nur auf Fälle ganz evidenter individueller politischer Verfolgung anzuwenden wäre und zugleich wohlbegründet den Wertvorstellungen unserer demokratischen politischen Ordnung Rechnung tragen könnte. Zudem klare „Obergrenzen" von beispielsweise 30.000 bis 40.000 aufzunehmenden politischen Verfolgten und gegebenenfalls von ebenso klar definierten „Kontingenten" von Kriegsflüchtlingen pro Jahr festzulegen, würde die Transparenz und Berechenbarkeit für alle Seiten selbstverständlich erhöhen.[37] Dass es auch sinnvoll und notwendig wäre, ein solcherart präzisiertes

---

[36] Siehe: Fabio, Udo di: Migration als föderales Verfassungsproblem. Gutachten im Auftrag des Freistaates Bayern, Bonn 2015, vgl. S. 92.

[37] Und es würde auch die Wertschätzung des politischen „Asyls" in seiner ursprünglichen Bedeutung als großzügiges Privileg in besonderen Ausnahmesituationen wiederherstellen, die durch die mittlerweile weltweit verbreitete Vorstellung abgelöst wurde, man habe es im Falle Deutschlands mit einem unbedingten Anspruchsrecht für jedermann in der Welt zu tun, das man auch durch gewaltsames Überrennen von Staatsgrenzen erzwingen kann. Das Asylrecht muss also in seinem wohl durchdachten Stellenwert – übrigens auch im Verhältnis zu anderen, mindestens ebenso wichtigen verfassungsrechtlich geschützten Rechtsgütern – neu bestimmt und eingeordnet werden, wenn man aus dem „Teufelskreis" der gegenwärtigen Selbstbindungen und entsprechenden Fehlsteuerungen herausfinden will. Wenn man gelegentlich das Argument von deutschen Politikern hört, ja, was machen wir, wenn der Erste oberhalb der festgelegten „Obergrenze" um Asyl bittet, und man dabei suggeriert bekommt, das ginge wohl nicht, ist dies für die Denkbefangenheit, wenn nicht rationale Denkunfähigkeit solcher Politiker bezeichnend, denn sie verkennen, dass es in der Welt eben nicht nur Deutschland als ein mögliches Aufnahmeland für politisch

Asylrecht im Kontext der Europäischen Union nochmals in einem realistischen Sinne zu harmonisieren, erscheint dabei nicht nur wünschenswert, sondern käme auch den Erwartungen vieler anderer Partnerländer in der EU, nicht zuletzt ost-, ostmittel- und südosteuropäischen Staaten, die derzeit im Hinblick auf die deutsche Praxis besonders irritiert und beunruhigt sind, sicherlich angemessen entgegen.

Wünscht man darüber hinaus aus demographischen oder ökonomischen Gründen außereuropäische Zuwanderungen in die Europäische Union oder nach Deutschland,[38] wäre dies durch in den Aufnahmekriterien klare und eindeutige, für alle Welt transparente und verbindliche nationale Einwanderungsgesetze zu regeln, die allerdings insofern auch einer europäischen Abstimmung und restriktiven Handhabung bedürfen, als sie ja mit den Freizügigkeiten des EU- und „Schengen"-Binnenraums in unmittelbarem Zusammenhang stünden.[39]

Natürlich schließt dieser Ansatz auch ein, dass auf Missstände und Fluchtursachen in der Welt konstruktiv einzuwirken versucht wird. Ob dabei militärische Missionen sinnvoll erscheinen, müsste jedenfalls – nach den sehr ernüchternden Erfahrungen im Falle des Afghanistaneinsatzes –

Verfolgte gibt, sondern viele andere Länder, wenn es ausschließlich um den Sachverhalt politischer Verfolgung geht. Wieso soll ein politisch verfolgter Südostasiate nicht in einem anderen südostasiatischen Land, ein politisch verfolgter Lateinamerikaner nicht in einem anderen Land Lateinamerikas, ein politisch verfolgter Afrikaner nicht in einem anderen afrikanischen Land oder politisch verfolgte Sunniten nicht in anderen sunnitischen Ländern oder politisch verfolgte Schiiten nicht in anderen schiitischen Ländern oder Regionen politisches Asyl beantragen und erhalten können? Wieso soll dafür in jedem Falle ausschließlich nur Deutschland in Frage kommen? Welche Überheblichkeit, welche unbedachten Annahmen einer globalen moralischen „Sonderstellung" Deutschlands stehen hinter einem solchen Denkhorizont und solchen Argumentationsmustern einiger Politiker? Zur geographisch-räumlichen Aufnahme von Kriegsflüchtlingen siehe auch: Heinsohn, Gunnar: Warum bleiben die Flüchtlinge nicht im Nahen Osten?, in: Die Welt, vom 16. Dezember 2015, online: http://www.welt.de/debatte/kommentare/article150034113/Warum-bleiben-die-Fluechtlinge-nicht-im-Nahen-Osten.html (Abgerufen: 21.12.2015).

[38] Dabei sollte nicht übersehen werden, dass es bereits in den zurückliegenden Jahrzehnten und bis heute massive Ost-West-Wanderungen in Europa mit einem erheblichen positiven Wanderungssaldo der Bundesrepublik Deutschland gibt. Siehe dazu auch: Sterbling, Anton (Hrsg.): Migrationsprozesse, Probleme von Abwanderungsregionen, Identitätsfragen. Beiträge zur Osteuropaforschung 12, Hamburg 2006.

[39] Siehe auch: Sterbling, Anton: Grenzen in Europa, in: Sterbling, Anton: Zuwanderung, Kultur und Grenzen in Europa, Aachen 2015 (S. 79-111) sowie den entsprechenden Beitrag in diesem Band.

zukünftig noch strenger nach Maßgaben klarer und realistischer strategischer Ziele und wahrscheinlich erreichbarer Ergebnisse entschieden werden, ohne erneut in der unbefriedigenden Rolle subalterner Hilfskräfte selbsternannter „Weltpolizisten" agieren zu müssen oder international von allen Seiten mit unerfüllbaren Erwartungen und Forderungen konfrontiert und mithin beliebig erpresst zu werden.

Neben den strikt auf den Verteidigungsfall der verbündeten Staaten bezogenen, in keiner Weise in Frage zu stellenden NATO-Verpflichtungen sollte die Bundesrepublik Deutschland mit anderen in ihrem Einfluss und ihren Wirkungsmöglichkeiten berechenbaren und zugleich entsprechend selbstbewussten Staaten der Europäischen Union international kooperieren, und dabei mit Augenmaß, Verantwortung und Respekt für die Unterschiede der Kulturen vor allem die Eigenverantwortlichkeit der verschiedenen Weltregionen und Kulturkreise für ihre Probleme vertreten und Problemlösungen primär im jeweiligen regionalen Kontext und Kulturkreis unterstützen und fördern.[40] Dies, zumal vieles dafür spricht, dass beispielsweise Lösungen von Flüchtlingsfragen im regionalen Rahmen nicht nur in nahezu jeder Hinsicht – also im Hinblick auf individuelle wie auch kollektive ökonomische, soziale, kulturelle, psychische usw. Kosten[41] – zumeist günstiger sind, sondern auch weniger nachhaltig die Zukunftschancen solcher durch zeitweilige gewaltsame Konflikte oder Gewaltherrschaften bestimmte Gesellschaften beeinträchtigen. Denn, wer soll solche Krisenstaaten und zerrüttete Gesellschaften nach Beendigung der Gewaltkonflikte wieder aufbauen, wenn sehr viele ihrer jungen, mobilen und qualifizierten Menschen in andere Weltregionen und Kulturkreise definitiv abgewandert und dort

---

[40] Es bleibt unverständlich inkonsequent, wenn man zu Recht die Gleichheit der Menschen aller Gesellschaften und Kulturkreise einfordert, aber diesen nicht die Eigenverantwortlichkeit für ihre Probleme und Konflikte zugesteht. Dies ist sicherlich auch eine wichtige Komponente der von mir angesprochenen Asymmetrie internationaler Beziehungen.

[41] Aus der Migrationsforschung ist bekannt, dass bei Migrationsprozessen neben dem entsprechenden „Nutzen" der Migration für verschiedene Seiten nicht nur einzelne Dimensionen individueller und kollektiver „Kosten" zu berücksichtigen sind, sondern auch eine Unterscheidung zwischen „materiellen" und „immateriellen" Kosten-Nutzen-Bilanzen angebracht erscheint und entsprechend in Rechnung zu stellen ist. Siehe dazu auch: Sterbling, Anton: Entwicklungsverläufe, Lebenswelten und Migrationsprozesse, Aachen 2010, insbesondere: Teil III: Migrationsprozesse und soziale Folgen (S. 153-212).

mehr oder weniger gut integriert und daher auch nicht mehr rückkehrwillig sind?[42] In diesem Sinne schreibt der bekannte Verfassungsrechtler Paul Kirchhof: „Der europa- und völkerrechtsoffene Staat sollte in der internationalen Gemeinschaft darauf hinwirken, dass jeder Flüchtling Zuflucht in einer seiner Heimat ähnlichen Region findet und später seine Rückkehr durch veränderte Lebens- und Friedensbedingungen in seinem Herkunftsland möglich wird."[43] Die Erwartung und das Hinwirken auf regionale Lösungen erhöhen zudem den Druck auf unmittelbare Nachbarstaaten, an Krisenlösungen substanziell mitzuwirken, und verringern die Gefahr, dass der entmündigende Eindruck der eigennützigen oder machtpolitischen externen Einmischung in Probleme, Konflikte und Selbstverständnisse fremder Gesellschaften und Kulturkreise entsteht.[44]

Schlussbetrachtung

Klar definierte Obergrenzen oder verbindliche „Kontingente" für Asylanten, Kriegsflüchtlinge wie eventuell auch für Arbeitsmigranten, jenseits derer konsequent und ausnahmslos niemand aufgenommen bzw. unverzüglich abgeschoben wird, wären für alle klare und berechenbare „Regeln" in einer Welt vernünftiger Politik, bei der nicht vornehmlich „gesinnungsethisch", sondern weitgehend „verantwortungsethisch" politisch entschieden werden würde. Dass zur „verantwortungsethischen" politischen Entscheidungsweise wesentlich dazu gehört, sich am „Machbaren" und nicht am beliebig

---

[42] Siehe auch: Sterbling, Anton (Hrsg.): Migrationsprozesse, Probleme von Abwanderungsregionen, Identitätsfragen. Beiträge zur Osteuropaforschung 12, Hamburg 2006; Sterbling, Anton: Zuwanderung und Integration. Kritische Anmerkungen aus soziologischer Sicht, in: Sterbling, Anton: Zuwanderung, Kultur und Grenzen in Europa, Aachen 2015 (S. 9-29), insb. S. 25 f.

[43] Siehe: Kirchhof, Paul: Unsere Wertegemeinschaft. Wenn die Freiheit ins Leere läuft, in: Frankfurter Allgemeine Zeitung, vom 21. Januar 2016, online: http://www.faz.net/aktuell/feuilleton/debatten/maximen-zur-freiheit-und-zur-sicherheit-140229-53.html (Abgerufen: 21.1.2016).

[44] Zu den komplizierten und zugleich kulturell sehr sensiblen Fragen einer neuen globalen Weltordnung zwischen „neokolonialen" und „postkolonialen", „fremden" und „autochthonen" sowie „universalistischen" und „partikularistischen" intellektuellen Sichtweisen auch eingehender: Sterbling, Anton: Intellektuelle und ihre Standpunkte im Globalisierungsdiskurs. Soziologische Reflexionen, in: Fürstenberg, Friedrich/Oesterdiekhoff, Georg W. (Hrsg.): Globalisierung ohne Grenzen? Soziologische Beiträge zum Entgrenzungsdiskurs, Hamburg 2004 (S. 107-134).

„Wünschenswerten" oder „Utopischen" zu orientieren und eben auch vorrangig an den Interessen der eigenen Bürger, des Staatsvolkes, und nicht primär an einem diffusen humanistischen Gesamtwohl aller Menschen auf der Welt, sollte nach Maßstäben wissenschaftlich reflektierter, rationaler Politik in einer „Vernunftdemokratie" eigentlich selbstverständlich erscheinen. Ebenso bedeutet „verantwortungsethische" Politik – folgt man Max Weber – stets gründlich und umsichtig, mit „Leidenschaft – Verantwortungsgefühl" und eben auch mit „Augenmaß",[45] den Voraussetzungen wie auch und insbesondere den wahrscheinlichen Folgen und Nebenwirkungen des politischen Entscheidungshandelns Rechnung zu tragen und dieses Handeln von daher rational zu reflektieren und in seinen praktischen Belangen zu begründen. Dabei bedeutet „verantwortungsethisches" Entscheidungshandeln keineswegs eine grundsätzliche Absage an redliche „gesinnungsethische" Handlungsmotive,[46] sondern lediglich ein Zurückstellen letzterer dann und dort, wo besseres Wissen gegen ihre unmittelbare Handlungswirksamkeit und für „verantwortungsethisches" Handeln spricht. Nicht mehr und nicht weniger gilt es auch in der gegenwärtigen Zuwanderungspolitik zu tun und zu befolgen.

---

[45] Siehe: Weber, Max: Politik als Beruf, in: Weber, Max: Gesammelte Politische Schriften, Tübingen ⁵1988 (S. 505-560), insb. S. 545 f; Sterbling, Anton (Hrsg.): Zeitgeist und Widerspruch. Soziologische Reflexionen über Gesinnung und Verantwortung. Herrn Professor Karlheinz Messelken zum sechzigsten Geburtstag, Hamburg 1993; Dahrendorf, Ralf: Versuchungen der Unfreiheit. Die Intellektuellen in Zeiten der Prüfung, München 2006.

[46] Das Verhältnis von „Gesinnungsethik" und „Verantwortungsethik" im Sinne Max Webers wie auch im Lichte der philosophischen Ethik, etwa Immanuel Kants, müsste natürlich viel gründlicher reflektiert werden. Darauf wurde ich in der letzten Zeit mehrfach und sicherlich mit guten Gründen kritisch hingewiesen. In der Fortsetzung der Überlegungen zu dieser Gesamtproblematik, die sich geradezu aufdrängt, soll dem in der nächsten Zeit denn auch Rechnung getragen werden. Dabei soll es vor allem um ein vertieftes Verständnis des Verhältnisses von „Wissen" und „Ethik" im Kontext komplexer praktischer Entscheidungsprobleme in der „Wissensgesellschaft" und im „Informationszeitalter" gehen. Siehe dazu auch: Spinner, Helmut F.: Die Wissensordnung. Ein Leitkonzept für die dritte Grundordnung des Informationszeitalters, Opladen 1994; Sterbling, Anton: Informationszeitalter, Ethik und das Prinzip der Kritik, in: Löhr, Albert/Altholz, Vitali/Burkatzki, Eckhard (Hrsg.): Unternehmensethik im digitalen Informationszeitalter, München-Mering 2011 (S. 97-116).

Literatur

„Attentäter sollen absichtlich als Flüchtlinge eingereist sein", in: Frankfurter Allgemeine Zeitung, vom 16. Dezember 2015, online: http://www.faz.net/aktuell/politik/kampf-gegen-den-terror/anschlaege-in-paris-attentaeter-sollen-absichtlich-als-fluechtlinge-einge-reist-sein-13968835.html (Abgerufen: 16.12.2015)

Balla, Bálint/Dahmen, Wolfgang/Sterbling, Anton (Hrsg.): Demokratische Entwicklungen in der Krise? Politische und gesellschaftliche Verwerfungen in Rumänien, Ungarn und Bulgarien, Beiträge zur Osteuropaforschung 19, Hamburg 2015

Bolzen, Stefanie u.a.: Das war Europas Gipfel der Blamage, in: Die Welt, vom 18. Dezember 2015, online: http://www.welt.de/politik/ausland/article150136668/Das-war-Europas-Gipfel-der-Blamage.html (Abgerufen: 20.12.2015)

Bundesverfassungsgericht (Hrsg.): „Erledigung des Verfahrens zur Rückführung Asylsuchender nach Griechenland gemäß der Dublin-II-Verordnung". Beschluss vom 25. Januar 2011. Pressemitteilung Nr. 6/2011 vom 26. Januar 2011, online: http://www.bundesverfassungsgericht.de/pressemitteilungen/bvg11-006.html (Abgerufen: 22.1.2016)

„Davutoglu verlangt mehr Geld von der EU", in: Frankfurter Allgemeine Zeitung, vom 22. Januar 2016, online: http://www.faz.net/aktuell/politik/fluechtlingskrise/fluechtlingskrise-davutoglu-verlangt-mehr-geld-von-der-eu-14027884.html (Abgerufen: 22.1.2016)

Dahrendorf, Ralf: Versuchungen der Unfreiheit. Die Intellektuellen in Zeiten der Prüfung, München 2006

Ettel, Anja/Zschäpitz, Holger: „Ist Merkel schuld an Flüchtlingskrise? Wer sonst?", in: Die Welt, vom 29. Januar 2016, online: http://www.welt.de/wirtschaft/article151603912/Ist-Merkel-schuld-an-Fluechtlingskrise-Wer-sonst.html (Abgerufen: 29.1.2016)

Fabio, Udo di: Migration als föderales Verfassungsproblem. Gutachten im Auftrag des Freistaates Bayern, Bonn 2015

Grundgesetz für die Bundesrepublik Deutschland, Baden-Baden [10]2003

Hank, Rainer: Alle Menschen werden Brüder?, in: Frankfurter Allgemeine Zeitung, vom 20. Dezember 2015, online: http://www.faz.net/aktuell/wirtschaft/grenzen-sind-fuer-eine-offene-gesellschaft-unverzichtbar-13975137.html (Abgerufen: 20.12.2015)

Heinsohn, Gunnar: Warum bleiben die Flüchtlinge nicht im Nahen Osten?, in: Die Welt, vom 16. Dezember 2015, online: http://www.welt.de/debatte/kommentare/article150034113/Warum-bleiben-die-Fluechtlinge-nicht-im-Nahen-Osten.html (Abgerufen: 21.12.2015)

Heinsohn, Gunnar: Es gibt in der islamischen Welt keine ‚girl friends', in: Die Welt, vom 15. Januar 2016, online: http://www.welt.de/vermischtes/article151043934/Es-gibt-in-der-islamischen-Welt-keine-girl-friends.html (Abgerufen: 15.1.2016)

Hirschman, Albert O.: Exit, Voice and Loyalty. Responses to Decline in Firms, Organizations, and States, Cambridge Mass. 1970

Kirchhof, Paul: Unsere Wertegemeinschaft. Wenn die Freiheit ins Leere läuft, in: Frankfurter Allgemeine Zeitung, vom 21. Januar 2016, online: http://www.faz.net/

aktuell/feuilleton/debatten/maximen-zur-freiheit-und-zur-sicherheit-14022953.html (Abgerufen: 21.1.2016)

Münkler, Herfried: Der Wandel des Krieges. Von der Symmetrie zur Asymmetrie, Weilerswist 2006

Münkler, Herfried: Wie das Versagen der Eliten nun Europa zerstört, in: Die Welt, vom 30. Januar 2016, online: http://www.welt.de/wirtschaft/article151042741/Wie-das-Versagen-der-Eliten-nun-Europa-zerstoert.html (Abgerufen: 30.1.2016)

Popper, Karl R.: Die offene Gesellschaft und ihre Feinde, Tübingen [7]1992 (2 Bde)

Schmid, Josef: Migration und Konflikt. Ansätze zum Paradigmenwechsel in der Wanderungsforschung, in: Münz, Rainer/Korte, Hermann/Wagner Gert (Hrsg.): Internationale Wanderungen. 28. Arbeitstagung der Deutschen Gesellschaft für Bevölkerungswissenschaft 16.-18.2.1994 in Bochum, Berlin 1994 (S. 129-140)

„Schuldenstreit: Griechischer Minister droht Europa mit Flüchtlingswelle", in: Spiegel-Online-Politik, vom 10. März 2015, online: http://www.spiegel.de/politik/ausland/griechischer-minister-kammenos-droht-europa-mit-fluechtlingen-a-1022450.html (Abgerufen: 14.12.2015)

Siems, Dorothea: Athen zeigt sich als renitentes Mitglied der EU, in: Die Welt, vom 28. Januar 2016, online: http://www.welt.de/debatte/kommentare/article151557725/Athen-zeigt-sich-als-renitentes-Mitglied-der-EU.html (Abgerufen: 28.1.2016)

Sinn, Hans-Werner: Der Euro. Von der Friedensidee zum Zankapfel, München 2015

Sinn, Hans-Werner: Ökonomische Effekte der Migration, in: Frankfurter Allgemeine Zeitung, vom 3. Januar 2015, online: http://www.faz.net/aktuell/wirtschaft/wirtschaftspolitik/ifo-chef-sinn-oekonomische-effekte-der-migration-13343999.html (Abgerufen: 1.9.2015)

Spinner, Helmut F.: Die Wissensordnung. Ein Leitkonzept für die dritte Grundordnung des Informationszeitalters, Opladen 1994

Sterbling, Anton (Hrsg.): Zeitgeist und Widerspruch. Soziologische Reflexionen über Gesinnung und Verantwortung. Herrn Professor Karlheinz Messelken zum sechzigsten Geburtstag, Hamburg 1993

Sterbling, Anton: Zur sozialen Macht der Illusionen, in: Sterbling, Anton: Gegen die Macht der Illusionen. Zu einem Europa im Wandel, Hamburg 1994 (S. 9-25)

Sterbling, Anton: Stalinismus in den Köpfen, in: Orbis Linguarum, Band 27, Wroclaw/Breslau 2004 (S. 23-38)

Sterbling, Anton: Intellektuelle und ihre Standpunkte im Globalisierungsdiskurs. Soziologische Reflexionen, in: Fürstenberg, Friedrich/Oesterdiekhoff, Georg W. (Hrsg.): Globalisierung ohne Grenzen? Soziologische Beiträge zum Entgrenzungsdiskurs, Hamburg 2004 (S. 107-134)

Sterbling, Anton: Problematica judecăţiilor de valoare în ştiinţele sociale [Zur Werturteilsproblematik in den Sozialwissenschaften], in: Rotaru, Traian/Poledna, Rudolf/Roth, Andrei (Hrsg.): Studii Weberiene [Weber-Studien], Cluj-Napoca 1995 (S. 111-128)

Sterbling, Anton (Hrsg.): Migrationsprozesse, Probleme von Abwanderungsregionen, Identitätsfragen. Beiträge zur Osteuropaforschung 12, Hamburg 2006

Sterbling, Anton: Über Freiheit. Allgemeine Reflexionen und Stellungnahmen, in: Sterbling, Anton: Krisen und Wandel, Hamburg 2009 (S. 87-113)

Sterbling, Anton: Krisen und Wandel, Hamburg 2009

Sterbling, Anton: Entwicklungsverläufe, Lebenswelten und Migrationsprozesse, Aachen 2010

Sterbling, Anton: Informationszeitalter, Ethik und das Prinzip der Kritik, in: Löhr, Albert/Altholz, Vitali/Burkatzki, Eckhard (Hrsg.): Unternehmensethik im digitalen Informationszeitalter, München-Mering 2011 (S. 97-116)

Siehe dazu auch: Sterbling, Anton: Észrevételek az elit demokráciában betölttött szerepéhez [Anmerkungen zur Rolle der Eliten in der Demokratie], in: Molnár, Katalin (Hrsg.): Társadalom – democrácia – szolidaritás. Tanulmánykötet Kozáry Andrea tiszteletére. [Gesellschaft – Demokratie – Solidarität. Festschrift für Hochschullehrerin Andrea Kozáry], Budapest 2013 (S. 62-74)

Sterbling, Anton: Zuwanderung und Integration. Kritische Anmerkungen aus soziologischer Sicht, in: Sterbling, Anton: Zuwanderung, Kultur und Grenzen in Europa, Aachen 2015 (S. 9-29)

Sterbling, Anton: Grenzen in Europa, in: Sterbling, Anton: Zuwanderung, Kultur und Grenzen in Europa, Aachen 2015 (S. 79-111)

Sterbling, Anton: Zuwanderung, Kultur und Grenzen in Europa, Aachen 2015

Sterbling, Anton: Sicherheit und Lebensqualität im Landkreis Görlitz. Ergebnisse einer Bürgerbefragung, Rothenburger Beiträge. Polizeiwissenschaftliche Schriftenreihe (Band 78), Rothenburg/Oberlausitz 2015

Sterbling, Anton: Zuwanderungsprobleme als Herausforderung der „Vernunftdemokratie" im europäischen Kontext. Irrtümer gegenwärtiger Politik aus soziologischer Sicht, in: Silesia Nova. Vierteljahresschrift für Kultur und Geschichte, 12. Jahrgang, Heft 4, Dresden-Breslau 2015 (in Vorbereitung)

Sterbling, Anton: Was ist „soziale Integration"? Sozialwissenschaftliche Anmerkungen, in: Dalberg, Dirk (Hrsg.): Immigration und Asyl, Rothenburger Beiträge. Polizeiwissenschaftliche Schriftenreihe, Rothenburg/Oberlausitz 2016 (in Vorbereitung)

Vobruba, Georg: Die Dynamik Europas, Wiesbaden 1995

Weber, Max: Politik als Beruf, in: Weber, Max: Gesammelte Politische Schriften, Tübingen [5]1988 (S. 505-560)

Weizsäcker, Christian von: Das Erfolgsmodell des Nordens als Sehnsuchtsziel, in: Frankfurter Allgemeine Zeitung, vom 31. Januar 2016, online: http://www.faz.net/ aktuell/wirtschaft/wirtschaftspolitik/wie-geht-es-weiter-mit-der-global-sozialen-marktwirtschaft-14014419.html (Ab-gerufen: 31.1.2016)

Migrationsprozesse

Anton Sterbling (Hrsg.)

Migrationsprozesse

Probleme von Abwanderungsregionen, Identitätsfragen

Beiträge zur Osteuropaforschung
Band 12
283 Seiten ISBN 978-3-89622-078-3
EUR 34,80

Migrationsprozesse gewinnen angesichts der EU-Osterweiterung und zunehmender Ost-West-Wanderungen eine größere Bedeutung in Europa.
In diesem Band werden die Rückwirkungen auf die Herkunftsgesellschaften oder die Entwicklung neuer Identitätsmuster behandelt, die bislang im
Kontext einer *Europäisierung nationaler Gesellschaften* nur am Rande
untersucht wurden. Vier Leitfragen stehen im Mittelpunkt:

- Welche Erscheinungsformen weisen Migrationsprozesse auf und
  welche Rückwirkungen haben sie auf die Herkunftsgesellschaften?
- Welche sozialen Beziehungsmuster bilden Migrationsprozesse
  heraus?
- Welche Auswirkungen haben Migrationsprozesse auf kollektive
  Identitätsvorstellungen?
- Wird das neue Europa ein Europa der Abwanderungsregionen?

Die Beiträge von Autoren aus verschiedenen Ländern vermitteln in ihrer
Vielfalt ein umfassendes Verständnis für die komplexen sozialen Veränderungen in der europäischen Geschichte und Gegenwart.

Reinhold Krämer Verlag

Postfach 13 05 84, 20105 Hamburg
E-Mail: info@kraemer-verlag.de - www.kraemer-verlag.de

Demokratische Entwicklungen in der Krise?

Bálint Balla / Wolfgang Dahmen
Anton Sterbling (Hrsg.)

Demokratische Entwicklungen in der Krise?

Politische und gesellschaftliche Verwerfungen in Rumänien, Ungarn und Bulgarien

Beiträge zur Osteuropaforschung
Band 19
2015, 268 Seiten, EUR 36,80
ISBN 978-3-89622-120-9

Dieser Band analysiert aus unterschiedlichen Perspektiven die Prozesse der Demokratisierung und Fragen der politischen Systeme und der politischen Kultur in osteuropäischen Ländern, insbesondere in den neueren Mitgliedern der Europäischen Union: Rumänien, Bulgarien und Ungarn. Er beleuchtet die Schwierigkeiten des Übergangs in demokratische Strukturen nach dem Zusammenbruch der kommunistischen Herrschaft im Zusammenhang mit der Europäisierung und Globalisierung.

Sind die demokratischen Entwicklungen in der Krise? Die Autoren aus verschiedenen Ländern suchen nach Antworten auf diese aktuelle Frage und vermitteln ein tieferes Verständnis für die politischen und gesellschaftlichen Verwerfungen in Osteuropa.

Reinhold Krämer Verlag

Postfach 13 05 84, 20105 Hamburg
E-Mail: info@kraemer-verlag.de - www.kraemer-verlag.de